U0866439

大学生心理健康教育与辅导

伍　勤　著

中国人民公安大学出版社
·北京·

图书在版编目（CIP）数据

大学生心理健康教育与辅导 / 伍勤著. —北京：中国人民公安大学出版社，2022. 10

ISBN 978-7-5653-4582-1

Ⅰ. ①大…　Ⅱ. ①伍…　Ⅲ. ①大学生—心理健康—健康教育　Ⅳ. ①G444

中国版本图书馆 CIP 数据核字（2022）第 153153 号

大学生心理健康教育与辅导

伍　勤　著

出版发行：中国人民公安大学出版社
地　　址：北京市西城区木樨地南里
邮政编码：100038
经　　销：新华书店
印　　刷：北京市泰锐印刷有限责任公司

版　　次：2022 年 10 月第 1 版
印　　次：2022 年 10 月第 1 次
印　　张：16. 75
开　　本：787 毫米×1092 毫米　1/16
字　　数：266 千字

书　　号：ISBN 978-7-5653-4582-1
定　　价：50. 00 元

网　　址：www.cppsup.com.cn　www.porclub.com.cn
电子邮箱：zbs@ cppsup.com　zbs@ cppsu.edu.cn

营销中心电话：010-83903254
读者服务部电话（门市）：010-83903257
警官读者俱乐部电话（网购、邮购）：010-83903253
教材分社电话：010-83903259

前言

党的十八大以来，以习近平同志为核心的党中央高度重视学生心理健康工作。在全国高校思想政治工作会议上，总书记强调要培育理性平和的健康心态，加强人文关怀和心理疏导。在党的十九大报告中，总书记明确提出要“加强社会心理服务体系建设，培育自尊自信、理性平和、积极向上的社会心态”。习近平总书记对学生心理健康教育作出的系列重要批示指示，为做好新时代高校学生心理健康教育工作提供了根本遵循。

大学教育的目标是培养全面发展、具有较高综合素质的社会合格人才。心理素质既是个体综合素质的重要组成部分，也是其他素质形成和发展的重要基础。培养大学生的良好心理素质越来越受到社会各界，包括学校、家长以及学生自身的重视，相关的实践探索和理论研究也不断问世。

大学生心理健康教育的目标及根本出发点是优化学生的心理素质，促进学生人格的全面发展，提高学生的心理健康水平，预防心理疾病和障碍。高校发展大学生心理健康教育，既要立足于发展导向，塑造大学生的健全人格，促进大学生发挥潜能，成长成才，也要结合大学生的身心发展特点，就学习、交友、情绪调控、社会适应等方面进行指导和辅导，从而促进当代大学生更好发展。

鉴于此，笔者撰写了《大学生心理健康教育与辅导》一书，在内容编排上共设置七章：第一章大学生心理健康教育概述，作为本书论述的基础与前提，内容包括大学生心理健康教育的理论基础、大学生心理健康教育的主要内容、大学生心理健康的常见问题以及大学生心理健康教育与辅导的重要性；第二章大学生心理健康教育与辅导体系构建，探讨大学生心理健康教育与辅导的工作模式和思维方法，促进大学心理健康教育工作者逐渐以系统化的方法构建教育体系，以个性化的方法处理心理问题；第三章大学生的自我意识与健全人格，分析大学生自我意识及其发展、大学生健全人格的影响因素与培养途径；第四章大学生情绪的调节与管理，论述积极情绪的激发与培养；第五章大学生适应心理与学习心理培养，探讨学习动机的激发与培养；第六章大学生的人际交往与心理调适，通过对大学生人际交往原则和策略的论述使其能够做好自我心理调适，并在此基础上探讨了大学生恋爱心理及其特征；第七章大学生心理健康教育的多元发展，主要就网络、择业、生命安全等方面的议题展开论述。

本书有以下两方面特色：

第一，结构清晰。从大学生心理健康教育及辅导工作的实际出发，从多个方面和角度对大学生心理健康教育的完善和发展进行探讨，以增进读者对相关知识的了解。

第二，实用性强。本书从专业角度进行说明与论证，进一步加深对大学生心理健康教育与辅导的方式创新、实践研究，力求为相关从业者提供有效的借鉴。

笔者在撰写本书的过程中，得到了多位专家学者的指导和建议，在此表示诚挚的谢意。由于笔者水平有限，加之时间仓促，书中难免有疏漏或不妥之处，希望广大读者批评指正，使之更加完善。

伍勤

2022年6月

目录

第一章

大学生心理健康教育概述

第一节
大学生心理健康教育的理论基础

一、健康与心理健康

（一）健康

健康是人类生存和发展的基本要素，也是人类永恒的话题。人们对健康的认识也随着社会的不断进步而发生着改变，越来越趋于全面。早期的健康被定义为：人体各器官系统发育良好、功能正常、体质强壮、精力充沛，并具有良好劳动效能的状态。通常可以用人体测量、体格检验和各种生理指标来衡量。但是随着科学文化的发展和理念认知的进步，人们在关心物质生活满意度的同时，开始对精神生活提出了明确的更高的要求和期待。人们开始意识到很多生理疾病的产生都离不开心理因素，心理健康问题成为社会的一种普遍现象，“亚健康”“灰色状态”等健康问题开始出现。

新的健康观认为，人是生理、心理与社会层面的统一，人不仅仅是一个生物体，而且是有着复杂的心理活动、生活在一定的社会环境中的完整的人。健康是多方面状态的综合体现，包含生理的、心理的以及社会适应等方面的内容。世界卫生组织（WHO）提出，健康是一种生理、心理与社会适应都臻于完美的状态，而不是仅仅没有疾病或摆脱虚弱的状态。并进一步指出健康的新概念：一是有充沛的精力，能从容不迫地担负日常工作和生活，而不感到疲劳和紧张；二是积极乐观，勇于承担责任，心胸开阔；三是精神饱满，情绪稳定，善于休息，睡眠良好；四是自我控制能力强，善于排除干扰；五是应变能力强，能适应外界环境的各种变化；六是体重得当，身材匀称；七是牙齿清洁，无空洞，无痛感，无出血现象；八是头发有光泽，无头屑；九是反应敏锐，眼睛明亮，眼睑不发炎；十是肌肉和皮肤富有弹性，步伐轻松自如。健康是生理健康与心理健康的统一，二者密切相关，相辅相成促进健康的发展，其中任何一方出现问题都会对另一方产生干扰，从而影响整体的健康状况。当人的身体有疾病时，心理也必然会受到负面影响，出现情绪低落、压抑或烦躁、易怒等，从而导致心理不适；同样，长期的心情抑郁、精神负担重、焦虑不安的人也容易出现躯体疾病，影响身体健康。因此，健全的心理与健康的身体是不可分割、相互促进的统一整体。

（二）心理健康

心理健康是人在成长和发展过程中，认知合理、情绪稳定、行为适当、人际和谐、适应变化的一种完好状态。心理健康是影响经济社会发展的重大公共卫生问题和社会问题。

1. 心理健康的意义

心理健康的意义主要表现在以下两个方面：

（1）心理健康是健康的保障。人的健康是生理健康和心理健康的统一。生理健康是健康的基础，而心理健康则是健康的保障。

（2）心理健康是适应社会的前提。社会的环境是复杂多变的，心理不健康的人在面对纷繁复杂的社会环境时会表现得不够冷静。而心理健康的人则能对现实保持清醒的认识，有高于现实的理想，但又不沉浸在幻想当中，对生活中的各种问题、困难都能够积极面对，并努力地去处理而不是回避困难，从而更适应整个社会的发展与变化，在学习和工作中得到满足感，能够充分发挥自己的聪明才智，体验到工作、学习、生活的乐趣与幸福感。

2. 心理健康的标准

传统观念认为健康就是身体没有疾病，因此，人们往往重视身体的锻炼与保养，却忽略了心理的保健。然而，随着科学文化的进步和社会的不断发展，人们对健康的理解更加深入。心理健康不仅是一种没有精神疾病或障碍，更可视为一种有幸福感和内在和谐的状态。在这种状态下，个人有清晰的自我认知能力，能高效地从事工作和学习，有正常的社会交往，并能够充分地娱乐和放松。因此，从广义上而言，心理健康是指个体具有一种持续的、高效而满意的心理状态，在这种状态下，生命具有活力，潜能得到开发，价值得以实现。而从狭义上而言，心理健康是指个体的认知、情绪、行为的协调统一，能适应环境。由此衍生出来的心理健康的判断依据包括：（1）所具有的安全感能否满足自身所需；（2）能否充分理解并客观地对自身进行评价；（3）能否凡事从实际出发，制订计划向理想目标前进；（4）能否保持良好的社交关系；（5）能否在生活和外部影响下保持自身人格；（6）能否从周遭环境和自身经历中不断学习；（7）能否在不同情况下维持一定范围内的情绪稳定；（8）能否在环境框架下合理展露自身个性；（9）能否在所处环境规范个人行为的前提下满足自身需求。这也可以成为心理健康水平的发展导向。

关于具体的心理健康的评估指标，包括以下八个方面：

（1）关于自我，能够了解自我并满足自我需求。对自我价值有客观实际的评估，并有能力体现自身价值是心理健康的重要表现。心理健康的人能够对自身的性格、情绪有客观认识，并对自身能力有准确评价，从而对自身提出合理的期望值，设立能够达到的要求，在迈向理想的道路上制订合理的计划，而不是脱离实际；此外，要能够在自身基础条件下发掘潜力，完成更高的追求，无论前行道路上走得如何都能够坦然接受。

（2）关于人际交往，能够与周遭的人、事、物有良好的互动。在接受自我的基础上，能否接受他人是心理健康与否的重要衡量标准，完成自我肯定的同时也要能够完成对他人价值的肯定，能理解和接受他人，在与他人交往时能够保持和谐的关系，能融入集体中享受群体的欢乐，也能够在独处时享受自己的时间。无论是与他人交往还是在集体中，多以积极的态度面对他人，较少出现消极情绪，就能够更好地融入集体，获取安全感和适应度。

（3）关于生活与工作。生活和工作是人们生命中的重要组成部分，在生活中保持积极向上的状态，享受生活中的美好与欢乐是热爱生活的表现；在工作中以达到目标作为准则，并从中获取满足感是热爱工作的表现。对工作和生活的热爱能使人从中获取智慧和能力，并在今后的生活和工作中更好地解决问题，提高生活幸福感，提升工作有效性。

（4）关于现实中发生问题的对待方式。现实生活并不总是顺利，遇到与预期不符的现实状况时要正确看待。首先面对现实；其次接受现实，适应后采取有效的措施对其进行改造，以使其能够合理存在。心理健康使人在面对现实时能保持客观的态度；接触现实时，能在客观实际的基础上设置理想，并妥善地处理在追逐理想过程中遇到的挑战。

（5）对情绪的控制和心态的保持。控制情绪并非指没有消极情绪，而是在消极情绪出现时能够尽快地走出阴霾，重新拾回快乐和满足。保持心态体现在面对喜乐哀伤时能让自身的心态在一定范围内进行情绪表达，喜乐时不忘乎所以，哀伤时不沉溺其中。社交时能够保持平和的心态面对他人，尊重每个与之交往的人，并在一定的社交框架和规则中寻求自身利益的满足。

（6）完整和谐的人格。人格结构由性格、气质、兴趣、信念等多个方面组成，这些人格结构的协调一致性是心理健康的表现。心理健康的人在各方面和谐共生。此外，思考问题也会考虑多方面因素，不偏激，灵活应对人际关系，既不固化交往方式，也不偏激应对，能与他人产生较为适中、合理的交往，也能顺利地融入集体中。

（7）拥有正常的智力水平。智力水平决定了工作生活以及学习能否顺利进行，也是衡量心理健康的要素之一。

（8）年龄与心理成熟度是否相符。人在不同的年龄阶段会有不同的心理行为，大部分人在同一个年龄阶段有相似的表现，如果心理行为特征与实际年龄大致相符，则无须担心心理健康程度。

以上列举的心理健康的判断依据和评估指标，可以以此来衡量自己的心理健康水平，大体划分为三个等级：一是常态心理，表现为心情轻松愉快，适应能力强，善于与人相处，能较好地完成与同龄人发展水平相适应的活动和任务，具有调节情绪的能力；二是轻度失调心理，表现出经常性的心理不适，与他人相处略感困难，生活自理能力较差；三是严重病态心理，表现为严重的适应失调，不能维持正常的生活和工作，如不及时治疗可能恶化成为心理障碍，甚至产生心理疾病。

3. 心理健康的维护与促进

人是一个身心统一体，只有做好心理健康的维护与促进，才能保证健康的长足发展。聚焦于教育，对人的思想、情感、意志、态度、认知方式、理想信念等心理活动进行影响和引导对于人的成长与成才有十分重要的意义。人的全面发展当以生理和心理两方面的健康、协调发展为基础。心理健康教育作为心理健康维护与促进的基本手段，对于人的心理素质的培养与心理疾病的防治，其重要性和必要性都毋庸置疑。

可以看出，心理健康教育因着眼点的不同而指向两个不同的方面。一方面是心理素质的培养，这基于积极心理学所倡导的用积极的态度去理解人的心理现象，用欣赏的眼光去看待人的动机、思想、情绪，甚至障碍，从而激发个体本身所固有的某些实际的或潜在的积极品质和积极力量，并利用这些品质和力量来帮助解决人的问题，使人可以最大限度地挖掘自己的潜能，发展稳定的适宜社会要求的心理素质，并由此获得理想的生活。另一方面是心理疾病的防治，这着眼于普及心理卫生知识，学会心理调节的一般方法，提高对挫折与痛苦的耐受能力，了解预防心理疾病的方法与途径和治疗心理疾病的理论与原理，以形成正确的心理健康观念，强化心理健康意识，增进心理健康的维护能力。

上述两个方面，虽然着眼点不同，侧重面不同，但实际上二者是相辅相成、相互促进的。培养心理素质将有助于防治心理疾病，而防治心理疾病也将保障心理素质的提高。因此，心理健康教育就是培养心理素质与防治心理疾病的有机结合。

随着社会经济的高速发展，工业化、现代化、社会化一体化的程度不断提高，社会竞争越来越激烈，作为社会人口的重要组成部分，生活和学习在院校里的大学生们也需要面对许多可能引发心理问题的情况。例如，对新生活、新环境的适应，直面理想与现实的差异，对专业的选择和学习的适应，对择业的困惑和对发展的考虑，以及宿舍、同学、师生间人际关系的处理等一系列议题。如何引导大学生们以积极的、合理的心理状态去适应环境，增进身心健康，预防心理和精神疾病的发生，从而更好地发挥自身潜能，开创属于自己的美好人生是目前大学生心理健康教育工作需要思考的重要课题，在心理健康教育过程中探索更有利的教育理念和更有效的教育方式，其重要性和必要性也越来越凸显。

二、 大学生心理健康的影响因素

大学生心理健康问题是在各种内外因素的共同作用下长期累积的结果，因此，有必要全面探讨在大学生成长过程中，影响其心理健康的各种因素。

（一）生物因素

遗传是个体心理发展的生物学基础，没有这样的基础，或者在遗传上有严重的缺陷，都会对个体心理发展造成不可弥补的或者极为严重的不良影响，遗传因素对学生心理健康有着重要的影响。学生某些心理健康问题与某些遗传因素有着不可否认的联系，有些心理疾病存在明显的家族性倾向。

神经系统的生化因素是影响心理健康的重要因素。精神病患者的脑组织、血液或尿液中含有的一些化学物质，如果进入健康人体内，便会产生相应的精神症状。不同的神经递质对人的精神状态和精神疾病会产生不同的影响，如过多的肾上腺素能转化为一种致幻剂，影响神经传递而引起狂躁型精神病症状；一些精神分裂症状则与多巴胺过多有关。同时，母亲在孕期的营养、情绪及身体健康状况不佳，分娩过程异常，一些生理疾病、外伤及中毒、微量元素缺乏，神经内分泌系统异常等生理因素，都可能对子女的健康造成不利影响。

（二）家庭因素

个体的早期经验对其一生的心理健康具有重要的影响，而个体早期的生活环境主要是家庭。“家庭是每个人成长的第一环境，父母是孩子的第一任老师。”① 家庭的结构和生活氛围、父母的教养方式、家庭经济状况等均对子女心理发展和心理健康具有重要影响。

---

① 张冬梅，谷丹．大学生心理健康教育．北京邮电大学出版社，2018：11.

1. 家庭结构与生活氛围

家庭的结构对学生的心理健康有很大的影响，完整的家庭对子女的心理发展有良好的影响。父母对子女和谐而又带有差异性的教育可形成一种相互间取长补短的配合。家庭中的生活氛围也对学生的心理健康有直接的影响。如果家庭各成员之间互相尊重、互相爱护、坦诚、和气、包容、体谅，家庭中会形成一种和谐、温暖的人际关系和轻松、积极、欢乐的生活氛围，这非常有利于个体的情绪稳定和良好性格的形成，有利于其心理健康。反之，如果家庭成员之间冷漠、猜疑、经常吵架、水火不容，则会导致个体缺乏安全感，产生焦虑、压抑，不利于其心理健康。

2. 父母对子女的教养方式

一般而言，父母对子女的教养方式主要有：专制式、溺爱式和民主式。在专制式的教养方式下，子女的意见和愿望得不到表达，他们很少得到尊重和温暖，容易形成畏惧、缺乏安全感、缺乏自信等性格，会严重抑制其心理的发展，影响他们对社会的适应性。在溺爱式的教养方式下，子女得到过度的保护，得不到应有的锻炼，不能承担应有的责任，同时，无原则地迁就，会使他们容易变得任性、自私、嫉妒，并且自理能力差，缺乏应变能力和正确的自我观念，不易适应社会和学校中的人际关系。在民主式的教养方式下，子女既可以得到尊重和保护，又能受到良好的教育。家长对子女起到指导性的作用，既满足他们的正当需要，又对其不正当的要求和言行给予及时说服教育和帮助。在这种方式下，子女懂得关心人、尊重人、同情人，形成积极乐观和开朗的性格，能较好地适应社会和学校生活。

综上所述，民主式的教养方式有利于子女的心理健康，而专制式和溺爱式的教养方式则不利于学生的心理健康。

（三）学校因素

在大学生的成长过程中，学校教育对其心理发展和心理健康的影响占有重要地位。从学校教育的指导思想、组织形式和教学内容、教学方法到教师的态度、管理方式、对学生的期待，以及学生的学习压力、人际关系情况和校风等，都会对学生的心理健康造成影响，具体来说有以下几方面因素：

（1）教师的管理方式、期待的影响。与家庭的教养方式类似，教师的管理方式可以分为民主式、专制式和放任式。显然，民主式的管理方式最有利于学生的心理健康，而专制式、放任式的管理方式均不利于学生的心理健康。教师对学生的态度和期待也会对其心理健康产生效应。如果教师对学生有良好的、积极的期待，即使不用言语明确表达出来，学生也会不知不觉地感受到这些信息，并朝着教师所期待的方向健康发展。

（2）学习压力的影响。适当的压力会使学生产生适中程度的紧张，易于集中注意力，调动积极性，有利于学习。但是过重的压力会造成学生的焦虑不安等，如果长期处于这样的状态，就会导致心理问题的出现。

（3）学校中人际关系的影响。学校中的人际关系是影响学生心理健康的重要因素，这是因为任何人都不能离开他人而生活，人有归属感和交往的需要。人际关系良好与否会直接影响学生的心理健康，或者人际关系本身就是心理是否健康的重要标志之一。一个有良好师生关系和同学关系，在班集体中得到肯定、尊重、温暖、平等对待的学生，会产生安全感，这必然有利于其心理的健康发展。此外，校风、学校的管理制度、教育方法与奖惩措施等都会影响学生的心理健康。

（四）社会因素

人总是生活在一定的社会环境之中，社会文化背景、政治经济状况、社区环境、社会风气、风俗习惯及重大的社会事件等，都会对大学生的心理健康产生影响。主要体现在就业问题和网络问题两个方面。

1. 就业问题

职业是人生命中的重要组成部分，它决定着一个人的收入、生活水平、社会地位、个人的价值和生活的满足与否。而一个人在事业上的成功与否，关键在于他是否能在所选择的工作中发展自我和实现自我价值，享受他所选定的生活方式。因此，对于大学生而言，就业问题非常重要。

如今，我国大学生的就业分配制度发生了重大变化，由过去“统包统分”的就业模式向“供需见面、双向选择、自主择业”的模式发展。同时由于国家许多经济政策的调整，大学生的就业形势变得严峻，在这种形势之下，许多大学生没有转变自己的择业观念和降低职业期待，对自己的个性、能力、兴趣等缺乏正确的了解，也缺乏求职的经验和面试技巧等，更加大了就业过程中的困难和挫折。

2. 网络问题

互联网跟其他科学技术一样，它既有助于大学生开阔视野，给他们带来机遇，但与此同时也给大学生造成了许多不容忽视的消极影响，特别是在心理健康方面。

（1）互联网对大学生的人际交往有重大影响。网上的人际交往不是面对面的直接交往，而是符号化的间接交往。在网络交流过程中，大学生们会感到更轻松、更自在。在虚拟化的社交环境中，大学生们不用担心、掩饰自己的缺陷，可以通过网络塑造自己的新形象，展现自我，满足许多现实中不可能满足的愿望。但是这种交往方式在物理空间上的隔离孤立了彼此，缺乏现实交往所固有的丰富的人情表达和密切的人伦关系，导致人际关系数字化、非伦理化、非人性化，使得人际关系能力下降。导致一些学生一旦离开网络，置身于现实社会中，面对现实中的人际交往时就会出现人际交往的障碍。

（2）网络也会给大学生的人格发展带来影响。网络上所承载和传播的信息良莠不齐，这既为大学生带来了新的观念和信息，有利于大学生形成开放的心态，也给世界观、人生观和价值观正在形成中的大学生带来很大的影响，使大学生对本民族文化传统和价值观的认同、信任和自豪感受到影响。

（五）自身因素

生物因素、家庭因素、学校因素和社会因素对大学生心理健康的影响程度与其本身内在的心理素质有很大的关系。同样的生活事件对于不同的大学生个体而言有不同的评价和态度，且有不同的意义和结果，因此对大学生心理健康的影响程度是不同的。

在大学生的各种心理特点中，最为重要的就是个性特点，那些性格开朗、乐观、自信、果断、坚强、独立的大学生，在面对各种得失、各种冲突与选择、各种困难与挫折时，他们能理性地对待，会有正确的态度和评价，而且会努力去克服困难，这样就会减少或消除应激源对其自身心理健康的不良影响。反之，那些自卑、退缩、孤僻、悲观、焦虑、依赖的大学生在面对困难与挫折时，通常会出现不正确的态度与评价，会感到不知所措，甚至感到失望。

第二节

大学生心理健康教育的主要内容

一、 大学生心理健康教育中的心理素质培养

人的素质是一个系统结构，生理素质、心理素质、思想道德素质、科学文化素质之间是相辅相成、具有统合作用的，其中，心理素质是人的其他素质的基础和保障，没有健康的心理和良好的心理素质，其他素质也不可能培养得好。

（一）心理素质对人才成长的重要意义

良好的心理素质是大学生整体素质赖以发展和提高的重要基石。具体表现在：

1. 良好的心理素质是实现成长目标的基础

心理素质对人的影响，主要体现在心理活动的目标选择以及个体对人、事、物不同的态度体验和行为方向上。个人的发展方向、信念目标、行为决策等都将受到心理素质的影响和调控，从而引导着个体的发展进程。

2. 良好的心理素质是人才成长的动力

大学生成长成才的根本动力是我国经济社会发展的需求。这种根本动力只有被大学生意识到并结合自身内化于心，才能产生强烈的社会责任感和时代使命感，形成强劲的成才动机，从而调动身心的巨大潜能，形成求知的动力、热情的凝聚、进取的渴求，激发成长成才的活力与积极性。

3. 良好的心理素质是人才成就事业的保证

人才的成长和事业的成功是智力因素和非智力因素和谐发展的结果，哪一方面的发展受制，都将阻碍人才的健康成长，影响事业的成功。注重培养

良好的心理素质，是时代和未来事业的需要，也是大学生成才和成就事业的有力保证。

（二）大学生应具备的心理素质

按照社会发展的要求和个体发展的规律，当代大学生应具备的心理素质主要包括：

1. 兴趣素质

兴趣是个体力求趋向和认识某一事物的心理倾向，这种心理倾向对心理活动的能量投注起着原始的定向作用和动力作用。大学生良好的兴趣素质主要表现在：（1）对学习有深厚的兴趣，有强烈的求知欲望；（2）对新事物新知识有强烈的好奇心和探索欲望；（3）对身边的人或事容易产生兴趣并有一定的稳定性；（4）兴趣的效能性强，能积极地、有计划、有效率地规划生活和学习中的兴趣点。

2. 动机素质

动机是个体发动并维持活动朝着一定目标进行的心理倾向，是驱动人的活动的内在力量。大学生良好的动机素质主要表现在：（1）有正确的符合社会和时代要求的动机倾向；（2）有较强的动机驱动力；（3）有较持久的动机稳定性；（4）能协调动机冲突，维持主导动机的优势力量。

3. 情绪情感素质

情绪情感是个体对客观事物能否满足人的需要而产生的一种态度体验。大学生良好的情绪情感素质主要表现在：（1）情绪情感反应与环境刺激相协调；（2）情绪的稳定性高；（3）情绪的调控力强；（4）情感的倾向性与社会发展进步相吻合。

4. 意志素质

意志是个体自觉确定目标，支配和调节行为，克服困难，达到预定目标的心理过程。大学生良好的意志素质主要表现在：（1）学习和生活有明确的目标；（2）主要的精力和行为能为既定的目标服务；（3）遇到挫折能进行积极的调适和控制。

5. 自我意识

自我意识是个体对自身及自身与客观世界关系的认识。大学生良好的自我意识主要表现在：（1）有较为全面、客观、深刻的自我认知；（2）有较为理想的自我悦纳；（3）有较强的自我控制能力；（4）有较高的自我发展诉求。

6. 人际关系

人际关系是指个体在社会活动中直接或间接与他人建立起的关系和联结。大学生良好的人际关系主要表现在：（1）人际交往范围较大；（2）人际交往的主动性较强；（3）在人际交往中遵循真诚、平等、相互尊重的原则；（4）在人际交往中能体验到较理想的亲密感、融洽感、协调感、归属感。

7. 社会适应

社会适应指个体与社会相协调的意识和能力。大学生良好的社会适应主要表现在：（1）能正确认识自我需求和社会要求的关系；（2）能完成社会角色赋予的职责任务；（3）能较好地预测和掌握形势变化的趋势；（4）有较强的应变能力。

8. 竞争意识

竞争是社会群体活动中自发的社会心理现象，又是人际间相互作用的一种基本形式。大学生良好的竞争意识主要表现在：（1）有较强的竞争意识，敢于竞争；（2）具备良好的竞争能力；（3）能处理好竞争与合作的对立统一关系；（4）在竞争中手段得当。

9. 创新意识

创新是人们在认识的基础上，对理论、方法、技术进行创造、革新的意识和能力。著名数学家华罗庚教授曾说："如果没有独创精神，不去探索更新的道路，只是跟着别人的脚印走路，也总会落后别人一步；要想赶过别人，非有独创精神不可。"建设中国特色社会主义事业，我们没有前人的路可走，只有不断开拓创新，我们的事业才能不断推向前进，要完成这一历史使命，当代大学生必须具有较强的开拓创新意识和能力。大学生良好的创新意识主要表现在：（1）思路开阔，头脑灵活，尊重并善于应用各方正确意见和建议；（2）不被别人的评价左右；（3）思维活跃，对事物有独到的见解；（4）不因失败而畏首。

（三）大学生心理素质培养措施

心理素质的培养与优化，后天因素起着决定性作用。大学生进入高等教育阶段，高校实施心理素质教育的措施和方法将直接影响着他们心理素质发展的速度、方向和水平。高等教育负有提高当代大学生心理素质的重要责任。高校在实施心理素质教育的过程中，应将大学生心理素质的培养与新时代社会发展对人才的需求紧密结合起来，与当代大学生个体心理发展的规律与特点紧密结合起来，以学生为主体，贯彻系统化原则，制定大学生自入学到毕业每一个学习阶段心理素质教育和培养的主要内容和实现措施，并将其组成一个完整的心理素质目标体系，促进大学生心理素质的发展和优化。

1. 健全机构，强化保障

自探索新时期德育新形式、新途径以来，绝大多数高校已经意识到“心育”的重要性，但心理教育专门机构的软硬件建设还存在严重滞后或不受重视的现象，设施设备不足，师资力量不强，经费保障不到位，都直接制约着高等学校学生心理健康教育和辅导、学生心理素质培养和提高的效能发挥。只有进一步完善机构，强化保障，才能真正有规划、成体系地开展心理健康教育一系列相关工作，落实学生心理素质的培养与优化。

2. 多形式、多渠道开展心理健康教育

心理素质的培养与提高，仅靠单一的教育形式不可能实现，需要多形式、多渠道的教育并举形成合力，才能增强教育效果，达到培养目标。一是要将“大学生心理健康”课作为公共必修课，系统化、规范化地使学生通过课程教学掌握心理健康知识，了解心理保健的方法，促进心理素质的提高与优化；二是要利用网络、板报、广播、班会、沙龙等多种形式宣传心理健康知识，普及心理健康理念，激活“心育”的文化氛围。

二、 大学生心理健康教育中的心理疾病防治

在整个人生的发展进程中，青年时期是个人心理特征和社会角色的巨变期，处于这一人生阶段的大学生将迎来自我的定位、人格的整合、角色压力的来袭等一系列心理风暴，他们内心的矛盾和冲突常常非常剧烈，心理问题多发，易出现心理障碍、心理疾病。大学生心理健康教育中的心理疾病防治是面向心理素质培养与优化目标时不可或缺的重要组成部分。

（一）大学生常见心理冲突

在成长与适应过程中的心理冲突是导致心理失衡，出现心理疾病的先导因素。分析大学生常见心理冲突是防治心理疾病的重要一环。

1. 理想与现实的冲突

理想与现实一般是有距离的，大学生可能会发现自己寒窗苦读奋力拼搏考进的大学不是自己理想的模样，或者自己所学的专业与将来期待的职业发展存有偏差，或者立志成为“帅才”“奇才”却在现实中找不到实现的途径，这都会导致理想与现实的冲突。

2. 独立与依赖的冲突

随着大学生自我意识的发展，独立性的意向日渐强烈，渴望摆脱父母、教师的管教，自己做主。但由于缺乏经济基础，缺乏独立生活的经验与能力，又不可避免地需要依赖他人，从而出现独立与依赖的冲突。

3. 自尊与自卑的冲突

高考竞争激烈，进入大学校园的大学生是青年中的佼佼者，被夸赞，被羡慕，有较强的优越感。然而，大学的学习方式、评价方式较之中学会有一些变化，以往学习的尖子生在大学里的优势可能不复明显，因此出现自我怀疑、自我否定，导致自我评价在自尊与自卑之间震荡徘徊。

4. 乐群与孤独的冲突

大学生在大学校园的群体生活中渴望交友，与他人建立良好融洽的关系，受人欢迎，被人认可。而更普遍的情形是，大学生虽然接触的同学很多，能成为知心朋友的却很少，在远离亲人的校园里时常体验到身处热闹繁荣中的孤独感。

（二）大学生心理疾病防治的主要手段

1. 加强知识普及中针对性问题的辅导

在系统地传授有关心理知识和心理健康维护方法的同时，通过分析研判心理普查数据，有针对性地对部分学生进行专题、专项、专门的心理辅导，对萌芽状态或已浮出水面的轻型心理问题、心理症状进行先期处置是心理疾病防治的主要手段。例如，“从中学到大学的心理适应”“失眠在告诉我们什么”“谈性说爱”“紧张与焦虑的消解”等辅导活动的开展，可以做到对象明确、针对性强、实效性高。

2. 提供专业的心理咨询与危机干预服务

目前，我国高校为学生提供心理咨询与危机干预服务的人员多为有心理学或教育学专业背景的教师、校医院的医务工作者、从事思想政治教育管理工作的人员等，其中大部分没有经过专业的、系统的心理咨询、危机干预培训，理论水平和实践经验都不能很好地适应工作的需要。而对有必要、有需要的学生开展心理咨询及危机干预，是筑牢心理健康问题演化为危机事件的最后一道防线。高校亟须规范设置专职心理咨询人员的岗位编制，对心理咨询人员进行资质审定，严格持证上岗并接受专业督导，建立一支以专职人员为骨干、专兼结合的承担心理咨询及危机干预工作的专业人才队伍，为大学生心理健康保驾护航。

第三节

大学生心理健康的常见问题

根据近年来历次心理健康调查，大学生的心理健康状况不容乐观。大量的研究数据和统计结论表明，有近20%的大学生存在心理上的不良反应和困扰。虽然有严重心理障碍、心理疾病的是极少数，但那些有心理不健康趋向或个性特征容易诱发心理问题者，却不在少数。如果不引起重视，采取有效措施，很可能会发展、演化成为严重的心理障碍或疾病。

大学生心理健康的常见问题主要表现在：

一、 大学生的心理适应问题

进入大学，在适应大学这一新的环境所赋予的新的角色、任务和行为方式的过程中，难免会给大学生带来一些心理不适。生活环境、学习模式、人际关系、管理制度等多方面的变化所带来的适应问题可能导致大学生自我评价失衡，从而产生孤独、压抑、失望、迷惘等消极心理。尽管在环境适应的幅度和难度上存在明显的个体差异，但大学生应尽快完成适应过程，包括入学初期的生活适应、角色变化的心理适应，才能真正地投入大学生活，在人生新的征途中迈出有力坚定的第一步。

二、 大学生的自我落差问题

进入大学以前，大多数学生会把大学生活描绘得过于理想化，一旦进入大学，就会发现现实生活中有许多不完善、不尽如人意的地方，与期望形成强烈的反差。而且在自我发展过程中，也存在理想自我与现实自我出现落差的情形，也存在自我认识、自我评价、自我期待与现实的客观情况出现落差的情形。如何协调理想自我与现实自我的不平衡，如何看待自我期待与现实客观的差距，是大学生发展阶段面临的重大问题。而过度的自我接纳与过度的自我拒绝、过度的自尊与过度的自卑、过度的独立意识与过度的依赖心理、自我中心与从众倾向等一系列问题与矛盾冲突也是大学生自我意识问题的主要表现。

三、 大学生的学业问题

在校大学生的主要任务是学习，圆满地完成大学期间的学习任务几乎是每个大学生的愿望，但学习压力过大、目标不明确、对所学专业不感兴趣、动力不足、注意力不集中、成绩不理想、方法不适应、对教师的授课方式不习惯、考试焦虑等学业问题或多或少地困扰着每一个大学生。大学相对中学而言，有更多的自由支配时间，也比较轻松，有的学生经过多年的“高压”学习，进入大学后，一方面缺乏明确的学习目标、学习动机；另一方面学习独立性差，缺乏毅力和韧劲，出现较严重的学习倦怠现象，导致学习生活质量低下，缺乏应有的活力和热情。

四、 大学生的情绪与情感问题

大学生处在人生的重要阶段，通常面临着来自个人、家庭、社会等各方面的压力，学习生活的重负担、家庭给予的高期望、社会市场的竞争压力致使大学生的心理、情绪处于紧绷状态。通常情况下，合适的心理压力能够转化为前进的动力，大学生能够出现超常发挥的学习状态，从而呈现出正调节作用；但若是心理压力过大，或是大学生没有充足的能力去解决相应的问题，则会产生消极情绪，影响正常的生活状态。大学生情绪方面的问题，较为突出的通常包括以下几个方面：

（一）抑郁情绪

抑郁情绪表现为个体持久的情绪低落、兴趣低落，在学习和生活中没有动力、没有意向，逃避参与，且常伴有躯体、饮食、睡眠等方面不适。

（二）焦虑情绪

焦虑是大学生最容易出现的情绪状态，主要分为考试焦虑以及自我焦虑等。考试焦虑是大学生活中的常见状态，特别是学习基础和能力较差的学生常因担心学业、担心成绩而出现情绪烦躁、思维钝化，难以集中精力等情形。自我焦虑主要是对自我发展、自我表现或人际交往上呈现的状态倾注了较多关注，容易受到评价及反馈的影响，从而频繁出现担心、害怕、惶惑、厌倦等的心理状态。

（三）情绪不稳定

大学时期，个体的自我意识强烈，情绪情感方面表现出更为冲动更为强烈的特征，情绪容易失衡、失控，尤其是大学生活丰富多彩的学生，更容易受到外界各种因素的影响，从而表现出情绪不稳定、情绪起伏波动较大的情况。

五、 大学生的人际关系问题

良好的人际关系是大学生良好社会化的重要体现，是大学生成长成才的重要支持，是保持良好心理状态的必备条件，它使人获得安全感、归属感，得到支持与理解，给人精神上的愉悦和满足；不良的人际关系使人压抑、紧张，感到孤独与寂寞。大学生在人际关系方面的问题与困扰主要有以下表现：

（一）人际关系不适

进入大学，意味着要告别之前熟悉的生活与学习环境，远离父母近距离的关爱与呵护，加之面对新的不同的人际群体，思想和生活习惯彼此碰撞，会使大学生产生一定程度的不适应。

（二）社交关系不良

大学能够基本呈现出社会具备的各种要素，学生可以利用这种独特的平台展现自我，发挥自己的才智、特长。但其中不乏欠缺勇气、能力、技能的学生，他们既渴望友谊，又不敢主动，表现出退缩甚至回避，无法建立良好的人际关系，也不利于心理健康的发展。

（三）与恋爱和性有关的心理问题

其主要表现为与异性交往困难、陷入多角关系不能自拔、因单相思而苦恋、性少数群体困扰、对性冲动的不良心理反应、性自慰行为产生的焦虑自责等。

六、 大学生的人格发展问题

大学生作为一个特殊的青年群体，在人格发展的关键时期，人格特征显现出既存在着自身特点的群体性人格特征，也显现出在社会文化大背景下的一般性人格特征。例如，大学生在特殊的人格发展阶段所呈现出来的较强的自我意识、功利性与契合性并重的人际关系、外露的情感表达、矛盾的价值观念等这个群体特有的人格特征，以及易受暗示从众赶潮、重情面重脸面、克制、谦恭、少攻击性等人格特征。从总体上看，当前大学生人格现状中既有积极进步的因素，也有消极不适应的方面。从高等教育的角度看，培养目标的高而不实、科学精神与人文精神的教育没有跟上、个性发展与社会责任的关系不恰当地对立，没有很好地做到目标、途径、个性塑造三者的和谐统一与有机契合，因此大学生在接受高等教育的特殊人生阶段容易显现出追求积极的人生理想却又使之表面化的倾向，因知行分离而形成虚伪或虚假人格，在道德评价、人生取向及社会感知等重要价值观念方面出现不解、彷徨、冲突等不良心理境况。

第四节
大学生心理健康教育与辅导的重要性

大学生群体是时代先进群体的代表，也是社会发展的生力军，当代大学生能否健康成长不仅关系到大学生的个人福祉，还关系到整个国家和民族的命运。近年来，关于大学生良好心理素质的培养和心理健康的维护备受社会各界的关心关注，大学生心理健康教育及辅导越来越受到政府主管部门、学校、家长以及学生的重视。加强对大学生的心理健康教育，运用多种形式与途径开展大学生的心理健康教育教学，对大学生的心理问题进行正确引导和辅导，必将优化大学生的心理素质，增进大学生的心理健康水平，预防心理疾患，从而提高人才质量，促进大学生的全面发展，实现高等教育的目标。

从高等教育的实践来看，对于每一个大学生而言，要维持高效的智能活动，发挥自身才能与水平、积极参与社会活动、不断向更高层次发展，都需要良好的心理素质做保证。进入大学以后，大学生将面临学习、交友、恋爱、择业等诸多重要的人生议题，结合大学生又正处于从对父母和家庭的依赖中逐渐独立的特殊时期，加之缺乏经验，他们常常会出现各种困惑和烦恼。开展大学生心理健康教育，不只是要关注学生有没有心理疾病、心理障碍、心理危机，更要营造一个和谐、健康、有利于人的发展的学习和生活的心理环境，让学生在其中感受到力量，感受到滋养，感受到自身发展的多种可能性。

为此，心理辅导作为提供心理帮助与指导的一种心理教育与咨询治疗形式，基于它较之心理教育有更强的针对性与灵活性，较之个体心理咨询与治疗更具有预防性与发展性的工作属性，应用在大学生心理健康教育工作中有着不可或缺的重要作用。心理辅导可以弥补心理健康教育课程缺乏针对性，寻求心理咨询的帮助缺乏勇气与必要性的问题，成为大学生心理健康教育教学中的一种重要形式。

开展心理辅导，前提是先要了解和掌握学生心理素质的状态，从而有针对性地制订实施计划与方案。可以以问卷调查的方式对大学生进行心理健康普查，从中筛选、研判在心理健康方面存在某类症状或某种突出困扰的学生，制订更适合他们的针对性辅导方案，并通过辅导活动对呈现出来的问题进行及时干预，使学生在出现心理健康问题的早期就能得到正确的引导和帮助。

心理素质的提高离不开相应知识的掌握领会，离不开学生的自主学习意愿的提升。针对某类问题或某种困扰，学习相关知识有助于提高对问题的认识能力、增强自我教育和管理的能力。依据普查数据，有针对性地开设教育辅导讲座、座谈及沙龙活动，有利于提高学生的学习意愿，提升学生的自我教育能力。

大学生的健康成长离不开良好环境的孕育，好的班风、学风会潜移默化地优化学生的心理品质。“丰富多彩的班级文化活动有助于培养学生乐观向上的生活态度和健康愉悦的情绪特征。开展形式多样的班级文体活动同样也能形成健康向上的氛围、宽松理解的环境。”① 这种心理育人、文化育人方式同样也在以心理辅导的形式呈现。

总而言之，关注心理健康，注重培养良好的心理素质，是时代和未来事业的需要，也是大学生成长成才的重要保证。有着健康积极向上的心理，不仅能取得好的学习效果，而且有益于终身的发展。在实施大学生心理健康教育的整个体系中，教育的普及，辅导的开展，对大学生心理健康的促进、心理素质的优化将起到不可或缺的重要作用。

---

① 段华庆，江茜．浅析团体心理辅导对大学生心理健康教育的重要性．青年与社会，2014（10）：70.

第二章

大学生心理健康教育与辅导体系构建

第一节
开展大学生心理健康教育课程教学

课程教学是对大学生进行心理素质教育的主渠道，是高校心理素质教育的重要组成部分。高校的心理健康教育课程教学不同于其他学科的课程教学，其教学内容的设置和教学方法的选取，要立足于体现培养学生良好心理素质的教育教学总目标。因此，探索和创新大学生心理健康教育课程建设，是高校心理素质教育的重要任务。

一、 心理健康教育课程建设的理念

课程的设计理念是课程建设的核心，将直接影响教学目标的实现、教学内容的建构和教学方法的选择。建设大学生心理健康教育课程，应当遵循的理念主要包括：

（一）心理健康教育课程建设的出发点、立足点是学生

大学生心理健康教育课程关注的是人。人是课程设计的出发点，理论和知识都是为人服务的，不能本末倒置。以人为主要关注点的课程，其价值理念就是要在课程内容设置上研究大学生的心理发展特点，大学生心理成长发

展的需要，大学生心理发展的困惑，以学生为中心选择课程内容，选取适宜的心理学知识、理论、方法、技术；要研究学生喜欢和可以接受的教学方法，使学生真正愿意学，喜欢学，可以学以致用，达到促进自身人格完善和心理健康维护的目的。

（二）心理健康教育课程应关注学生生命成长

关注学生生命成长的积极取向是整个课程内容的立足点。从人的心理健康的发展来看，心理健康有三种不同层次的标准：一是低线标准，即心理健康就是心理的非病状态；二是心理健康就是良好的适应状态；三是要求较高的标准，指负责任、成熟、积极的状态。目前心理健康标准大多是第二种即心理健康就是良好的适应状态，而第三种鲜有涉及，这会使学生误认为心理健康教育是针对有心理疾病的人或易产生心理疾病的人，所以一般学生不愿积极主动地参与，因此难以起到很好的教育效果。引导人们关注和挖掘个体和群体中积极的品质和潜能才是使人更幸福的关键，是心理教育关注的重点。

所以，需要对心理健康课程进行调整，使教育取向和教育内容更完善。传统的课程更多的是呈现问题、讨论危害和提出解决方法，是一种比较消极的解决问题的方法。因此，应该转变方式，采用积极成长模式，让学生自主探究问题背后的价值，学会自我接纳，弘扬正能量，培养学生的综合素质，充分发掘学生的潜力，而不能只针对学生的问题进行纠正。从人的心理发展来看，人的心理是不断变化发展的，处于成长阶段的大学生更是如此。他们在成长过程中会遇到各种心理困扰，但同时又具有巨大的心理潜能。

教师要相信通过心理素质教育课程的教育，一定会使大学生发生积极的改变，即使外在改变不明显，其内在生态系统的改变也一定会发生。另外，促进学生心理发展必须积极引导学生。教师的教学设计和要求要稍高于大学生现有的心理发展水平，让学生通过努力可以达到目标，体验成长的快乐，激发学生的主观能动性，不断开发大学生的心理潜能。此外，促进大学生心理发展，需要大学生心理健康教育课程的内容、教学方法、课程风格及展现形式根据时代的发展、大学生的接受水平不断进行调整，将心理健康领域最新的研究进展、最适合学生成长的健康理念传递给学生，引导学生走向自我实现之路。

（三）心理健康教育课程应激发学生主动学习

大学生心理健康课程教学的核心是促进学生了解自己，让学生在原有自我认识和自我建设的基础上变得更加积极、更加主动，投入生活，学会为自己负责，为自己做选择、做决定。而学生要实现这样的转变，既不是靠教师的讲授，也不是靠教师从外部的灌输和强压可以完成的；必须经过其由内而外的心理转化才能达到。因此，只有充分重视和尊重学生的内心世界，才能促使其去发现并接受真正的自我，积极地进行自我个性塑造，优化自我个性特质。这个过程只有靠激发学生内在的主动性，让其从“要我学”转变为“我要学”，使他们从单纯接受者的角色转变为学习过程中的主体，从接受式学习转变为发现式学习、探究式学习，激发学习欲求，提升学习兴趣，激活创新思维，培养创新能力，使学生以积极主动的状态参与教学活动。

心理健康教育课程重在关注生命成长，即让心理健康教育课程的学习成为师生人生中一段重要的生命经历，成为他们生命中有意义的构成部分。一方面，关注生命不仅要尊重每一位学生，注重让学生在课堂上积极参与，使他们在体验中感悟，在感悟中收获成长，还要在传授心理调节知识和技能的同时，培养学生健全的心智与健康的人格，充分领悟和体验生命的意义和生活的价值；另一方面，课堂教学是教师职业生涯中的重要组成部分，课堂上学生与学生之间的分享、师生之间的互动、学生的疑问和反思都可能成为教师专业成长、情感升华、体验到人生价值的重要契机。心理健康教育课程让课堂焕发生命的活力，成为学生和教师体验人生价值、感受自我成长、进行生活实践的重要舞台，对教师和学生的成长都具有重要的意义。

（四）心理健康教育课程应提倡回归现实生活

心理健康教育课程要帮助学生获得更好的心理成长与发展、更好的生命体验与价值，就必须回归生活，在课堂学习时注重理论联系实际，学习后将所学的理论方法付诸实践，使自己在生活、学习上更适应，拥有幸福感。心理健康素质教育课程若想回归生活，就要以真实的生活环境为中心设计教学内容和教学活动，通过对大学生在生活实际中遇到的适应问题、人际关系困扰、情绪管理、生命困惑、危机事件等给予指导，帮助学生将所学的心理调适之道应用于生活中，关注生活、体验生活，提升生活品质，成为自己身体健康与心理潜能的开发者。

心理健康教育课程回归生活，就要敢于直面学生在心理发展中的热点问题。对于学生提出的热点及敏感话题，不回避，不说教，而是从关爱出发，引导学生讨论，让学生学会为自己、为他人负责，从而正确做出选择。回归生活主要从以下几个方面来阐释：

1. 在课程的价值取向方面

心理健康教育课程培养的是热爱生活、接纳自我、身心和谐的人，而不是进行心理学研究的研究者。心理健康与大学生的学习、生活息息相关，是生活中重要的构成要素。通过心理健康教育课程，可以帮助大学生对生活经验进行整理、反思和丰富，在课程生活和整体生活的互动中成为一个身心健康的人。

2. 在课程的培养目标方面

心理健康教育课程致力于人与人、人与自然、人与社会的和谐健康发展，培养学生悦纳自我、热爱生活、积极交往，形成健康向上的情感态度价值观，同时注重大学生一致性与差异性的统一，培养学生尊重彼此的差异性，学会欣赏别人，处理好大学生活中的各种人际关系。

3. 在课程的教学内容方面

在课程教学内容方面，将大学生在生活中不可避免会遇到的心理困扰及其关注热点引入心理健康课堂，主要包括生活适应、学习适应、情绪管理、人际关系、恋爱与性、珍爱生命、应对挫折、转换生活视角等。心理健康生态课程内容不仅存在于课本，生活是更广泛的课程内容，心理素质教育课程就是让大学生针对从生活中来的各种问题，学习心理调适之道，并将所学知识应用于生活实践，从而提高大学生的适应能力，达到人与自然、人与社会的和谐统一。

4. 在学习效果评估方面

在学习效果评估方面，分别从自己评估、教师评估、学生评估三个方面对大学生进行评估。不仅要评估大学生对课堂上学到的心理健康知识和心理调适方法的掌握情况，更要重视大学生的知识获取及应用能力，即大学生是否能在日常生活中关注自己和他人的身心健康，通过阅读、开展或参与心理素质教育活动等方式提高自己的心理健康水平，以及主动将所学知识应用于生活实践。此外，课程评估不仅要评估大学生学习心理素质教育课程的结果，还要关注在整个学习过程中，学生参与课堂及课外活动的积极性和态度。

二、 心理健康教育课程开展的目标

（一）培养大学生良好的心理素质

大学生心理健康教育课程不能只教授心理学知识。大学生心理健康教育是一门课程，所以一定会涉及理论知识，但这并不是最主要的，其主要的目的是通过教授学生理论知识，促进学生心理健康发展，让学生有良好的心理素质。心理素质是现代人必备的基本素质，直接影响其他素质，包括政治素质、思想道德素质、科学文化素质、身体素质的培养与发展，是所有素质的基础与基石。培养良好的心理素质是学生成长成才的必要条件，也是关键所在，而大学生心理健康教育课程教学理应担负起学生心理素质的培养与优化这一重要任务。

（二）增强大学生心理调节能力

大学是人身心发展和健康成长的关键时期，学生在成长的过程中要学会认识自我，正确与人沟通，还要学会面对生活和学习的压力，调节自身心理，为自己未来的职业和人生做规划，毕业时还会面临就业等各种问题，所以内心难免会产生困惑。而好的心理健康课程教学，可以帮助学生更好地调节心理，促进学生心理健康状态的稳定和维护，让学生具备更好的适应能力，为将来的发展奠定基础，拥有更美好的人生。

（三）内化与应用相关理论知识

大学生心理健康教育课程最重要的目标是优化学生心理素质，教会学生正确调节心理的技术方法，学生不仅要学习有关心理学的理论知识，更要将知识化为实践，体现在具体的行动上。心理学相关理论和知识不应该只是考试的工具，学生要真正理解并掌握这些知识，将理论和实践相结合，学会在生活中灵活运用，才能让所学习的理论真正促进自身心理健康长足发展。

三、心理健康教育课程教学的内容

（一）心理健康教育课程内容的选择原则

心理健康教育课程要从大学生实际的心理需要出发，针对他们在成长过程中可能遇到的心理困扰，整合心理学相关理论，设计适合学生身心发展规律的教学内容，提高其心理素质及解决问题、完善自我、感受幸福的能力。为了使课程内容选择更符合教学目标，符合课程教学本身的内在规律，需要了解课程内容选择的相关原则：

1. 选择学生已有相关感知或行为经验的素材作为教学内容

选择学生已有相关感知或行为经验的素材作为教学内容，有助于促发学生乐于参与、积极投入的动机。

2. 选择能够使学生领悟到自己以往的行为反应方式存在不当的素材作为教学内容

选择能够使学生领悟到自己以往的行为反应方式存在不当的素材作为教学内容，可以使学生愿意在教师的鼓励和指导下尝试探索新的方式解决问题。

3. 选择能够使学生在做出尝试后获得能力更新与自信增强的素材作为教学内容

选择能够使学生在做出尝试后获得能力更新与自信增强的素材作为教学内容，可以保证习得的新的行为反应方式能够成为自主应用的技能。

总之，心理健康教育课程内容选择原则的核心是从学生实际出发，根据学生的最近发展区设计出让学生有更多正性情感体验的课程内容，让学生在学习中体验到成就感和价值感，以此调动学生的参与度和积极性，发挥其潜能，培养其更新应对技能的自主性，实现心理素质的提升与人格的完善。

（二）心理健康教育课程内容构建

大学生心理健康教育课程的内容构建，主要包括以下几个方面：

1. 以需求和应用为导引构建课堂内容

传统的专业课程，是以传授知识为目的，按照理论知识的内在逻辑构建课程内容。而大学生心理健康教育课程内容的构建，是以学生心理发展的需求，以学生的实践应用为逻辑。课程内容的构架是以大学生成长最需要的心理品质和心理发展能力为其内在逻辑。课堂内容包括：对大学生心理健康理论的概述，大学生自我意识的培养，大学生学习心理的调整，大学生人际关系的和谐，大学生情绪的管理，大学生抗挫折能力的培养，大学生性心理和恋爱心理的调解，大学生的生命教育以及大学生的职业生涯发展等。

以需求和应用为导引构建课堂内容，不仅体现在课程整体内容的构建上，也体现在具体内容的构建上。这就要打破知识体系本身的严密逻辑性、系统完整性，选取以促进学生生命发展为目的，最适合学生应用的心理学理论和方法，让知识服从于学生的生命发展。

2. 整合相关理论构建课堂内容

大学生心理素质教育课程中所选用的心理学理论不是单一的一种心理学理论流派，而是根据学生的需要整合心理学的相关理论，如基础心理学、心理卫生学、发展心理学、社会心理学、心理咨询与心理治疗等理论的相关内容和观点。在这些理论的选取中，既要重视经典理论的使用，又要不断吸取国内外心理学的最新理论研究成果，从而让学生不断接收到新的信息。同时，要帮助学生认识理解自己心理特点的形成与发展，学会在社会生活中运用；在课程内容上，除整合心理学的相关理论知识外，还要选用相关的其他学科，如哲学、社会学、教育学、人类学等学科的相关知识，以开阔学生的视野，丰富学生的认知。

3. 拓展实践资源构建课堂内容

大学生心理健康教育课程注重理论联系实际，它强调的是知、情、意、行的统一、协调，重视潜意识意识化，拓展自我认知边界，鼓励应对性行为的适应性优化。只有通过课堂内外的多种教育形式互动结合，让学生在活动实践中亲身体验，才能把心理健康教育的内容和目标具体化为可以训练养成的个体行为特征，再内化成为个体的心智化能力，完善人格结构，获得成长与发展。因此，在课程内容上，要密切联系大学生的实际，设计相关的实践活动，如案例分析、心理训练等；课程内容既要配合课内教学，也要安排学生实践。例如，学生自信心训练、人际沟通训练、情绪自我调解训练等作业，设计、组织、参与学校、班级的心理健康教育活动，为社会提供心理服务等。

四、 心理健康教育课程教学的方法

教学方法服从于教学目标，是教师为达成教学目标而搭建的教师的教与学生的学之间的桥梁。它不仅涉及教师如何教，也涉及学生如何学和怎样真正学到。为使大学生心理健康课程真正达到让学生在学习并掌握心理健康知识的基础上，将其运用于自己的学习生活中，形成良好的心理素质，提高心理发展的技能，就必须改革传统的教师单向向学生灌输理论知识的教学方法，探索新的教学方法，主要包括以下方面：

（一）多元互动式教学方法

多元互动式教学是充分思考教和学的关系，在建构主义和认知学习理论的基础上形成的一种新型教学方法，它是教与学的结合体。这种教学方式提出在教学中，教和学的主体相互交流，共同探讨，彼此是平等的，能够接纳对方的观点，让不同的思想相互碰撞，激发教和学主体的积极性，帮助学生构建知识体系，发挥创造性，使教学效果更好。互动式教学与传统教学相比，在于互动。从教育学、心理学角度，互动式教学主要包括以下方面：

1. 师生双方积极参与

在传统教学模式中，教师是主体，负责传道授业解惑，而学生只是被动地接受，等待被培养。但是在多元互动式教学中，学生的角色发生了变化，成为学习的主体，积极主动地学习，不再被动地接受知识，而是主动去探究和发现新知识，这种方法可以有效增强学生的创新意识，激发他们创新的欲望，培养创新思维和能力。因此，在心理健康教育的教学活动中，师生双方都应作为有意识的、能动的信息交换与传递者，都应以积极主动的姿态去参与活动，感受体验，获得提升。

2. 师生双方共同参与

多元互动式教学相对于教师讲、学生听的静态教学模式而言，更强调“动态”的学习，即要有师生共同参与的实践体验活动，在活动中达到行动、脑动、心动，在活动中感悟和理解理论，学习并内化知识，再到实践中去应用，从而实现理论与实践的结合，提高理论认知和实践应用相结合的能力。而“动态”教学的实施，就要求教师要创设多种教学情境，开展多种教学活动，如师生角色互换、情景模拟、小组讨论、案例分析、游戏活动、课外实践等，它是形式灵活多样的教学手段与教师讲授的综合，是课堂内外的有机结合，它能够促进学生理论和实践的有效结合，培育学生创新精神，提高实践应用能力。

3. 师生双方采取多种互动方式

和传统的教学模式不同的是，互动式教学中不同因素采取多种方式进行互动，如师生之间的互动、学生之间的互动以及人与环境的互动等。不同主体之间的互动，可以产生更多有价值的信息，师生双方相互启发，相互学习，彼此都能得到很大提升。在心理健康教育课程上，教师可运用的互动教学方法，主要包括以下方面：

（1）课前情感分享。课前情感分享即在讲授正式课程内容前，让学生分享个人最近的生活感受，主要是积极正向的感受，也可以谈个人的压力感受。在这个过程中，一方面，可为学生创造情感交流的空间，增进彼此的相互了解；另一方面，也使学生在表达和倾听彼此的感受与看法中，拥有一个发现不同、向他人学习和完善自己的机会。情感分享可使学生由外在的互动，转化为内心的互动，从而受到启发，得到成长。

（2）专题短讲。专题短讲让学生将所学到的心理学知识与生活实践结合起来，谈自己的认识、理解和解决方案。专题短讲不仅可以调动学生自主学习的热情，也可以使学生在学习中获得自主解决心理问题的能力。

（3）课堂讨论。课堂讨论有多种形式：一是邻近座位的 2~3 人的讨论，这种方式比较随意、便捷，可随时进行，互动性强，每个人都有发言机会，而且由于位置邻近，人数少，安全性强，学生顾虑少，参与性更强。二是小组讨论。一般 8~10 人一组。小组可以是固定的，也可以根据课程内容和课堂情境随机分成小组。教师根据课程内容提出问题让小组讨论，可以就课程中的体验活动引发的感悟和理解展开讨论。在讨论中鼓励畅所欲言，各抒己见，让学生在充分讨论中获得对某个理论内容的深入理解，或获得对某个问题的多种解决方式，从而拓展思维的深度和广度，增加更多的适应性。根据各高校上心理健康课教师人数少、课堂学生人数多的实际情况，小组讨论学习的方式比大班讨论更为适宜。

（4）全班讨论。全班讨论通常是在小组讨论的基础上，让各小组代表或选几个小组代表表达本组讨论的结果。这种方式可利用更大范围内的扩展互动，扩展学生的思维。有时，教师也可以在全班提出问题，直接交由学生讨论。在这种情况下，那些思维活跃的学生会表达自己的意见，带领大家学习。无论哪种形式的讨论，教师都可以适时、适度地参与，表达自己的感受和想法，形成师生互动，对学生进行积极引导。

（5）热点辩论。热点辩论是教师就当前大学生在心理发展中遇到的一些困惑，有不同认识的热点问题，引导大学生进行辩论。辩论时分正方、反方两组，各组就话题展开辩论。辩论前，学生查阅相关文献，搜集实例，为辩论做准备。在辩论中，学生旁征博引，对各自观点进行阐述和辨析，这一过程可加深对相关理论的理解，找到处理问题的方法。

（6）操作训练。为了提高大学生自我关爱、自我调解、自我完善、自我发展的能力，可以配合教学内容为学生设计一些操作训练，让学生在实际体验中评估自己操作的技能和应用的水平。

（二）体验内化式教学方法

大学生心理素质教育课程不是旨在让学生记住多少心理学的理论与方法，而是让他们将这些理论和方法内化为自我的认识，再由认识转化为完善自我的行动。当代建构主义倡导的体验式教学为人们提供了一种以体验促进内化的教学方法。

体验内化式教学重视“体验”，即对个人经验的感悟和理解，强调“内化”，即在感悟和理解的基础上做出调整和转变。“体验”是学习的过程，“内化”是学习的结果。体验内化式教学需要教师在教学过程中精心设计活动和情境，让学生通过观察、感受、反思、分享，去理解并建构内在知识理论，提升个人能力，把知识理论运用于现实生活。建构主义认为，学习不是从外界吸收知识的过程，而是学习者建构知识的过程。每个学生都在以自己原有的知识经验为基础建构自己对知识理论的理解。在具体操作层面上，体验式教学主要包括以下方面：

1. 创设体验情境

创设体验情境是指创设一些情境和活动。大学生心理健康课教学常用的体验活动有案例分析、心理测试、影视剧作赏析、心理游戏、角色扮演、心理情景剧、冥想放松等，是设置某一种活动情境让学生参与其中，获得经验的过程。

2. 观察反思

观察反思是指学生在情境中感知、观察、体验、思考，这是一个在内在发生的过程。学生进入教学情境体验中后，教师可以就事实和感受两个层面对学生进行从旁引导，使他们对情境有更深更细致的观察和理解，对自己的感受和体验有更深更清晰的觉察与反思。

教师应注重引导学生在互动活动中，关注自己和他人的感受和体验。这样，学生就会从对这一具体活动的关注，产生出对课程内容的兴趣，继而激起热烈的情绪，从而更好地投入到课堂学习中，学生也会把这一具体情境的体验性学习带入生活中的各种情境，从而学会观察生活、观察自己、观察他人；感受自己、感受他人、感受生活。他们可以从生活中学习改变与成长。

3. 总结提升

学生从心理学的角度，运用理论知识思考和分析获得的经验、认识，得出新的结论，就是总结和提升的过程。总结提升，就是将以往获得的零散的体验、认识、感受等进行整合、提炼，得出新结论，获得新的收获。这一过程至关重要，可以通过学生自我总结、学生团体分享总结和教师总结提升方式进行。例如，学生在分享了教师限制使用语言后用表情、动作进行交流时的感受后，总结出了“非语言是人内心表达的重要方式”“敏锐的观察可以增进人际交往”“语言表达可以直接交流，能避免误解”，这就不再仅是理论的宣讲，而是自身实践获得的认识。

4. 迁移应用

迁移应用是指学生将获得的新体验、新认识转化为行为应对方式应用于学习及生活中。学生在获得了新的经验，升华为新的认知之后，重要的是要去应用，去改善自己的行为应对方式，这既是对所学方法、理论的实践验证，更是对自己固有行为应对模式的改善与升级。为了促进学生把新经验新知识新技能更好地应用于生活，教师可以采用给学生布置作业的方式强化应用，还可以采用督促实践任务完成的方式强化构建。

（三）动态生成式教学方法

动态生成式教学是指课堂上要根据学生实际情况灵活调整甚至改变原来预定的教学计划，针对学生现实的问题与实时的想法开展教学，使课堂处于动态和不断生成的过程中。要使学生在教师的教学活动中得到切实的成长与发展，就要把学生与教师双方的互动活动作为不可剥离、相互契合的有机整体，把教学过程看作师生为实现教学任务和目的，围绕教学内容共同参与、相互沟通、通力合作的活动过程，其中，师生间灵活可变的交互影响决定了教学将以动态生成的方式进行推进，并最终实现教学目标，形成教学内容。心理健康教育课程观很重视课程的动态生成属性，根据大学生实际生活中遇到的现实问题生成实时教学内容，通过师生之间的互动、体验与分享，提升大学生的心理保健意识，培养大学生解决家庭、学校、社会生活中各种困扰的能力。

需要注意的是，动态生成的生态课程并不是不需要预设教学过程（即提前备课）就能顺利完成教学计划。教学作为一个有目标、有计划的规范性活动，有预设是有效教学的基本保障，教师必须在课前对教学任务有一个清晰、理性的思考与安排。只有事先预设教学内容、教学设计，备教材、备教案、备学生，才能更好地在课堂上发挥教师的主导作用和学生的主体作用，提高教学效率。因此，心理健康教育课程要将动态生成和预设安排有机结合。教师应根据大学生在生活中可能会遇到的问题做好充分的预设和充足的准备，以此增强对整个课堂的掌控力；同时，适时关注课堂中动态生成的新问题、新内容、新方法，体验师生之间、生生之间思维碰撞、心灵沟通、情感融合的教育活动历程以及随之而来的意外收获。

（四）学生实践式教学方法

行动学习注重培养学生在行动实践中解决实际问题的能力。大学生心理健康课程是应用性课程，必须注重引导学生参与解决自身心理问题的能力，让学生学会运用心理学理论帮助自己成长，使学生成为学习者和实践者，达到理论应用于实际。

引导学生行动实践，可以在课堂上或课后，让学生反思并提出自己或大学生群体困惑的心理问题，然后小组研讨解决方案，个人按照这一方案实施，实践一段时间后，再进行个人和小组的总结反思，最后在全班组织分享报告。这种方式能够使学生在学中用，在用中学，将普遍的理论方法积淀为心理素质，转化为自身的心理发展能力，如人际交往、情绪管理等。

引导学生行动实践还包括引导学生在课外参与并开展各项心理素质教育活动，如参与组织心理社团，担任朋辈辅导员、心理委员等，组织班级和学校的心理素质教育活动，让他们在这些实践中运用所学，向同学普及宣传心理健康知识，帮助同学健康成长。同时也组织他们参与社会心理服务活动，让他们通过参加实践，培养他们的人际沟通能力，理解他人的能力，调控自己情绪的能力，并在与他人的互动中学会认识自我，完善自我。

（五）现代网络化教学方法

随着现代网络科学技术的发展，大学生利用网络程度普遍提高，网络平台在一定程度上成了课堂教学的延伸，拓展了师生之间、学生之间的沟通，弥补了大班教学个性化不强、课时有限、内容覆盖不够全面等问题的制约。使用现代网络化教学方式符合大学生的知识获取习惯，由于网络的隐匿性和去束缚性等特点，在班级课堂上表现不出众的学生很可能在网络上很受欢迎，这样的形式对于发现并鼓励这部分学生具有极其重要的意义。充分利用学校现有的网络平台，通过在线课堂、留言箱、微博、邮件等多种线上互动形式提高学生对课程的参与度，把课程带到网络的同时也嵌入学生的实际生活中。因此，运用现代网络技术进行大学生心理健康课程教学，既可以使教学方式更为现代化，拓宽教育渠道，也可以扩大教育资源，同时也适合大学生的心理特点，从而提高课程的教育效果。心理健康课程利用网络平台主要体现为以下方面：

1. 拓展教学内容

课堂教学的时间毕竟有限，而心理知识及理论内容浩瀚无边。教师不可能在课程上一一尽数教学内容，可以通过网络教学资源库的建设提供更多的实用资源供学生浏览或下载使用，满足学生进一步学习、针对性学习的需要。

2. 利用网络答疑疏导

为了与学生更紧密地联系，教师可以利用邮件或微信平台，进行答疑和疏导，开辟心理健康教育课堂教学的另一个网络途径。为此，教师可以建立一个专门的公共邮箱或微信群，加强与学生的联系和沟通。通过邮件或微信解答学生的个别问题，用邮件或微信进行答疑或心理辅导，及时帮助一些同学解决具体的问题。

五、 建立能力导向考核体系

大学生心理健康教育课程的目标是培养学生良好的心理素质，培养学生的心理自我调解、自我完善、自我发展的能力，因此要围绕这一目标，建立以能力考核为核心的课程考核与评价体系。

以能力为核心的考核评价体系是一个多维的综合体系，通常包括的因素为：一是出勤情况。课堂出勤表明学生的学习态度，在考核中占一定的比例。二是课堂参与互动情况。考核学生参与课堂互动的主动性，以及发言的质量，看其是否真正积极、主动地投入学习，而且获得了领悟与成长。三是平时课后实践作业，包括文本或视频等，考察其学以致用的情况。四是课程结束时的卷面成绩。通常这样的考试是开放式的，让学生就学习的某一课程内容专题，从理论联系实际谈自己的理解和运用。这样既考察了他们对理论知识的学习和理解，也考察了他们实际运用的情况。这些考察成分的权重，侧重于课堂互动和实际应用。

以能力为核心的考核评价体系的作用包括：一是培养学生为自己负责的学习观念，使其认知到学习是为自己学，是增强自己、完善自我、发展自我的能力，满足自身适应社会所应具备的心理素质和能力，激励学生内在的学习动机；二是培养学生学以致用的能力，通过考核，激励和培养学生将所学的心理健康的理论和方法运用于自己学习、生活的实际，让他们动手、动脑，在“做中学”，在参与活动中锻炼自己的能力。

例如，在以能力为核心的考核评价体系中，将学生课堂参与讨论、发言情况，课后围绕课程内容完成的文本作业、视频制作等，或者是自我反思作业等纳入考核，而不只是死背知识。使学生注重日常学习的学习态度和学习习惯，而不是只关注期末的最后一次考试。此外，以能力考核为核心的课程考核与评价体系也为学生建立了训练、展示自己能力的机会，搭建了一个实践平台。

第二节
组织大学生心理健康教育相关活动

一、心理健康教育活动设计原则

如何使高校心理健康教育活动开展得更有效，使活动更能切合大学生的心理特点，满足大学生的心理成长需要，发挥心理健康教育的功能，在设计及实施心理健康教育活动时注意以下原则：

（一）活动设计主体性原则

心理健康教育活动设计的目的在于提升学生的心理素质，是以大学生为主体的，在设计及实施心理健康教育活动时，一定要尊重大学生主体的需要，主要表现在以下方面：

1. 活动内容设计贴近大学生需求

活动内容应符合学生的心理发展水平和特征。学生心理素质的提升须以他们已有的身心发展水平为基础；同时，每个学生对客观世界的认识方式和对主观世界的理解模式，均受到其已形成的思维及行为习惯的影响，表现出个体的特征。因此，开展心理健康教育活动的内容须适合学生的心理发展水平，针对学生不同的心理特征。

2. 充分调动大学生积极参与活动

充分调动学生参与活动的积极性、能动性和创造性，让每一个学生都成为活动的积极参与者。在活动过程中，教师只能起指导作用，不能包办代替。

要注意防止两种倾向：一是对活动插手过多，学生失去了自主性，只能按教师意图行事，最终失去对活动的兴趣；二是将活动看成学生自己的事而袖手旁观，任其自然，这实质上是一种不负责任的表现。教师既要确定学生在活动中的主体地位，又不能放弃自己的主导作用。

3. 充分体现学生自主性

大学生在心理健康教育活动中的自主性主要表现在以下两个方面：

（1）活动方式选择的自主性。要允许学生凭自己的经验、兴趣去选择自己认为最好的活动方式；或者在主动参与中获得成功，从而掌握某个经验；或者在协同参与中获得兴趣，从而认识探索的价值；或者在被动参与中得到启发，从而获得某种情感体验。教师的主要任务是让每个学生都能自主地参与活动。

（2）活动过程中主体的自主性。心理健康教育活动是一种由下而上的活动，所以，教师应将那些自上而下的指令更多地转化为在与学生平等参与中的渗透。只有当学生感到教师也在与他们一起平等参与，没有压力时，才能从活动中获得最真实的情感体验，最大限度地调动自身潜能的发挥。

（二）活动设计开放性原则

心理健康教育活动的开放性表现在以下两个方面：

1. 形式上的开放性

在形式上，心理健康教育活动可以向不同的对象开放，尽可能地将能够促进大学生心理素质提升的资源整合起来，主要包括以下方面：

（1）在校内开放。以班级集体活动为例，既可以向同年级其他班级开放，也可以向其他年级开放，这样既可加强班际联系，又可促进集体活动的质量提高。为此，可设计联谊兄弟班、手拉手年级竞赛等。

（2）向家庭开放。活动可以延伸到家庭，让学生邀请家长也来参加。家长不便参加活动，则可请家长献计献策，指导学生搞好活动，这样做既得到了家长的帮助和指导，又促进了家长对心理健康教育的认识和理解。

（3）向社会开放。走出校园，走进社会，既可以提高学生参与活动的兴趣，又可以引导学生正确认识社会。因此，在设计争取社会力量配合的活动时，可采取“请进来”“走出去”的方法；或者邀请先进人物来校来班做报告、座谈；或走出去调查、参观、访问、提供社会服务等。

2. 内容上的开放性

内容上的开放是指在设计活动时要善于从学生的学习、生活实践中选材，主要包括：

（1）从平凡的生活中挖掘活动素材。作为活动设计者，应注意独具慧眼，对生活中的小事深入开掘，巧妙策划，设计出相应的活动。例如，“寻找最美的笑容”摄影活动，就是通过收集笑容的照片，促进学生发现生活中的美好。

（2）从周围的环境中寻找活动素材。学生总是生活在一定的社会空间里，每一个社区都有自己独特的自然风光、风土人情和悠久历史，个中蕴含着丰富的教育资源，只要能因地制宜、有的放矢地选择，也可以找出相应的活动内容。

（三）活动设计有效性原则

为了使活动有效，在设计心理健康教育活动时，一方面要能针对学生的实际来设计活动。例如，针对刚入学的大学生，开展新生入学适应辅导活动，促进学生更快融入大学校园。另一方面设计时要考虑所设计活动的可操作性。为此，要注意活动规模、活动节奏与主题的适宜性，如针对失恋者的团体辅导应设计以 8~10 人的小团体连续多次的活动为宜；而新生入学适应辅导则可以在几十到上百人的团体规模中进行，形成共鸣场域。

（四）活动设计系统性原则

学生心理素质的提升不是轻易可以实现的，是一个系统工程。在设计心理健康教育活动时，要注意内容的连续性、系统性，使单个活动组成系列活动，具有指向集中、主题鲜明、内容丰富的特点，从而使全体学生都受到深刻的心理健康教育，注重学生知、情、意、行诸方面的全面发展。例如，在入学时开展新生适应辅导、宿舍交际等活动；在大二、大三时开展自我探索、规划职业发展等活动；在大四时开展求职辅导、适应社会等活动。

二、 心理健康教育活动类型

（一）依据活动组织时间划分

1. 日常性心理健康教育活动

日常性心理健康教育活动，是指不受时间限制，根据学生需要，随时开展的活动，或常规下进行的活动。例如，高校开展的心理讲座、团体辅导活动、各种志愿者活动，以及心理报刊、心理橱窗、心理网页等心理健康教育宣传活动。这些活动没有时间限制，可以随时让学生学习到心理健康知识，起到对学生的心理教育不断重复、不断强化的作用，日积月累，润物无声，学生逐渐增强心理健康意识，学会关心自我和他人的心理健康，学会自助与助人。

2. 集中性心理健康教育活动

集中性心理健康教育活动，是指高校在限定的时间内，集中组织的系列心理素质教育活动。集中性健康教育活动的好处是能够造成一种声势更大的宣传教育影响力。丰富多彩的心理教育活动在同一时间段内进行，能够引起学生更多的关注，引发学生积极参与的兴趣。

（二）依据活动人群范围划分

1. 个人层面开展活动

在个人层面开展的心理健康教育活动主要是面向个体开展的，注重个体在活动中的体验及参与，如心理专题讲座、心理咨询、个性测验、心理状态测评、心理电影赏析、心理读书会等活动，旨在增进个体的心理健康意识，促进个体对自我的认识、理解与接纳，提升心理适应能力。

2. 宿舍层面开展活动

宿舍是大学生学习、生活、休息、社交的重要场所。宿舍人际关系是大学生的一种重要人际关系，一个宿舍的成员大多是同一个班级或年级的学生。一方面，物理距离的优势为宿舍成员之间的交往创造了频繁接触的条件，更容易彼此熟悉、亲近；另一方面，距离的邻近也更深刻地影响着相互之间的亲密关系或利害关系。由宿舍成员共同营造的宿舍文化、宿舍氛围将潜移默化地影响大学生价值观念和生活、学习习惯。大学宿舍内成员间的人际关系如何也将直接影响大学生的身心状态与健康成长。

以宿舍为单位开展心理健康教育活动对大学生的心理健康、人际互动、个性塑造具有直接作用。它不仅可以减少宿舍成员间的矛盾和冲突，促进宿舍成员对彼此的理解和接纳，而且可以营造温馨和睦的宿舍氛围，增强归属感，从而促进个体情绪管理能力、人际交往能力等心理素质的提升。在宿舍层面开展的心理健康教育活动主要有：幸福宿舍评比、宿舍团体活动、宿舍心理微电影等。

3. 班级层面开展活动

大学中的班级是大学生活的基本单位，是大学生共同学习、共同生活的基础，也是学校、学院开展工作的终端。在班级中开展心理健康教育活动，可以促进班级凝聚力的提升，增强学生的归属感，促进个体与团体关系处理能力、自我价值塑造能力等心理素质的提升。在班级层面开展的心理健康教育活动主要有心理主题班会、班级心理健康知识竞赛、心灵信箱朋辈互助、心灵读书会、活力拓展、优秀班级活动评选等。

4. 校园层面开展活动

校园文化是一种社会子文化，是社会文化的有机组成部分，校园文化具有育人功能、导向功能、娱乐功能和辐射功能。心理健康教育活动是高校校园文化的重要组成部分。在全校层面开展心理健康教育宣传及实践活动对于构建良好的校园心理生态环境非常重要。一方面，应充分利用网络、板报、广播等宣传手段，在全校范围内宣传心理健康知识，营造积极、健康的校园心理文化氛围；另一方面，可以全员动员开展心理素质拓展、心理情景剧展演、心理画外音、现场心理咨询辅导等活动，营造和谐、互助的校园心理文化氛围。

在校园层面开展心理健康教育活动辐射面更广、渗透力更强，能够让更多的学生了解、知晓心理健康理念，让学生在有意无意中受到教育熏陶，对学生积极心态的形成，乐观向上生活态度的培养，和谐人际关系的建立，都产生着综合影响。

（三）依据活动形式划分

在实践中，高校教师和大学生们创新了许多心理健康教育活动形式，主要包括：

1. 心理素质拓展训练

心理素质拓展训练是一种体验式学习方式，它融合了教育学、心理学、竞技学等不同学科的成果，根据社会的需求和学生身心发展的特点而形成，其目的是让学生在模拟的场景中，亲身体验各种活动项目，通过完成任务，激发个人潜能，学习团结合作，并通过总结、反思、与同伴交流，深入探索和理解自我，以及自我和团队合作的方式，再将活动中的体验和认知运用到生活中。

借助于模拟场景和专业的设备设施，由专业的教员带领，运用体验—适应—控制—学习的模型，学生在预先设定的活动项目中应对困难、解决问题、激发潜能、战胜挑战，从而使个人心理素质和心理品质得到拓展与提升，团体的战斗力、凝聚力得到升华。在拓展训练的过程中，并不是训练某种技巧或学习某种知识，而是创设一个情境让学生投入参与其中，去体验相互信任、相互支持，从而学会合作共赢、承担责任；去感受自我、接纳自我，从而提升自信、增进自主；并在参与的过程中去反思领悟，获得认知提升。

高校在组织心理素质拓展训练的过程中，要注意运用团体心理辅导的理论和方法，不能仅是组织学生进行活动，没有分享、总结、反思和提升。如果把心理素质拓展训练等同于体育锻炼和娱乐活动，就会失去训练的目的和意义。

2. 心理讲座

心理讲座是高校最常用最普遍的心理健康教育活动。心理讲座的组织，一般是由教师调查学生的需求，根据学生的需要，邀请校内外专家就学生最关注的主题，讲解相关的心理健康知识，对学生的心理发展进行指导。可以以大学生的自信心锻造、大学生的人际沟通与人际交往、大学生的情绪管理、大学生的恋爱心理等发展性心理辅导内容为讲座专题；也可以以心理危机的识别与处置、心理应激与心理压力的管理与控制、心理障碍的预防与问题解决等治疗性心理辅导内容为讲座专题。很多高校都有“心理大讲堂”活动，定期举办专家讲座，主讲人以研究者的眼光审视和分析学生生活实践中可能遇到的各种心理问题，以专业化的教育教学形式，为学生提供一种发现、思考及解决自身问题、增强心理素质的思维方式及实际操作技能，使学生升华认知，树立正确的人生观、世界观。

3. 心理健康知识竞赛

心理健康知识竞赛是普及心理健康知识的一项竞技活动。这项活动的重点并不在于比赛本身，而是学生在准备比赛过程中学习心理健康知识。赛前，教师把学生应知应会的心理健康知识编制成册，提供给学生学习。内容可以包含心理健康的标准、自我相关的概念、情绪的种类、情绪调节的方法、人际交往的作用、人际交往的原则、常用的心理调节方法、常见的心理疾病、心理危机的识别与预防、心理危机干预程序等大学生应知应会的心理健康常识；还可以包含一些宣传学校心理机构的题目，如学校心理健康教育中心的功能、心理咨询的性质及作用、学校心理咨询室所在的位置及预约流程电话等，通过竞赛活动的形式让学生知晓这些信息，学会主动运用学校的资源帮助自己或同学实现心理成长。在知识梳理的基础上，学生充分学习、做好赛前准备，教师编制题目、做好赛前辅导。再通过举行初赛、复赛和决赛这样一个层层比拼的过程，深入学习并强化学生对心理健康知识的理解与掌握。在竞赛过程中，还可以在除知识识记题以外增加理解应用题，理解应用题可以设置为让学生运用心理学的理论与方法去解决大学生常见的心理问题等相关题目。这样，既增强了学生对知识的学习，又推进了学生对方法的掌握，让他们真正学会运用心理调节的技术、方法帮助自己和他人维护心理健康。

心理健康知识竞赛作为一项集学习、竞技、趣味为一体的普及心理健康知识的活动，有助于系统地提高大学生对心理健康知识的掌握水平，其形式也深受大学生的喜爱，是各高校大学生心理健康教育的一项传统活动。

4. 心理情景剧

心理情景剧是广受大学生欢迎的一种新型的心理健康教育活动。学生在教师的指导下，运用心理剧的基本原理和方法，将自己在学习、生活中遇到的一些心理冲突及其解决方案，自编、自导、自演成为情景剧，再现校园生活中类似的情景和经历。例如，大学生活中常见的宿舍人际冲突的解决、恋爱中各种情感矛盾的处理、大学新生适应困难的调适等。由于心理情景剧是由大学生自编自导，心理剧的素材来源于校园现实生活，内容反映的是大学生的生活实际，更容易引起学生的共鸣，也更易于被学生接受。

在校园心理情景剧的编剧过程中，参与者通过创设具体情境，去模拟体验各个角色的感受，相互交流、相互分享，尝试不同的解决办法，形成剧本，创作的过程就是受教育的过程；在排演过程中，学生不断地觉察并调整个人与他人的关系，相互合作、相互磨合，增进彼此的了解，改善相互的交往；在舞台上的投入表演，给了他们自我展示和发挥表演才能的机会，提升了自信，宣扬了个性。许多高校举办心理情景剧比赛，各个班级将班级建设和心理情景剧的编排、演出结合在一起，调动了全班学生的积极性，增进了学生间的相互了解，增强了班级的凝聚力。

高校在运用心理情景剧进行心理健康教育的过程中，要注意正确处理教育性和艺术性的关系。与专业的演出相比，大学生情景剧更注重内容的教育性，注重反映大学生常见的心理冲突的形态及解决办法，而非表演技巧本身。当然，教师对学生进行表演技巧指导，提高表演能力，能够更好地表现内容，会收到更好的观演效果和教育效果，但从心理健康教育活动的目的来看，教育内容是最重要的，表演才能是次要的。

5. 团体辅导活动

团体辅导活动是在团体情境下，以团体为对象，通过团体成员的互动，运用适当的辅导策略与方法，促使成员在交往中观察、学习、体验，从而感知自我、探索自我、接纳自我，调整和改善自己与他人的关系，学习新的态度与行为方式，增进适应能力，激发个体潜能的一种助人形式。

团队辅导活动以活动作为载体，让学生在参与活动中获得体验与感悟。由于活动本身的趣味性、新鲜感，能够吸引学生，激发他们的兴趣与参与的积极性。在参与活动的过程中，学生远离了成人式逻辑思维形式，减少了他们对学校和家长“要教育我”的抵触情绪，也降低了在常规的学习教育中过于严肃刻板所产生的压力，凭直觉去行动，更自然地展现自己的特长、发挥自己的能力，从而认识到自己内心真实的需要，对自己产生更深入的了解和理解。

团队辅导活动以团体互动作为基本形态，在安全、接纳、抱持的氛围中，可以促进成员间真诚的沟通，建设成员间信任、友爱、互助的关系，让个体在团体中被认同、被尊重、被爱，从而有了对他人进行观察和了解的意愿，使得学习他人的积极品质、进行自我完善、协调相互间关系在辅导的过程中自然发生，并迁移到自己的生活中去。

值得注意的是，组织实施团体辅导活动不是做游戏，不能仅用活动来使学生放松和快乐。如果团体带领者机械、不加区别地使用活动，活动就成了玩游戏，只有一时的热闹，而没有心灵的成长。因此，作为团体辅导活动带领者的教师起着至关重要的作用，需要具备团体辅导的专业技能，以学生在成长中的需求为主线，有目的、有计划地选择、设计、构建服务于教育目的的活动内容，在活动的过程中营造一种专门的环境条件和团体氛围，通过专业化活动设计，实现心理辅导的目标，带来良好的心理影响。

（四）依据教育途径划分

依据教育的途径来划分，心理健康教育活动可分为线下的宣传教育和线上的宣传教育。线下的宣传教育形式主要通过实体宣传教育的途径体现，包括创办心理健康教育宣传报刊、橱窗、广播、展板等。这些宣传教育形式一般都可以由学生主办，内容编写由学生负责，涵盖心理健康知识、心理调节方法、学校心理健康教育中心组织的各类活动宣传，内容贴近大学生的心理需求，编写的形式图文并茂，展出的方式轻松活泼，容易被大学生接受与认可。

线上宣传教育形式包括学校或大学生心理社团建立的心理健康教育网站、心理微博、微信平台上的心理驿站等，通过这些网络媒体宣传心理健康知识，搭建学生间的心理沟通平台，疏导情绪，缓释压力，创建校园内良好心理文化氛围。随着现代网络技术的发展，网络的快捷性和高效性使得线上宣传教育形式被大学生广泛使用并喜爱，运用网络途径进行心理宣传教育越来越成为高校普遍采用的教育形式。

三、 心理健康教育活动实施的注意事项

高校中以学生为主体开展的心理健康教育活动可以激发学生的创意热情，体现学生的主动意识，还可以弥补课程教学过于严肃的说教或居高临下的训

导给学生带来压力的不足。灵活且形式多样的活动为心理健康教育教学提供了更宽阔的舞台，深受学生的认可和欢迎。为了提高以学生为主体的心理健康教育活动的实施效果，提高活动质量、保证教育教学效果，结合实践经验，作为幕后助力的教师应该注意以下方面：

（一）把握实施时机

对学校心理健康教育活动开展而言，有一个捕捉时机的问题。实践表明，在最佳的时机开展活动，可以使学生在活动中保持饱满的情绪、浓厚的兴趣和高度集中的注意力。因此，当时机未到时，要善于等待；当时机出现时，要及时捕捉；面对错过的时机，要善于迂回。只有这样，心理健康教育活动才能在质上得到保证。所谓把握时机，主要体现在以下方面：

1. 新的生活开始时

大学生还处于易受环境影响的人生阶段，感知易受外界事物的暗示。当新事物、新景象或新生活开始时，作为一种强烈的刺激，会使他们产生好奇心和求知欲。利用这一特点，当新学期开始，学生与新教师、新同学接触交往时，或新的景象涌现时，教师都可适机开展心理健康教育活动，帮助学生适应新生活，增强自信心。

2. 享受成功的喜悦时

当学生经过不懈的努力取得成功时，心情格外激动，自信心也增强。如能因势利导在这一时机开展恰当的心理健康教育活动，让学生在享受成功的快乐时以更饱满的热情生成更高的奋斗目标，可引导他们为取得更大的成绩而继续进取。

3. 遭遇困难和失败时

人在遭遇困难时最需要别人的理解和支持。抓住这一时机开展心理健康教育活动，教育学生正确地面对困难和失败，帮助他们重拾信心，鼓励他们以实际行动去战胜困难，必将有助于他们战胜挫折、走向成功。

4. 产生浓厚的兴趣时

当学生对某种事物或某项活动产生兴趣时，会产生一种积极探求的内驱力，主动、自觉地投入其中，直至取得成功。所以，当学生产生浓厚兴趣时，教师要抓住机遇，及时组织活动，使学生能长久地保持兴趣，并使学生的兴趣循着有趣—乐趣—志趣的轨道发展。

（二）精心做好准备

心理健康教育活动的开展应有完备的设计方案，除此以外，还应做好活动开展前的准备工作，准备得越充分、越细致，就越能取得预期的效果。准备工作包括以下方面：

1. 心理准备

心理健康教育活动的开展和活动效果的保障，有赖于学生是否投入参与。参与的辐射面越广，投入的程度越深，活动的效果越理想。因此，教师应对学生做好宣教，提高学生的好奇心和积极性，激发其参与意识。教师可以引导学生参与活动准备工作，在指导的过程中留心观察，仔细分析，把握每个学生对活动所持的态度，有针对性地激发那些持消极观望态度或有不满情绪学生的参与意识。例如，让他们参与、设想、评价某些准备工作等，让学生在被重视、被需要的过程中提高参与意识，使学生体验到其所承担的工作的重要性。

2. 物质准备

心理健康教育活动的开展通常需要涉及器材、设备等多项资源的筹备。活动所需的物质条件在设计方案时教师就需做出周密考虑，待到活动开展前可以交由学生去具体落实，这样一方面可以体现学生的能动性，提高学生的参与度；另一方面也可以使教师得到有力助手，减轻筹备压力。然后再由教师按其重要程度和困难程度逐一检查落实，如活动的具体地点、活动的环境布置、活动所需的器材、活动所需的耗材等，都需要精心部署、逐一到位。

可见，在活动准备阶段，教师应善于把心理健康教育活动开展的目的和相关要求，转化为学生对参与活动的期待和自我教育的愿望与要求。教师要通过启发、引导，充分调动和发挥每一个学生投身于准备工作的主动性与积极性，这不仅可以激发学生对活动的期待，还可以获得保障活动顺利开展并达成教育教学目标必要的且完备的心理准备和物质准备。

（三）实施具体活动

教师在具体进行活动时应注意以下方面：

1. 检查准备工作

检查准备工作的目的是当发现有不当之处、不足之处时能及时弥补。如果在检查中发现不当之处、不足之处，教师不应责怪学生，而应尽量帮助和鼓励学生克服困难，在活动前保障好各项准备工作落实到位。

2. 辅导学生主持活动

在以学生为主体开展的心理健康教育活动之前，教师要帮助活动主持人进行认真细致地准备，帮助主持人熟悉活动的流程、理解活动的目的、预判活动进展中的多种可能性并学会临场应变。在活动过程中，教师可以通过对活动主持人进行点拨、提示、鼓励，使活动主持人更有信心、有能力进行活动带领。

3. 观察活动现场

教师要自始至终亲临活动现场，不能以任何理由缺席。教师亲自参与活动，表明了对活动的重视，对学生也是一种鼓舞。当然，教师只能以普通参与者身份出现，不能干预主持人的工作，不应随意改变和影响活动的主题和进程，不应插话和打断学生的讨论与发言，不可于活动中途发表评论。教师如要发言，须得到主持人准许；如发现活动走题，只能通过主持人以建议的方式加以引导。总而言之，教师在以学生为主体开展的活动中应以观察者或参与者的身份出现，谨言慎行，以免对学生造成不良影响，干扰活动的正常进行。

4. 慎重处理突发事件

在以学生为主体的心理健康教育活动开展过程中，尽管事前考虑周密，准备充分，但临场的突发情况仍会时有发生。若活动现场发生了诸如材料不足、指令出错、环节遗漏或遭遇参与学生的不配合等意外情况，教师应处变不惊，临场应变，这既能显示教师的辅助控场能力，也是对学生进行的现场心理教育。教师可以通过坦承疏漏之处或陈述自我体验的方式，引导学生对活动开展持有正确态度。而对意外事件进行处理应对的宗旨是保障活动可以继续进行，保证教育目的可以顺利实现，确保学生的自尊自信可以得到保护。

5. 坚持全程有效指导

在活动进行的过程中，教师在指导活动方面要做到：第一，充分发挥学生的积极性和创造性，尤其是作为活动组织者的学生、学生干部和骨干分子，教师应退居二线，把学生推到主人翁的位置，自己筹划、自己主持，教师只从旁参谋、辅导，帮助他们取得成功。第二，教师要注意协助学生灵活、机动、科学地安排活动内容，把握活动进程，要充分尊重每一个学生的个性，力争使学生在活动的过程中人人有岗位，个个有任务；人人有角色，个个有贡献。第三，教师要充分发挥自身在协助位置上的引导作用，作为活动参与者结合自己的感受和体验表达自己的所思所想，引导学生紧紧围绕活动主题。第四，要仔细观察和记录活动的过程，在活动中增进对每一个学生的情绪、意志、兴趣、爱好、性格等心理特点的了解和理解，以便发现教育的契机。

（四）进行活动总结

总结是在对活动的全过程进行认真回顾的基础上，肯定成功方面，找出问题和不足，吸取经验教训，找出规律性认识，以明确今后努力的方向。进行活动总结时应做到：

1. 明确目的，端正态度

总结的目的是将来更好更有效地组织活动，更好地教育学生服务学生，因此，总结时应坚持实事求是、认真负责的态度，在客观、实际的基础上找到规律性的认识。

2. 语言准确、行文简明

总结以书面形式呈现，要求结构严密，层次清楚，例证确凿，行文简明，语言准确。在总结中应简要叙述活动的基本情况，做到重点突出，有数据有图文，言简意赅；总结中应具体呈现经验体会，得到的收获和存在的问题，做到深刻感悟，实事求是。

活动总结除上述书面总结外，还包括座谈的形式，即以小组为单位或全体座谈，让学生谈谈自己的收获和体会，也可以对活动各方面进行评述、加以评论；展板的形式，即把活动中学生的心得、体会、感受等形成文字，办成板报或报刊；实践汇报的形式，即引导学生将学到的新的经验技能加以训练和实践，结合自身情况提出可改善的行为方式、行动计划，实现学以致用。

第三节

构建高校大学生心理危机干预模式

高校学生心理危机，是指学生由于遭受突发的负性生活事件或精神压力，运用现有的资源和既有的经验难以克服和应对，致使当事学生处于痛苦不安的状态，常伴有焦虑、绝望、麻木紊乱症状，甚至出现过激行为和危险行为。心理危机是因为个体感知到某一事件超过了自己的应付能力而发生的心理状态剧变，而不是个体经历的事件本身。因此，当某个人处在心理危机状态下时，进行心理危机干预是最好且必要的做法。心理危机干预对于帮助个体平稳渡过危机，提高适应生活的能力起着至关重要的作用和影响。高校心理危机是一种社会性的公共卫生问题，以一定概率在现实中存在。如果做好心理危机干预和提前预防处置措施，会大大降低危机发生率，减少危机给学生造成的伤害。近年来各高校从关爱学生生命，守护学生健康出发，在大学生心理危机预防干预工作上，积极进行实践探索，并进行理论总结，建构了一套行之有效的大学生心理危机预防与干预模式，对大学生心理危机的预防与处置起到了重要的作用。

学生心理危机的预防与干预工作，是现代高等教育必不可少的一个环节，它不仅是尊重生命、维护学生生命安全的以人为本的教育思想的体现，也是实现高校培养全面发展人才目标的需要。心理危机的预防与干预，既是学生生命安全的一道重要防线，也是帮助学生理解生命、热爱生命、珍惜生命的一种生命教育。它是学校全面教育，尤其是学校心理素质教育的重要组成部分。高校的心理危机预防与干预工作，是对学生人生发展的关怀，是要让学生热爱生活，人格健康，使人生获得更好的发展，从而实现人生价值。大学阶段在个体一生的发展中具有非常重要的意义，是将生活目标从以学习为主到以工作为主的过渡准备时期。在此时期做好学生的心理危机预防与干预工作，是维护校园安全稳定，实现学校、家庭、社会和谐，为学生创造良好成长环境的重要保证。

一、构建高校心理危机预防干预模式

关爱大学生心理健康，呵护大学生的生命安全，不仅是高校心理健康教育教师的工作，也不仅是辅导员的工作，而是高校每一个教职员工都肩负的责任。构建一套全方位的高校心理危机预防干预模式，既体现了高校以人为本的教育理念，又体现了对学生生命安全的关心与尊重。

（一）构建五级心理危机预防与干预工作机制

高校五级心理危机预防与干预工作机制，是近年来我国大学生心理危机预防与干预工作的经验总结和实践创新。心理危机的预防与干预，重在预防。整合全校师生员工的有效资源，构建全方位的五级工作机制，可以把心理教育和心理危机的预防与干预覆盖到每一个学生，从而有效预防与干预心理危机。

五级机制是一套完整的心理危机预防与干预体系，是高校开展心理危机预防和干预工作最有效的方法，与学校的日常工作和心理教育有密切的关系。它的主要组成部分是学校、院系、班级、宿舍和学生个体，其相应的职责主要有以下几个方面：

1. 学生

学校包含学校领导、心理健康教育工作领导小组、心理健康教育中心，以及相关职能部门。学校心理健康教育工作领导小组的主要职责是制定学校心理健康教育工作规划，做好学生心理危机预防与干预工作的全面部署。学校心理健康教育中心及相关职能部门应对学生进行专业的教育和培训，提供心理咨询服务，在必要时开展心理危机干预工作。

2. 院系

院系包含院系的领导、专职学生干部、各科教师以及院系学生会、学生心理协会等。其主要职责是制订院系的心理健康教育和危机预防与干预工作规划，积极开展心理危机预防与干预的宣传工作，促进本院系学生的心理健康发展，采取措施预防心理危机发生。

3. 班级

班级包含班主任、辅导员、学生干部、学生心理委员等。其主要职责是负责学生心理健康教育和危机预防与干预工作规划的实施，对学生进行心理教育，做好心理危机宣传工作，对本班学生的心理状态保持关注。

4. 宿舍

宿舍主要由宿舍长和对此项工作关注度较高的宿舍成员组成。其主要负责对宿舍学生宣传心理教育和心理危机等方面的内容，对本宿舍学生的心理状态保持关注。

5. 学生个体

学生需要积极参与由学校组织的心理教育和心理危机相关宣传活动，主动学习心理学相关知识，关注自身心理健康，当遇到心理问题时主动求助；平时生活中要团结同学，帮助同学，发现学生有心理危机时，及时报告学校相关职能部门。

在五级工作机制中，学校的各个部门、不同的群体相互配合，保持密切的沟通和联系，可以在较长、较全面的时空范围内形成心理危机预防与干预的完备体系。

（二）实施五级心理危机预防干预工作机制

在高校心理危机预防与干预工作中，落实五级机制最为重要，其主要包括以下方面：

1. 加强心理危机相关知识及技能的教育培训

心理危机重在积极预防。运用五级机制开展心理危机预防是心理危机干预工作的基础。积极预防首先体现在教育和宣传上，主要包括以下方面：

（1）面对广大学生进行宣传教育。治标先治本。高校心理危机预防干预工作重在积极预防，这就要求做好日常的心理健康观念宣传教育，提高学生的维护心理健康的意识和心理健康水平，使学生掌握基本的心理健康知识，在遇到心理问题时具备及时调节的方法技能，平稳度过可能造成心理影响与刺激的生活事件，避免出现严重的心理问题。

根据学生的生理和心理发展特点，在学校开设大学生心理健康教育课程，开展相关内容的讲座和活动，对学生进行自我认识、情绪管理、人际交往、生命教育等，提升大学生认识自我的能力，帮助学生发展人际沟通能力，建立广泛的社会支持系统，培养学生主动的求助意识，协助其掌握一定的心理危机处理技巧，能够调适自己的心理状态，及时发现可能的心理危机，并及时报告，使心理危机得到妥善处置。

（2）通过五级机制对全校教职员工进行培训。学校的教职员工，应具备关注学生心理健康的意识和基本的心理健康知识，了解学生出现心理危机时的特征和表现，及时发现问题，及时报告，就可以保证学生在出现心理危机时能够得到及时的疏导和干预。所以学校应该对教职员工进行培训，宣传和普及心理健康和心理危机预防与干预相关知识，使全体教职员工具备基本的识别心理危机的能力，对学生的心理健康有更高的关注度。

（3）对心理健康教育专兼职教师和心理咨询专业人员进行培训。学校的心理健康教育专兼职教师、心理咨询专业人员不但需要在课程教学的互动中、对学生心理健康教育活动的指导中和心理咨询的个案中及时识别心理危机，还需要对心理危机进行专业的干预与处置，甚至还担负着对全校教职员工进行心理危机预防和识别等相关知识技能的培训任务，因此要加强对心理健康教育专兼职教师和心理咨询专业人员进行专业培训与训练，提高其心理危机预防、干预的专业技能，增强其心理危机处置全局部署、协调应对的能力。

2. 进行心理危机排查

对心理危机进行干预与处置的前提是心理危机的及时识别与发现。建立完善的心理危机排查方案，做好心理危机潜在群体的基础性信息收集工作，不仅可以将心理危机防患于未然，还可以有效预防心理危机的恶性发展。

在进行心理危机排查的工作中，要充分利用学生心理档案系统的相关数据资料，筛查可能存在严重心理困扰及症状的学生，及时进行辨别。另外，基于心理危机的发生通常都有现实因素的激发这一普遍特征，在工作中还应特别重视生活事件对学生造成即时心理影响与刺激的情况，基于三个动态维度来进行评估：一是问题造成心理影响的强度，是否自觉难以忍受，无法自行调节；二是问题持续时间长短，是否在一个月甚至更长时间难以自行缓解、调节；三是问题造成影响的频率，是否较高频次地侵扰正常生活及心理状态。基于以上维度动态辨别、判断遭遇生活事件影响，尤其是以下多种情况并存的学生是否存在心理危机发生或恶化发展的可能：

（1）父母离异或长期不在身边，对学生不予关心的；

（2）存在家庭暴力，或家庭中有其他不利于学生身心健康发展的；

（3）家庭经济异常贫困，并因此感到极度自卑的；

（4）自己或家人出现重大疾病或慢性疾病，治疗难度大，治疗周期长的；

（5）恋爱出现重大波折，难以走出失恋阴影的；

（6）因高考失利而不得已来学校就读的；

（7）因考试失利或其他原因无法顺利毕业或未拿到相应技能证书的；

（8）出现明显的、突然的性格、情绪、行为习惯变化的；

（9）经常旷课、在课堂上睡觉，不遵守校规校纪的；

（10）身体经常无端感到不适，医学检查却一切正常的；

（11）有精神及心理疾病诊疗史，或有家族病史的；

（12）有既往自杀、自伤史，或家族中有自杀者的；

（13）常与别人谈论死亡，或将自己的东西尽数送人，或有疑似安排后事的行为的；

（14）学校发生危机事件后对学生造成心理冲击的；

（15）其他可能促发心理危机出现的相关情形。

需要注意的是，心理危机排查是为了进一步了解并主动帮助有潜在心理危机可能的学生，只是对学生心理健康状况和心理危机情况的一般性排查了解，不是对学生心理状况的最终诊断。在基础信息收集中筛查出来的学生要多给予关心关怀关注，视情况需要进行专业干预与处置，切忌贴标签、下定论，以免给学生造成新的困扰或伤害。

（三）采取心理危机预防与干预措施

心理危机排查之后，对有危机倾向及表现的学生及时采取措施，进行有针对性的干预，这是体现心理危机预防与干预工作主动性与预防性的重要环节。在具体工作中应做到：

1. 建立心理健康教育中心等职能部门与院系及学生管理部门对危机学生情况沟通制度

院系及学生管理部门应每个月向心理健康教育中心就学生心理健康状况进行例行沟通，就平时发现的心理危机可能倾向要进行紧急沟通，针对突发及疑难情况及时上报。心理健康教育中心等职能部门应就心理危机的接诊和进行干预后的情况向院系及学生管理部门保持经常性的情况通报，确保干预中的追踪和干预后的跟进。

2. 制订危机排查与危机干预保密制度

学生心理危机的排查工作与干预工作都要对排查结果及干预过程严格保密，规定只有心理健康教育中心等职能部门的专业人员、院系及学生管理部门主管心理危机预防与干预工作的负责人和学生所在班级的辅导员、心理委员才能掌握学生心理危机的具体情况，相关信息严禁向无关人员散播。

3. 实施心理危机干预

心理危机的目的是帮助处于危机状态的学生释放因危机造成并积蓄的消极情绪能量，改善对危机事件的认知态度及应对方法，调整适当的内部应付方式，整合有利的外部应对资源，帮助当事学生获得对生活的自主控制能力，渡过心理危机，回复心理平衡，预防更严重的创伤后应激障碍的发生。心理危机干预是一项专业工作，需要有专业资质的人员承担。在处置过程中应做到：

（1）建立关系，保持联系，给予安全保障；

（2）在现实层面提供必要的援助和支持；

（3）从认知状态、情绪状态、意志行为、应对方法、资源及支持系统等方面评估影响，确定问题性质；

（4）围绕帮助当事学生渡过危机、促进成长的最高目标制定明确的、具体的且切实可行的目标；

（5）以目标为核心，探索问题解决的办法和应对策略；

（6）实现目标并跟踪随访。

（四）建立危机事件的应对及处置方案

在突发性危机事件发生之前，要预先建立危机事件应对及处置方案，一旦危机发生，即可快速反应、积极行动，避免更多的学生受到危机事件的影响，以此保护学生的健康与安全。学校的危机应对及处置方案应当包括以下方面：

1. 建立健全心理危机筛查与干预的各项管理制度

高校需要针对可能对自我或他人造成严重威胁和伤害的危机事件的发生，建立一套完整的包括识别、监控、干预、转介、善后在内的危机事件应对及处置程序，并建立健全相关制度规范，如心理健康状况汇报制度、心理危机排查制度、心理预警机制、高危学生心理档案管理制度、心理危机干预方案、应急事件预案等，确保在危机事件的应对与处置过程中能够根据事件的具体性质顺利开展工作。

2. 媒体应对

高校发生心理危机事件之后，要与媒体有很好的配合，使媒体作为信息的营造者和宣传者，其言论有利于学校危机干预工作的有效开展，有利于大学生心理健康和生命安全的维护。因此，在心理危机事件发生时，学校要确定接待媒体和对外发布危机事件信息的发言人；事先准备好所有可能用到的信息，包括学校情况简介、学校声明框架等；及时收集、整理并核实有关危机的信息，向媒体提供学校的官方声明；同时，向媒体提出对危机事件的报道和宣传要以引导大学生关爱心理健康、珍爱生命、维护校园安全稳定为导向的要求，创造化解危机的良好舆论环境。

3. 安全环境的保障

在危机事件应对与处置的具体工作中，学校安全环境的保障起着至关重要的作用。学校有关部门在进行校园内教学楼、办公楼等设施的建筑设计时应当充分考虑其安全保障，以减少危机事件的发生。

4. 应急预案的演练

学校应利用各种形式向学生宣传安全常识，强化安全意识，提高学生在应急事件中的自我保护、求助及逃生的技能。针对可能发生的危机事件及事故，如自杀、斗殴、火灾、活动事故等制定相应的防范措施，加强预警能力，组织应急演练，提高应对技能。

二、 探索构建医校合作危机干预模式

在高校心理危机预防干预工作中，如何加强高校与精神卫生机构的合作，使心理危机学生能够获得及时诊断和及时救治，是高校心理健康教育工作者

和精神卫生工作者共同关心的问题。构建一套医校合作的心理危机干预模式，是对大学生心理危机预防干预工作的创新性探索。

（一）构建医校合作危机干预模式的必要性

在学生的心理危机发生之前，通常会有很多信号，如情绪表现异常、性格突然改变、抑郁、饮食不良等。有些信号表现非常细微，却可以体现出学生可能遭遇心理危机的端倪。如果学校的心理教师和辅导员缺少对这些危机信号的辨别能力或者有关常识，就不能很好地防范大学生心理危机及因危机造成的危险行为或极端事件的发生。而精神科医生由于受过系统的精神疾病的诊断训练，拥有丰富的诊断知识和评估经验，可以较准确地对学生的心理疾病和心理危机作出评估和诊断，因此，建立高校与精神专科医院合作的机制，对于大学生心理危机的及时识别和及时救治非常必要。医校合作可以畅通精神疾病学生的转介渠道，使危机学生得到及时干预。

从医院治疗的角度来看，精神疾病学生的康复也需要学校的配合。学生心理疾病和心理危机的形成具有多重复杂的原因，既有生物因素，也有社会因素。因此，心理治疗和精神疾病的医治，不能仅靠药物治疗，也不能单靠精神科医生的治疗，还必须采用生物—心理—社会医学模式的治疗，这就需要家庭和学校的配合与支持。而且危机学生的彻底康复需要人格的完善，而人格的完善是一项长期的工作，精神科医生受其职业特点的限制，不可能完成，这就要靠学校教师给予长期的心理关怀与心理疏导。因此，从学生心理危机干预的长期效果来看，需要高校和医院的相互配合。

（二）医校合作危机干预模式完善对策

医校危机合作模式需要在实践中不断进行探索和完善，主要包括以下方面：

1. 完善管理制度

高校可以与精神专科医院联合制定合作的相关协议，提供一个合作协议的范本，以促进和引导高校与精神专科医院之间的规范合作。高校要借鉴精神专科医院对病人的管理制度，明确学校、学生和精神专科医院的职责与义务。

2. 提供经费保障

高校与精神专科医院之间的合作，需要相应的政府部门给予经费方面的保障，高校也应有相应的经费投入。这些经费包括：医院协助高校开展心理危机干预知识培训；医院组织开展对个别危机学生的专家会诊；高校邀请精神专科医生参与大学生心理危机督导评估；医院为心理危机大学生提供优先会诊、检查、治疗与住院等便利；高校和医院建立危机学生信息共享机制及横向研究等。

3. 强化专业保障

可以成立专家库，从精神专科医院、高校中聘请从事心理治疗、心理健康教育的医生和教师作为专家库的成员，为高校的不同需要提供及时的评估、诊断等服务；可以对高校心理咨询教师分层次培训，提高心理咨询教师的专业伦理意识，对适时转介的重要性、流程、模式等准确把握；可以举办高校心理咨询机构负责人的培训班，加强精神卫生知识和技能的培训，特别是案例处置，提升学校在危机干预中的识别与处置能力；还可以对精神专科医生进行培训，提高其对高校学生心理危机干预对象的了解，进一步加强对大学生心理危机预防与干预的认识和理解。

第四节
建设大学生心理健康教育辅导员团队

2021 年 7 月 12 日，中华人民共和国教育部办公厅发布了《关于加强学生心理健康管理工作的通知》，其中提到将心理健康教育课纳入校本课程、加大教师心理健康教育培训力度、高校按师生比不低于 1：4000 比例配备心理健康教育教师、建设心理健康教育辅导员团队等要求，从而为促进大学生身心健康发展，深化心理素质教育提供有力保障。

一、心理健康教育辅导员的作用

（一）促进大学生身心健康全面发展

心理健康是学生综合素质的重要组成部分，心理健康是学生全面成才的基础。大学生正处于人生发展的转折时期，可能会遇到自我认识、学业发展、人际交往、恋爱及就业等多种问题，极易产生心理困惑，甚至发生心理障碍，严重者发生心理危机。大学生的心理发展需要教师对他们进行积极的心理引导，帮助他们拥有良好的心理素质，促进其身心健康全面发展。

（二）推动大学生心理健康教育工作科学化与专业化

高校学生辅导员主要承担学生思想政治教育和管理学生工作。在现实生活中，学生的思想、行为问题许多是由心理问题引起。随着社会的发展，辅导员越来越多地承担着学生心理疏导的工作。因此，培训高校辅导员队伍，使其具有一定的心理学知识与心理咨询技能，具备对学生开展心理素质教育的能力，是新形势下大学生心理健康教育工作科学化、专业化的必然要求。

（三）深化与普及高校心理素质教育

辅导员是高校学生思想政治教育的一支骨干队伍。辅导员作为高校的一线学生工作教师，不但担负着对大学生进行思想政治教育和管理的任务，也担负着对学生进行心理疏导，帮助学生心理健康发展的任务。他们在工作中接触学生最为密切，最了解学生，能够及时发现学生的心理问题，及时进行疏导。依靠广大辅导员对学生进行心理素质教育和心理辅导，有利于解决高校心理咨询专业人员不足带来的心理素质教育普及不够广泛、学生一般性心理问题不能及时得到疏导的问题，能够把对大学生的心理素质教育落到实处。

二、心理健康教育辅导员的角色

虽然高校辅导员开展心理辅导很重要，他们承担对学生进行心理素质教育和对学生一般性心理问题进行辅导的功能，但是辅导员不是专业的心理咨询师，其角色与功能区别于高校心理咨询教师。高校辅导员在心理辅导工作中有其独特的角色定位和作用。在高校心理健康教育中，辅导员的角色主要有以下方面：

（一）大学生心理成长促进者

大学生处于人生发展的重要时期，辅导员应该结合学生日常工作，开展丰富多彩的心理健康教育和团体成长活动，促进大学生提高自我认识、增强人际关系；培养多种能力、磨炼意志、开发潜能；拥有正确的人生态度，树立正确的人生理想。

（二）大学生心理困惑疏导者

辅导员工作在大学生教育第一线，是学生工作的直接管理者。他们的工作特点使其与学生接触更广泛、更亲密，因此更容易与学生建立相互信任、相互尊重的关系，他们同学生的接触时间长，与大学生年龄相仿，生活阅历和成长背景与大学生接近，与学生具有较多的兴趣爱好和共同话题，对学生的个性特征、家庭状况、人际关系等方面有比较清楚的了解，便于及时发现学生潜在的心理问题，能够对学生常见的心理问题进行及时疏导并提出建议，帮助学生及时消除心理困惑。在学生心理健康的日常维护中，高校辅导员扮演着不可或缺的角色。

（三）大学生心理咨询推荐者

辅导员是大学生心理问题的第一发现人，他们可以及时推荐有严重心理问题的学生到专业的心理咨询和心理治疗机构接受咨询和治疗。当学生有了心理问题不能主动求助时，辅导员可以对学生进行说服，帮助他们改变对心理咨询和心理治疗的不正确认识，去除疑虑，主动寻求心理帮助。所以，辅导员在学生和心理咨询中起着重要的桥梁作用。

（四）大学生心理康复支持者

对于一些接受心理咨询和治疗、处于心理康复期的学生，重要的是让他们回归正常的社会生活。辅导员应当把这些学生接纳到正常的学习生活中来，关心他们的学习和生活，解决他们的实际困难，发动周围学生给予关爱，鼓励他们参加集体活动，培养其社会适应发展能力，协同专业机构进行辅导，巩固咨询和治疗效果，使其尽快恢复健康。

（五）大学生心理危机发现者

辅导员便于广泛地对学生进行心理危机预防干预教育，及时识别危机学生，进行及时转介和干预，有效预防大学生心理危机。学生心理健康的危机事件是学校工作的重点，学生心理健康危机事件有偶然性、突发性、伤害性大、影响面广、社会关注度强且处理过程复杂、工作难度大的特点，一个危机事件出现需要花费很长时间、耗费很多精力来处理。

辅导员对上可以求助于学校心理健康教育中心的专业心理教师，对下可以调动学生党员、学生干部等力量，对外还可以及时与家长沟通联系，充分调动各方面的资源，共同帮助有心理危机的学生，因此辅导员在学生心理健康危机事件预防和应对的具体落实上发挥着重大作用。此外，有一些辅导员还要承担一定数量的大学生心理健康课程的教学任务，因此也担任着心理健康课程的教师角色。辅导员要胜任职务角色，就需要学习和借鉴心理咨询的理论与方法，接受心理辅导能力的培训。

三、 辅导员的心理辅导专业技能培训

对辅导员进行心理辅导技能培训是提高辅导员心理辅导能力的重要措施。它既是辅导员自身成长的需求，也是当代辅导员在学生工作中的需求。

（一）心理辅导专业技能的培训目的

心理辅导技能的培训是促进辅导员个人成长，保持身心健康的需要。从辅导员自身的个人成长来看，高校辅导员要承担学生的思想政治教育、管理、资助、就业指导与生涯规划、心理健康教育、心理危机预防干预工作，还要承担一部分相关的课程和研究工作，学校中各部门直接与学生有关的工作，都要通过辅导员来具体落实。学生中危机事件的发生，不仅给辅导员增添了

许多工作量，也会对辅导员的身心造成影响。

除工作之外，辅导员自身还承受着个人的学习、进修、发展以及各种生活的压力。对辅导员进行心理素质教育能力的专业培训，可以帮助辅导员运用所学的心理学的理论和方法调整自己的心态，增加自我认同感和自我价值感，积极乐观地面对生活和工作，提升心理健康水平，促进个人成长。

心理辅导技能的培训也是辅导员专业化发展的需要。高校辅导员绝大多数是非心理学专业毕业的，在专业素养和专业能力方面都存在欠缺，大多缺乏系统严格的训练。在日常的学生工作中，如何与学生进行深层次的心理沟通，如何了解各类学生的心理特点，怎样疏导学生的消极情绪，怎样识别精神疾病和心理危机是辅导员需要具备的工作技能，辅导员迫切需要接受心理辅导的相关培训，需要掌握心理学的相关理论和心理咨询的方法，提升自身的专业化能力，科学化地做好学生工作。

（二）心理辅导专业技能的培训内容

高校辅导员心理辅导专业技能培训的目标包括：通过培训，使高校学生心理辅导员能够掌握与大学生心理辅导相关的专业知识；具备大学生心理辅导的操作技能；能够运用所学的心理辅导知识和技能开展本院系、本班级的心理素质教育工作，与学生进行心理沟通，对学生进行心理疏导及危机预防干预；促进辅导员自身心理健康与自我成长。高校辅导员心理辅导专业技能培训内容包括以下方面：

1. 辅导员自身心理健康与成长培训

通过学习有关心理健康的理论，帮助辅导员了解心理辅导员个人成长的意义，明确辅导员的心理素质要求，学习心理调解的方法和促进心理辅导员个人成长的有效措施，使辅导员能够提升自我认识，正确处理压力，保持心理健康。

2. 心理咨询理论与方法培训

个体心理咨询的理论与方法包括心理咨询的定义、心理咨询的伦理道德、心理咨询关系的建立、心理咨询与思想政治教育的关系、我国高校心理咨询的发展、个体心理咨询的基本过程及常用技术；心理咨询的基本过程；心理咨询的常用技术（包括尊重、真诚、共情，非语言沟通技术，倾听技术，提问技术，影响技术等）；心理咨询计划和方案的制订与实施；心理咨询的基本理论流派（包括精神动力学理论、人本主义理论、认知行为理论等）。另外还有团体心理咨询的理论与方法，包括团体心理咨询的基本理论，团体心理咨询的主要阶段，团体心理咨询的基本方法，班级心理辅导的组织实施等。

3. 大学生心理健康专题培训

大学生心理健康专题培训包括：大学生心理健康的概念，大学生心理健康的标准，心理健康对大学生成才发展的意义，大学生常见心理问题的表现及鉴别，大学生常见的心理问题及教育（大学生的自我意识、适应与发展、人际交往、情绪管理、恋爱心理、挫折应对等），以及开展高校心理素质教育活动的途径和方法等。

4. 大学生心理危机识别与预防干预培训

大学生心理危机的识别与预防干预包括：心理危机及心理危机干预理论，心理危机的干预模式与干预技术；心理危机的发现与识别，导致大学生自杀的危险因素；高校危机预防干预体系的实施，高校心理危机干预的流程，高校心理危机干预体系的实施，高校心理危机干预案例分析。此外，大学生心理测量的基本方法也是培训内容之一，包括心理测量的基本原理及应用，心理测量的伦理要求，大学生常用心理健康测量表的使用等。

对于辅导员的心理辅导技能培训，要采取理论联系实际的方法，引导辅导员在教学过程中，结合自己的生活经历、成长过程、工作实际和心理活动进行学习和思考，自觉运用学习的相关理论，分析工作、生活、发展中遇到的实际问题。培训既要有集中性的理论培训，还要注重实践环节，以培养辅导员的实际应用能力为目标，引导辅导员把学习的理论与方法运用到大学生思想政治教育之中，运用到本校心理健康教育之中，增强工作的科学性和实效性。对辅导员的学习与应用进行督导，可以帮助他们在实际工作中更好地运用心理辅导的理论和方法，因此培训中要有专业督导的环节。

（三）心理辅导专业技能的多样性培训

多样性是指活动设计时要以丰富多彩、生动活泼的形式赢得学生的欢迎，调动他们参与活动的积极性，力求让他们在欢歌笑语中陶冶情操、接受教育。活动设计要体现多样性，要求设计者必须不断创新，通过“加”“变”“改”

“移”等思路来变换形式。例如，在传统的班会中加入心理小活动，不断以新面孔出现，使学生感到新颖有趣，增强了活动的吸引力。

第五节 构建大学生积极心理品质培育机制

大学生心理健康教育与辅导的核心任务是培养大学生的积极心理品质。这就要求确定大学生积极心理品质的结构和内容，开发科学、有效的测评工具，为大学生积极心理品质发展规律和积极心理健康教育效果评价等一系列科学研究开展奠定基础。

一、 大学生积极心理健康教育及其活动

大学生是社会中的一个特殊群体，他们是走在新技术、新思想前沿的群体，是国家培养的高级专业人才，代表着最先进的文化。大学生是年轻有活力的一代，是推动社会进步的栋梁之材。因此，确保大学生身心健康、快乐成长及幸福生活意义重大。

教育部办公厅印发的《普通高等学校学生心理健康教育课程教学基本要求》指出，促进学生健康成长、培养高级专业人才，是全面贯彻党的教育方针、建设人力资源强国的重要举措，是全面提高高等教育质量、加强和改进大学生思想政治教育的重要任务。各高校要根据学生心理健康教育的需要，结合本校实际，制定科学、系统的教学大纲，组织实施相应的教育教学活动，保证学生在校期间普遍接受心理健康课程教育。相关政策的出台有效推动了大学心理健康教育迈上新台阶，取得新成效。

注重预防和发展的积极心理健康教育的产生，为大学生心理健康教育的开展提供了新的思路和视角。积极心理健康教育主张固本培元，厚德载物，刚健有为，自强不息，标本兼治。积极心理健康教育创始人孟万金教授带领

课题组已经建成全国师生积极心理品质数据库，研究并发表了大学生积极心理品质量表，同时，还开发了基于网络和多媒体系统的大学“幸福课”课程资源，为高校积极心理健康教育提供了科学指南、操作方案和行动抓手。目前，高校采用心理素质拓展训练、团体辅导训练、大学生朋辈辅导和分层分级教育干预等方法开展积极心理健康教育，均已取得了良好的效果。由此可见，在大学生中实施积极心理健康教育既是必要的也是完全可行的。

（一）开展大学生积极心理健康教育研究

大学生积极心理健康教育研究主要包括以下方面：

1. 研制大学生积极心理品质测评工具

大学生积极心理健康教育相关研究计划的进行，需要积极心理品质的配合，因此开发大学生积极心理品质测评工具十分重要。我国大学生积极心理品质量表的研制便是基于这一缘由，它的开发立足于积极心理健康教育的思想理念，通过探索、创建大学生积极心理品质模型，培养当代大学生积极心理品质，从而推动大学生积极心理健康教育开展。这种测量工具实用性高、价值性强，为后续相关研究的开展提供理论依据。

我国大学生积极心理品质量表具备良好的信度和效度，具有科学性和合理性。在大学生积极心理品质教育活动中，这项测评工具为其提供了有效的科学依据，积极推进高校心理健康教育工作的开展，并为其后续积极转型奠基了一定科研基础。另外，我国大学生积极心理品质量表可以为大学生心理健康教育增设发展性、预防性功能，从而弥补目前高校大学生传统心理健康教育研究方面的缺憾，在高校大学生积极心理品质的培养方面，一系列科学研究也进一步深入，从而为高校大学生心理健康教育活动的顺利开展、高校大学生能在其中受到良好的心理健康教育，促进大学生心理积极健康发展创造了必要前提。

2. 研究大学生积极心理健康教育的内容

在开发大学生积极心理品质测评工具的基础上，对大学生积极心理健康教育的内容、方法和模式的探索也在进行，在内容上主要围绕积极认识和接纳自我、建立良好的人际关系、获得自尊与自我独立、保持自我和谐、增强意志力和自控力等核心积极心理品质的培养展开，在方法上主要将认知训练和情感熏陶相结合，使大学生既能认同积极心理品质对于自己学习生活的重要作用，又能在学校营造的良好氛围中形成及锻造自身的积极心理品质。

（二）大学生积极心理健康教育发展策略

1. 加强大学生积极心理健康教育课程建设

课程是积极心理健康教育的核心载体，科学、系统的课程教育将有效提升大学生积极心理健康教育的效率和质量。从目前的研究和实践来看，大学生积极心理健康教育还比较缺乏系统课程，不同高校开展的积极心理健康教育的内容和形式多样，对积极心理品质的培养各有侧重，因此，需要及时开发一套符合大学生身心发展特征和需要的课程，以提升大学生积极心理健康教育的科学性和规范性。

2. 通过网络平台监测、引导大学生积极心理健康教育

随着科学技术的进步，互联网已经成为大学生日常生活中不可或缺的媒介和工具。利用网络平台，充分发挥科学技术优势，能够有效提高积极心理品质的培养效率。高校心理健康教育工作者可以利用互联网平等、隐蔽、快捷、实时、互动的特点，通过网上心理解析、训练、辅导、咨询、测验、诊断、治疗等方式促进大学生积极心理品质的发展，为大学生提供积极心理健康教育辅导与咨询服务。在日常社会交往活动中，微信以其平等性、开放性和交流自由性等鲜明的特点在大学生中广泛使用。大学生群体中，微信的这些特性也实现了他们之间自由、开放的沟通，且其中一些独有的功能也可以帮助大学生留下回忆并与他人分享。借助这些优势，大学生积极心理健康教育工作者可以实时了解他们的生理和心理状态，并根据这些学生的实际情况开展心理健康教育，获取更加全面的积极心理品质知识，排解遇到的心理难题，充分发挥高校大学生积极心理健康教育工作的有效性、实时性。

3. 将辅导员作为积极心理健康教育的对象

高校内绝大多数学生都住校，高校辅导员在大学生的学习和生活中扮演着重要的角色，是沟通学校、家庭、学生的“桥梁”。高校辅导员是高校中非常重要的一个群体，他们虽然不是专业教师，但与大学生有着频繁的互动和接触，也承担着密切关注大学生心理健康状况、及时发现并解决相关问题的重要责任。因此，高校在开展积极心理健康教育时，应当将辅导员群体作为

对象之一，让他们了解积极心理健康教育的相关理念和内容，在不断提升自身积极心理品质的同时，更好地配合学校开展积极心理健康教育，使大学生真正受益。

（三）大学生积极心理健康教育的实践分析

1. 大学生积极心理健康教育实践类型

从整体而言，大学生积极心理健康教育的实践主要分为开展相关培训和会议研讨，以及开展积极心理健康教育活动两方面。

（1）开展相关培训和会议研讨。开展积极心理健康教育相关培训是积极心理健康教育的基础和途径。在积极心理健康教育被正式提出并开始在大学生群体中应用后，我国各个高校及心理学研究机构等专业组织多次邀请积极心理健康教育者开展有关讲座和培训。积极心理健康教育已经迅速发展为“中国特色的大学生心理健康教育”，引领着我国大学生心理健康教育的发展方向。

（2）开展积极心理健康教育活动。在各类讲座、培训和研讨会不断召开的同时，各高校的积极心理健康教育活动也不断涌现出来。例如，北京航空航天大学以团体心理辅导活动为载体，进行了高校积极心理健康教育模式的探索，认为开展团体心理辅导可以在更广泛的层面上讨论和解决大学生成长中面临的问题，帮助大学生认识到成长中的问题具有一定的共性，并且意识到这些问题是自己在成长中必然会遇到的课题。从实际情况来看，团体心理辅导是非常受大学生欢迎的一种积极心理健康教育方式，它从宿舍人际关系、学习压力、情绪管理、恋爱婚姻、自我成长等方面对大学生进行培训，增强大学生个体的安全感、喜悦感、归属感、认同感、价值感，提高大学生的自尊心、自信心。

大学生可以在团体辅导过程中找到新的解决办法，充分挖掘自身解决问题的潜能。此外，各高校还开展了各种各样的活动，如新生军训、大学生电影节、体育活动等，组织了心理社团、艺术团，利用相关心理咨询网进行心理咨询等。这些都为大学生积极心理健康教育做出了巨大贡献，帮助大学生减轻了各种压力并获得了积极发展的力量。值得一提的是，以贫困大学生心理援助为目标的积极心理健康教育同样得到了实践者们的关注。在积极心理健康教育理念的指导下，学校通过营造积极的校园生态、开展丰富多彩的校园活动、激发学生主动性、帮助学生建立积极信念和提高学生心理弹性等措施，有效地帮助贫困大学生摆脱了消极的心理困扰，使他们能够更好地适应大学的学习和生活。

整体而言，大学生积极心理健康教育的相关实践丰富而全面，不断展现出积极心理健康教育对大学生心理健康发展的积极作用，体现了高校对积极心理健康教育的高度认可。

2. 大学生积极心理健康教育实践活动（本书重点探讨大学生团体心理拓展训练）

大学生团体心理拓展训练对培养大学生积极心理品质具有重要意义。高校建立心理拓展训练平台可以大大提升大学生心理健康教育活动的水平，通过探索大学生心理健康教育的科学方法，模拟相应的自然环境和情境模式，激发学生自身存在的积极品质，帮助大学生完善个人心理品质，促进其全面健康发展。具体而言，大学生心理拓展训练综合了组织行为学、心理学及教育学等多项学科的先进成果，是一种根据学生自身实际情况、身心发展特征及现实社会的实在需求，建立起的体验沉浸状态的培训活动计划。大学生通过参加团体心理拓展训练活动，可以激发个人潜力和自信心，加强团体合作力和凝聚力，借由活动中交流分享功能和回顾反思功能，将个人经验和体会融入现实生活中，积极发挥大学生积极心理健康教育实践活动的重要性。参与大学生团体心理拓展训练活动的大学生既能在其中训练他人，又能够被人所训练，在了解他人心理品质的同时也能够掌握自身存在的心理问题，明确自身的优点，弥补自己的不足，积极纠正自己的心理偏差，促进心理品质健康发展，实现大学生团体互相训练、共同发展的目的，加强团体凝聚力。

对于大学生团体心理拓展训练活动而言，其最主要的特点便是惊险、新奇、刺激和开心，通过让学生参与到各种形式不同的活动中，营造出活跃、刺激、快乐的气氛，提高他们参与活动的主动性、参与性、积极性，提高大学生心理教育活动的有效性，帮助学生在互相训练中提高自己，培养积极心理品质。另外，大学生心理健康教育活动的基本理念也包括积极、快乐，借由心理拓展活动，学生可以增强心理免疫能力，激发自身潜能，拓宽解决心理问题的方法途径，提高大学生竞争力、合作力和包容力，高效完成高校大学生心理健康教育任务。

（1）训练的对象。大学生团体心理拓展训练应根据不同年级的学生心理特点和学生群体的具体需求，有针对性地开展不同主题的心理拓展训练，开发学生的潜能，强化学生的团队合作意识和竞争参与意识。这些训练旨在让学生了解自己、相信自己，充分利用积极心理健康教育及服务资源，体验开放、分享、团结、协作的魅力，增强团队精神和协作意识，增进彼此了解，建立人际信任，融入群体和社会。

对于高校大学生心理健康教育活动来讲，辅导员在其中扮演着极为重要的角色。因此，高校可以开展辅导员心理素质拓展训练专题培训活动，加强辅导员个人培训能力，并将自身收获的经验融入日常教育活动中，提高学生参加训练活动的积极性和参与性，培养大学生积极心理品质，提高团体合作能力。

（2）训练的过程，心理拓展训练需要注意以下事项：

①热身活动是开展大学生心理拓展训练活动的重要前提。在活动开始之初，训练师先要组织相应活动，为大学生营造快乐、积极、刺激的现场氛围，拉近学生之间的心理距离，从而创建活跃、积极的团队。例如，训练师可以组织学生相互介绍自身实际状况，然后根据他们自己的情况举办一些刺激、新奇的训练活动，激发学生参与的积极性和主动性，加快学生融入新环境，便于后续训练活动展开。另外，热身活动还可以起到调动学生激情的作用，帮助学生放松自己的状态，忘掉训练外的事情，积极进入训练活动中，加强团队之间的协作能力和凝聚力。

②大学生心理拓展训练活动顺利开展的最重要一点便是安全性。热身活动结束后，学生对训练活动及参与人员有了大致了解，这时训练师可以解答和讨论学生提出的一些问题，然后直接进入实地心理拓展训练环节。当然，在这一过程开始前，训练师应对学生强调活动中的一些安全注意事项，保证学生安全、欢乐地投入训练活动，尽量避免一切安全事件的发生，如一切活动听指挥、动作的规范性、热身活动是否到位及活动器材的使用说明等。

③大学生实地心理拓展训练活动的情况要遵循一定实施规范，并将人员多寡、活动场地以及学生个人特点等因素考虑进去，依照活动难度由易到难逐步过渡，保证活动组织的科学性和合理性，帮助学生在其中发现个人优势，

提高自信心，将获得的直接经验慢慢迁移到未来生活中。

④在心理拓展训练活动中，训练师应根据实际情况提前制订训练计划，并统计学生的参与情况和所获得的训练结果，最后获得具有针对性和准确性的点评信息。具体而言，统计的内容主要包括学生在其中的个人表现、训练计划、训练进展情况及训练成果等内容。最后，训练师应对活动的开展情况和训练成果做一个细致的总结和评价，与学生讨论其在训练过程中所获得的经验和不足，提高思考能力和总结概括能力。由此看来，训练师在最后对活动和学生进行导引式总结，不仅可以帮助训练活动更加顺利进行，还可以加深学生对自己、他人的认知和了解，挖掘自身存在的优势，培养团队凝聚力，促进个人心理健康发展。

（3）对于大学生心理拓展训练来讲，它所取得的成效主要包括：①在训练活动中，参与者的自我认知能力和反思能力得到了极大提升，发现自身存在的优点与不足。②心理拓展训练活动可以帮助学生提高人际交往能力和团队合作能力，加强团队协作意识和群体意识，帮助参与者建立起深厚持久的友谊，建立对彼此的信任。③心理拓展训练活动大大提升了参与者的情绪管理能力和压力承受能力，帮助他们在困境中保持沉着冷静的态度，解决遇到的一系列难题。④心理拓展训练可以大幅度激发学生的个人潜力。在一些具有难度的活动中，学生能够在寻找问题的解决办法中发现自己的优势，从而激发自己的潜能。

二、 大学生积极心理健康教育课程培育

“新时代的心理健康教育不应再止步于解决问题，充分地去挖掘大学生身上的潜在能力，尽可能让他们拥有更多积极品质，从而达到最终塑造大学生积极人格的目标。”[①] 积极心理健康教育课程培育需要注意以下方面：

（一）扩大教学目标

从积极心理学的角度转变教学目标：一是目标人群应该扩大，不应该只

① 于风笛．积极心理学视域下大学生心理健康教育对策研究．沈阳航空航天大学硕士学位论文，2015：27.

关注有心理问题的学生，而应该面向全体学生；二是将价值目标进一步扩大，以往只是预防产生心理问题，而现在应该转变为积极培育学生良好的心理品质，体现出人文关怀，帮助学生实现自我价值，不断突破自我，实现人生目标。

（二）不断丰富教学内容

在心理健康课程教学中，融入积极心理学中有关积极心理品质培育的内容。大学生的心理品质具有很高的可塑性，可以有针对性地设计合适的教学内容，让学生根据自身特点自主选择合适的学习内容。例如，有的学生比较怯场，害怕在很多人面前展示自己，可以让他们在课堂上进行演讲，不断挑战和突破自己；又如，有的学生不会拒绝别人，教师可以设计和模拟真实的情境，让学生学会在现实生活中如何拒绝别人，使学生变得更自信，形成正确的自我认知。

（三）创新教学模式

因为教学资源短缺，很多高校的心理健康课程是大班教学，通常是以教师讲授为主，教学效果不明显。为此教师应该不断开拓创新，使教学模式更丰富多样，积极培育学生良好的心理品质，在教学中实施体验式教学方法。例如，可以将学生分成不同的群体，匹配不同的教学内容，通过分组实现教学方式的个性化，让一些小组演讲展示，另一些小组做团队展示。在心理健康课程教学中，真正做到教和学相结合。教师通过知识讲授，纠正学生错误的认知；在课堂上模拟真实的情境，让学生有更多体验的机会；帮助学生做心理沟通技巧练习，不断完善自我。实现教学模式的创新，就是要引入体验式教学方法，让学生成为课堂教学的主体，亲身参与和体验教学，实现教学的个性化。

（四）改变教学评价

从积极心理学角度出发，培养目标主要是帮助学生形成良好的心理品质，将学生分组，采取合适的教学模式，不再采用单一的评价模式，而是将过程性评价和终结性评价相结合。学生需要鼓励，教师要认可学生进步的表现，在最终的考核和评价时，综合考虑每一个学生哪怕非常细小的改变和突破，打破传统的终极评价模式。过程性评价是一种十分积极的评价模式，可以让学生体验积极的情感，培育良好的心理品质。

（五）提升教师素质

在心理健康课程教学中融入积极心理品质培养，也要不断提升教师素质。教师的心理素质和自我修养要不断提升，用自身人格魅力去影响学生。与此同时，因为教学内容、教学模式和评价方法的转变，要求教师具备更强的课堂组织能力，所以教师要不断精进自我，既要提高自身授课技能，也要不断完善人格修养。

三、 心理健康教育中的积极心理学

教育的最终目标是教书育人，这里的育人可以理解为“成人”。“成人”的标志有三个：一是缺点修正，让那些本身存在恶习的人可以及时纠正坏习惯；二是道德价值观的树立，即通过一定的知识储备，具有自己的学识和道德价值观；三是识人辨人，鉴别人的品行。当前社会，传统的心理健康教育往往将自己放置到第一位，纠正缺点就是自己存在的唯一价值，这种消极病态的教育被称为“医学式”病理性教育。事实也确实如此，很多心理学家逐渐发现，专注于痛苦，把注意力放在解决痛苦上，人们可能会变得更痛苦。积极心理学恰恰与此相反，正如康普顿在其著作《积极心理学入门》中这样说道：“积极心理学家要去发现和培育天赋和才华，让日常生活更令人满意，而不仅仅是治疗心理疾病”。由此可见，积极心理学是以人为导向，它的教学重点是促进积极而非传统的纠正问题。积极心理学以培养学生的优点为主，激发学生更多潜力。要意识到，其实人的注意力是有限的，如果把注意力放到积极的角度，就不容易受到消极的影响。积极心理学的教育重点一方面是对普通人生活的关注；另一方面是对与生活适应相关的积极品质的塑造，使社会中的大部分普通人拥有更加幸福的生活，这也是教育的根本所在。

（一）积极心理学对大学生心理咨询的启示

心理咨询中对心理辅导模式的应用是体现心理咨询理念、目标定向朝积极心理学方向促进个体心理潜能发掘、心理功能发挥的操作思路。心理治疗倾向于病理性的治疗，即将重点放置在对人的心理疾病和心理障碍的治疗上，重视过往经历和外在刺激对人造成的心理影响。而积极心理学认为，良好的心理治疗方式应该涉及多方面内容，例如，亲和力、关心、贴心服务、交流技巧等。积极心理学认为，培养人的积极性，发掘其内在优点与闪光点是应对心理问题、心理障碍的另一种途径、方式，治疗并非先根治人现有的问题，而是先发掘人自身的潜能。因此，可以在心理咨询中，应用心理辅导的形式，将人看作个体，而非病原载体，简言之，在看到疾病的同时，也要看到人内在的潜力，通过一些积极的心理治疗措施和方式，帮助个体树立希望，调动个体的内在潜能。

1. 积极导向的心理咨询可促进大学生心理健康教育

积极心理学提出积极预防的思想，认为加强大学生积极心理健康教育，培养大学生良好的个性品质，提高大学生的社会适应能力、承受挫折能力和情绪调节能力，对预防与治疗心理疾病都有良好效果。积极预防思想主要从两个方面体现：一是理解问题出现的根本原因，达成和解，与问题共存；二是从积极品质出发，鼓励个体看到更多可能性，增进个人的积极力量。大学生对新生事物和积极希望有天然的趋向性，接受能力较强，也具备了一定辨别能力，有自己的理解与判断，因此，采用积极导向的心理咨询方式对解决当代大学生身心发展过程中所呈现的心理问题，具有很大的帮助和促进作用。

2. 积极导向的心理咨询服务于大学生心理健康教育

建立大学生心理档案，是加强学生心理健康教育工作，推进教育向纵深发展，体现心理健康教育系统性、针对性的重要条件和必要保障。促进高校大学生的心理健康，通常是从建立学生心理档案开始的。积极心理学提出，通过心理档案建设，展开对学生的跟踪调查，通过档案调查结果，有针对性地做好档案管理记录，对于个别心理健康存在问题的学生，积极展开心理咨询工作，让学生有健康的心理。值得一提的是，对大学生进行个人咨询时，为防止遗漏，可在全校范围内，根据学校班级专业排序，进行整体的心理咨询。大学生心理档案是高校心理教育机构对学生进行心理测量诊断后，记录、整理、分析测量的结果，并进行分类保存。

（二）积极心理学对大学生心理健康教育课程的启示

1. 树立积极的大学生心理健康教育课程目标

传统大学心理健康教育是有关“人”和如何做人方面，以及论述理性人格上，体现了心理健康者的特点。其目的是消除大学生存在的心理问题，防止学生因心理恶化造成恶性事件。积极心理健康教育以提升大学生幸福感为主。当前人们的生产生活活动不再局限于解决温饱问题，而在于对幸福感的提升。如此社会环境的熏陶下，高校的心理健康教育也进行了相应调整，提出让学生生活更健康更幸福的主题，目的是让学生的校园生活更有意义。

（1）大学生心理健康教育立足于将来。积极心理学认为，当前大学生的心理教育不应局限在消除学生的心理问题，而在于大学生的未来生活，不能简单地认为，学生此时心理没有出现问题，行为符合大学生规范，就认为学生心理没有问题，就单方面认为学生是健康心理。对学生进行积极心理学的教学与培养，可有效抵消学生的消极状态和负面情绪，并可以让学生长期保持一种乐观向上的心态，从而帮助学生朝着更好的方向发展与进步，这也符合未来社会对人才的培养标准。

（2）高校大学生心理健康教育在促进学生心理健康发展的同时，还应该尊重学生的自主性。人与人之间虽然存在某些共性，但是每个人又是独立的个体。当前，先进的教育教学理念与方法层出不穷，除了挫折教育和常识教育之外，教师还可以对学生进行积极心理暗示，引导学生树立正确的人生观，为学生创造民主、和谐的教育教学环境。积极心理学提倡从大学生的差异化入手，开设心理健康课程，让学生的心理素质有整体提升。此外，利用学校现有的办公条件，开展一对一学生心理健康咨询活动，展开对学生的心理教育，满足学生个性化发展需求。

（3）多层次心理健康教育。心理素质是多方维度（认知、情感、个性等）共同作用的成果。这些心理素质的组成成分，采用不同形式混合作用于不同领域，又加入一些新的特点，具体表现在学生的适应性方面，如学习、职业、社会交往等。积极心理学认为高校大学生心理健康目标不应停留在学生的学业压力和将来的职场压力上，更应该关注学生的个人心理健康，以及自身幸福感的提升。通过自信、乐观、积极等多项正能量的指标，考核心理健康教育。

2. 开展积极的大学生心理健康教育课程内容

心理健康教育是根据学生生理心理发展的规律，运用心理学的教育方法，培养学生良好的心理素质，促进学生整体素质全面提高的教育。然而，当前的心理教育课程关注点为学生的心理问题，目的是解决学生在校园生活中遇到的学习、娱乐和人际关系等方面的问题。根据学生的情况，给予一些建议和帮助，让学生主动找寻自己讨论该话题。

积极心理学的出现和发展提供了审视心理学的新视角，心理学并不只是研究心理障碍和精神疾病的学科，而是一个更普遍的科学，关注正常生活，关乎人类的健康和幸福，是一门积极正向的科学。这种价值给当下的心理健康教育提供了一个新的论点，丰富了心理教学内容，让人们对心理学也有了新的审视。积极性心理学内容可以看作积极的情绪体现，激励人们往美好的品质方向发展，也可以看作积极的思维活动或组织群体。这些内容的出现都源于日常生活，既有社会的普遍性，也带有鲜明的个性色彩。其实从积极心理学的研究内容看，会发现积极心理学不光研究人类的幸福，还研究道德、智力、审美、创造、积极的社会关系、积极的社会组织、生活的意义等内容。

积极心理学在大学生心理健康教育课程内容中主要包括以下层面：

（1）认知发展。积极心理学认为提升学生的心理健康教育首先要从学生的认知层面开始提升，通过一些科学方法的指导，让学生自主研究了解认知发展规律。此外，日常的认知培养中，通过挖掘学生优点，让学生更全面化，多维度地了解自身存在的优势和不足，便于提升今后幸福感。

（2）情绪稳定。积极心理学中情绪教育是一个重要课程，无论是学生还是成年人，情绪稳定都是保证身心健康的有效手段，帮助学生掌控自己的情绪，了解自身情绪的波动，以便帮助其调整到正常状态。

（3）意志优化。积极心理学认为，“心理初性”是人的一个最佳状态。意志力，就是人能够驱使自己做自己认为应该做的事情的动力和坚忍精神，具有开拓和提升自己的学识、境界和能力的精神。每个人都需要克服自己内心的障碍，而这些都离不开意志力；要想改变自己，所依靠的是内心的力量。高校大学生心理健康教育需要指导学生如何面对挫折困境的压力，让学生学会面对人生的逆境，激发学生的内在潜力，从而自主解决问题。

（4）个性化完善。积极心理学要求学生个性化发展的前提是修身养性，增强学生自控能力，自动抵制外界诱惑，纠正个人存在的问题，全方面培养学生对待自己和他人的处事态度。

（5）人际关系和谐。积极心理学认为高校大学生心理教育会下意识培养学生在今后人际交往中的相关规则，掌握一定社交技术，让学生能够在团体中与人和谐共处，进而培养学生健康的人际关系和处理人际关系的良好态度。

（6）环境心理适应能力。针对这个问题从学生对心理健康、环境心理适应教育案例，进行深入研究。

3. 创建积极的大学生心理健康教育课程方式

传统心理学对当代大学生的心理健康教育课程产生了较大影响，这使得教学形式比较单一，教师更加注重知识的传授，在课堂中没有过多情感互动和交流。但是，积极心理学为学生积极性的激发、为师生之间的情感交流提供了支持，积极心理学的理论基础是积极人性论、认知情感理论及需求驱动论。积极心理学的应用为课堂带来了积极情绪，课堂中除了知识的传授之外，还有了情感的交流。对于课堂而言，情感除了能够调节气氛外，还是教学中的一个重要组成部分，因为课堂想要实现互动，想要增强学生的体验，促进学生参与实践活动，就需要教师和学生，以及学生和学生进行更多互动，教学应该改变以往单一机械的教学模式，使用双向的互动的教学方式。例如，使用小组讨论角色扮演或者是实践活动等教学方式为学生的学习提供愉悦轻松的氛围，让学生在活动中构建知识体系，让心理健康知识的学习和情感的交流互动充分融合，为学生带来全新的学习体验。

（1）互助式的教育方式。互动式教育方式是人们应该通过行为之间的互动，为彼此的心理带来一定的影响，引导教育参与者的心理素质发生积极的变化。在互动的教育过程当中，学生可以满足心理方面的需求，能够让心理健康发展。在情感的交流与互动过程中，大学生的情绪更容易被激发，更容易实现心理教育的教育目标。教育应该始终将大学生放在教育的中心位置，要为大学生提供能够激发其主动性、参与性及思考性的活动内容，让心理健康真正发挥其调节情绪的作用。在具体的活动中可以使用的方式主要有：自助式心理暗示，指的是个体对自我进行的心理暗示，如写日记及自言自语等；自助式心理激励，指的是同学可以肯定其他同学、鼓励其他同学，以此来为彼此的心理带来积极影响；自助式心理辅导是有心理辅导需求的同学也应是辅导者的身份；自助式心理训练，通过参加角色扮演或拓展活动演讲活动等提高学生的心理体验；自助式心理社团应该引导学生在社团活动中自主地提问、解决问题。

（2）自我教育的方式。在人类进行文化传承的过程中，无论是教育还是自我教育都是传承需要使用的手段，通常情况下教育是被动的，但是自我教育有明显的主动性、积极性，自我教育注重研究积极因素。人都具备自我成长的潜能，人能够自我修复挫折或者是困难带来的伤害，人在社会发展的过程中，基因当中的积极因素会被激活，逐渐成为能够影响人心理发展的积极因素，在积极心理因素的作用下，人能够形成积极的品质特征。积极心理学指出，心理健康教育需要做的是激发每个人的积极因素，对于环境来说，人是主动的决策者，而不应该是被动的反应者，人应该运用自己的智慧去选择。如果积极因素能够被调动，那么则可以预防心理疾病，人也会成为更加健康、积极的人。所以，积极心理学指出，应该注重自我的心理健康教育，调控自身的生理因素、心理因素，更好地认识、了解自我，以此实现对自我的超越。

（3）体验式的教学方式。体验式教学是教师应该为学生的学习创建适合的情境，以此来激发学生学习的主动性，转变学生的学习态度，由接受、被动转变成主动的创造，除此之外，还要在教学情境体验中学会战胜困难，调节消极想法，改正错误认知，培养他们形成积极的情感认知和正确的观念认知，让学生在教学活动中体会到学习的愉悦，实现学生的自主学习。例如，心理活动的主题可以由学生自主确定，以此满足学生的需求，帮助学生快速掌握心理知识、心理方法；在活动探究方面可以注重学生自信心、意志力的培养，帮助学生养成优秀的心理品质，调节情绪应对压力。

（三）积极心理学对构建大学生社会支持系统的启示

以往的教学过程中，普遍将大学生的心理问题和心理教育当作专职教师的职责，认为心理教育只是教师和学生之间的单向沟通，心理教育没有涉及家庭，也没有涉及社会，只是学校单方面的发展和建设，没有形成“家、校、社会”一体的大学生心理发展体系。积极心理学认为，环境不仅能够带给人生存经验，还会影响人的发展。无论是家庭环境还是社会环境，都对人的成长有着巨大的影响。学生的成长涉及的环境就是家庭环境、学校环境以及社会环境，如果想要进行心理健康教育，就需要学校、社会以及家庭的共同努力，只有三者建立了合作关系，积极地发挥各自的环境优势，才能够保证大学生心理健康发展。积极心理学指出，应该积极地呼吁家庭和社会加入心理健康教育中，建设完善的社会支持系统。

1. 家庭开展心理健康教育

社会由一个一个的家庭构成，个体也是在家庭环境中成长起来的，家庭环境对个体的心理健康发展有最重要的影响。精神分析学认为，人类早期的经验会对其后期发展产生巨大影响，有一些早期经验甚至会决定人的后期发展。大学生在进入大学生活之前，基本都是在家庭生活中成长起来的，家庭环境为他们提供了早期经验，父母性格及父母的观点会对其心理成长产生巨大的影响，而且家庭环境的影响是潜移默化的。因此，积极心理学指出，学校应该联合家长，让家长了解学校在心理健康教育方面的教学内容，了解学生的心理健康状况，加强沟通。除此之外，家长也应该承担起学生心理健康教育的责任，辅助学校共同开展心理健康教育。

2. 社会发挥心理教育功能

“积极心理学认为大学生心理健康教育，不仅靠学校和家庭的教育与培养，还需要社会的普遍关注和进行正确的舆论引导。”① 社会也应该发挥心理教育功能，社会大环境能够引导舆论的走向，社会应该始终坚持舆论导向的正确性，为学生心理健康的发展营造良好社会氛围，社会上的各种媒体是氛围营造的重要载体，媒体应该承担起引导舆论走向的责任，掌握好氛围的营造时间、营造力度，为大众提供健康和谐的社会氛围，始终让人们感受到社会生活的希望。

① 周旖．积极心理学视角下高校大学生心理健康教育研究．湖南师范大学硕士学位论文，2013：43.

第三章
大学生的自我意识与健全人格

第一节
大学生自我意识的发展

个体作为主体的“我”对自己以及对自己与世界、他人、周围环境关系的认识一直在进行，并贯穿人的一生。这些认识有的正确、有的不正确，有的客观、有的不客观，但都会对个体的心理健康和人生发展产生直接而深远的影响。我国著名心理学家林崇德提出的心理健康10条标准与自我意识密切相关：（1）了解自我，对自己有充分的认识，能恰当评价自己的能力；（2）信任自我，对自己有充分的信任感，能克服困难，面对挫折能坦然处之，能正确地评价自己的失败；（3）悦纳自我，对自己的外貌、性格、智能等个人特征和能力能愉快地接纳认同；（4）控制自我，能适度地表达和控制自己的情绪和行为；（5）调节自我，对自己不切实际的行为目标、心理的不平衡状态、与环境的不适应性，能作出及时的反馈、修正、改善和调整；（6）完善自我，能不断地完善自己，保持人格的完整与和谐；（7）发展自我，具备从经验中学习的能力，充分发展自己；（8）调适自我，对环境有充分的安全感，能与环境保持良好的接触，理解他人，悦纳他人，保持良好的人际关系；（9）设计自我，有自己的生活理想，理想与目标能切合实际；（10）满足自我，在社会规范的范围内，适度地满足个人的基本需求。这些标准不仅可以作为衡量个体心理健康水平的指标，也可以作为个人发展中自我意识健全和发展的方向。

一、 自我意识的形成与发展

（一）自我意识的形成

自我意识是人类特有的，但它并非与生俱来，是个体通过与环境中的他人进行互动而逐渐形成的。美国著名心理学家艾瑞克·埃里克森提出了人格的发展阶段论。他认为，人的心理发展持续一生，在人的成长和发展过程中，除了生理生长，还有心理及人格的发展，而个人的健全人格是在与环境的相互作用中形成的。他把自我意识的形成和发展过程划分为8个阶段，即婴儿期、儿童期、学龄初期、学龄期、青春期、成年早期、成年中期和成年后期。埃里克森认为，在人的发展的每一阶段都存在突出的、特定的矛盾或危机。如果完成该阶段的发展任务，就可以获得力量，顺利渡过危机，以此形成相应的积极品质，为下一阶段的顺利发展奠定基础，形成健全的人格，反之则不能（如表3-1所示）。

表3-1　埃里克森人格发展阶段论

	年龄	心理—社会转变期的矛盾	自我同一性发展任务
婴儿期	0~1.5岁	信任—怀疑	学习信任
儿童期	1.5~3岁	自主—羞耻	成为自主者
学龄初期	3~6岁	主动—内疚	发展主动性
学龄期	6~12岁	勤奋—自卑	变得勤奋
青春期	12~18岁	自我同一性—角色混乱	建立个人同一性
成年早期	18~25岁	亲密—孤独	承担社会义务
成年中期	25~50岁	繁衍—停滞	显示创造力
成年后期	50岁后	完善—失望、厌恶	达到完善

大学生正处于人格发展从青春期向成年早期过渡的阶段。在青春期，个体的核心任务是建立个人同一性，确立自我意识，形成自我角色。这一阶段的青少年对周围世界的认识水平不断提升，生活经验不断累积，对自己的言

行日益了解，会更加关注自己的内心世界，更加渴望认知自己的个性特点，进而支配和调节自己的行为。他们会经常思考自己是怎样一个人，自己在社会生活中扮演怎样的角色，把自己的过去、现在、将来进行一种内在联结，这就是角色同一。而来到成年早期，个体从对父母的依赖中解脱出来，更多地与同伴们互动，追寻友谊与爱情。这一阶段的个体渴望获得亲密关系，渴望能够与他人进行思想情感的交流，分享快乐，分担痛苦，相互关怀，相互帮助，并在亲密关系这个新的维度中通过新的观察和新的思考进一步认识自己，认识属于自己本质性的、重要的内容，如道德、品行、智慧、意志品质、综合能力等与他人的异同。

（二）自我意识的发展

通常而言，个体通过以下五个途径形成并拓展对自己的认识：

1. 通过他人的评价

俗话说："当局者迷，旁观者清。"一般情况下，他人从旁观者的角度更能对自己的能力、性格等给出清晰、客观的反馈。从他人的评价中，个体能够增进对自身的了解。例如，当教师告诉学生要更加主动、更加勤奋时，学生就能够从中知晓，自己的主动性和勤奋度不足。但在听取别人对自己的评价时，要边听边思考，不要一味地被他人意见左右，弄得自己无所适从。同时，要重视熟悉自己的人或者不止一个人都表达的对自己相同的看法和评价。别人对自己的高度一致的评价可以成为认识自己的重要依据之一。

2. 通过反射性态度和反应

在实际生活中，与自己关系并不紧密的人有时不会给出明确、清晰的评价，但个体可以通过对方的态度和反应来进行判断、认识自己。"镜中我"理论指出，自己感知自己和别人感知自己是一样的，镜子中的"我"和别人眼中的"我"都是感知的"象"，以别人的反馈为依据来看待自己的过程被称为反射性评价。

3. 通过内省

孟子曰："吾日三省乎己！"通过自我观察、自我分析、自我思考可以更清晰地认识自己。经常反省自己，检查得失功过，可以避免自我认识偏差。有意识地通过正念、冥想、内观、记日记等方式观察、记录自己的内心活动，感受自己的情绪情感体验，可以加深对自身特点的洞悉和了解。

4. 通过对自身行为的判断

自我知觉理论认为，当内部线索比较模糊或微弱的时候，个体会根据外在行为知觉自己。例如，学生可以通过自己在班级、学校的集体活动中所在的位置和起到的作用，或者自己的举止和表现来认知自己，当参加学雷锋、植树等公益活动时，学生会认为自己品行高尚，当身为活动的组织者、带领者时，学生会认为自己社会适应及组织能力较强。

5. 通过社会比较

社会比较理论认为，由于人们非常渴望准确地认识自我，因此，在没有明确的标准时，常常会将他人作为比较的标准。大学生在人生目标、生活态度、价值观念逐渐成形的过程中，通过社会比较可以帮助认清自己的优势和不足，为认识、了解和发展自我提供重要标尺，是个体认识自我的重要途径。合理正确的社会比较能够使自我得到优化和促进，但如果比较不当，不仅会引发消极情绪，还容易形成错误引导。正确的比较应当注意：（1）比较的对象是与自己相似的，具有可比性；（2）比较的目的和动机是恰当的；（3）比较的内容是广泛、综合、不受局限的；（4）比较还应注意到造成差异的主观条件、客观环境等因素。

二、 自我意识的结构

（一）知、情、意的自我意识

1. “知”的自我意识

“知”是自我认识，是自我意识的认知成分。自我认识是人对主观自我和客观自我进行的认知与评价，认知方式有自我感觉、自我观察、自我印象、自我观念、自我分析和自我评价等，认知内容包括认识自己的生理状况、心理特征以及自己与他人的关系等。自我认识主要回答的问题是：“我是谁?”“我是一个怎样的人?”“我为什么是这样的人?”如果自我认识的水平不高、能力不强，自我认识不清晰，不能以动态发展的眼光进行自我认识，容易导致误判自我，或自大，或自卑，从而导致诸多心理问题或人格障碍。

2. “情”的自我意识

“情”是自我体验，是自我意识的情感成分。自我体验是个体以自我认识为基础引发的内在主观体验，是主观的我对客观的我所持有的一种态度及情绪情感体验，包括自己对自己是否接纳、肯定、喜爱、尊重，并因此而体验到自信、自尊、自豪、自满、自责、自卑、优越感、羞耻感等。自我体验主要回答的问题是：“我对自己的现状满意吗？”“我能愉悦地接纳自己吗？”自我体验对个人的健康成长至关重要，人们从体验中获得的自我远远高于从理性中获得的自我，良好的自我体验有助于自我认识的完善和自我控制的发展，不自卑，不自傲，不自满，自信从容，为做错事而内疚，为做坏事而羞耻，从而自我监控，自我管理。

3. “意”的自我意识

“意”是自我控制，是自我意识的意志成分。自我控制，就是通过自我约束、自我管理、自我激励等方式调节、控制和管理自己的思想、言行、活动，以达到自我期望的目标，实现自我的人生规划，它包括自强、自立、自主、自制、自律等，主要回答的问题是：“我知道该干什么，不该干什么？”“我怎样控制自己？”“我要选择什么方法和途径去完成目标？”自我意识的最高层次和关键环节就是自我控制。一些大学生虽然想法很多但行动却难以跟上，只有加强自我控制才能实现知行合一。对自我控制能力的培养不是一朝一夕就能形成的，大学生历练意志品质需要更多的自我控制，调节自己的行为，使行为符合群体规范，符合社会要求，符合个人期望。

（二）生理、心理、社会的自我意识

1. 生理自我

生理自我是自我意识最本初的形态，是个体对自己的身体状况、生理特征的认识和体验，以及对自己身体所产生的支配感、占有感、爱护感。这些认识和体验能使个体意识到自己的存在是依托于自己的躯体的。生理自我包含个体对自己性别、体态、容貌、体能等生理状态的认知和对温饱、劳累、病痛等躯体状况的体验。随着个体的成长和发展，会对生理自我形成更多正确清晰的认识，且在人生发展的不同阶段对生理自我的关注会有所不同。

2. 心理自我

心理自我是人们对自己的心理品质、性格特点和心理属性、心理活动的意识，是对包括属于自己的思维、感知、智力、情绪体验、动机、需要、价值观、气质、性格等内容在内的认知与体验。随着个体的成长和发展，自身的知识、情感、兴趣和能力也在随之变化或提高，能够逐渐适当地评价心理自我、体验心理自我。

3. 社会自我

社会自我是人们处理自己和外界客观事物之间关系的意识，包括个体对自身所处的不同的客观环境和不同的社会关系中的角色、作用、权利、义务、地位等的认知、评价和感受。这些认知、评价和感受会随着个体的成长而发展，并逐渐合成社会自我的骨架和灵魂，出现对社会的义务感、责任感。

三、 自我意识的功能

（一）影响目标性行为的持续性

人是一种社会性动物，人的行为受很多社会情境因素的影响，但人又具有独立的思想和性格，其行为与自我认识、自我评价、自我控制关系密切。个体如何看待和理解自己决定着个体的行为方式。例如，有积极自我意识的学生，其学习的动机、投入度和自律自控都要优于消极自我意识的学生。自我评价较低的学生在遇到挫折的时候，可能放弃目标的实现，放纵自己的行为。自我意识是人的自觉性和能动性的前提，对自我教育和目标性行为有推动作用。具体机制表现为两个方面：一是自我意识的发动作用；二是自我意识的制止作用，即支配某一有助于实现目标的行为，或抑制与目标无关或有碍于目标实现的行为，以期实现想象自我。

（二）影响个体对经验的解释

不同的人可能会有相同的经历并获得相同的经验，但每个人对同一事件的理解与评价却会出现巨大差异，这是因为解释经验的方式与个人的自我意识密切相关。例如，积极自我意识占主导的学生，在取得好成绩后会倾向于认为这是自己努力的结果，是对自己能力的证明和肯定，成就感和满足感会相对较强；而消极自我意识占主导的学生，即使在取得同样的好成绩时也会倾向于认为自己只是运气好，与自己的努力、能力没多大关系，因此成就感和满足感也比较弱。消极自我意识占主导时，任何一种经验都可能与消极的自我评价相关联，从而产生消极的自我体验；相反，积极自我意识占主导时，任何一种经验都有可能被赋予积极的意义。

（三）影响个体期望水平

自我意识影响个体对未来的期待。“这是因为，个体对自己的期望是在自我意识的基础上发展起来的，并与自我意识是相一致的，其后继的行为也取决于自我意识的性质。”① 自我意识是改造和提升自身主观因素的重要途径。自我意识中理想的我是个体从现在的我的立场出发，规划自己将来应当成为怎样的人，是个体关于自身的追求目标和对未来的期望，它能使个体不断地自我监督、自我完善，从而对个体的认知、情感和意志行动都有很大影响，是个体行为的动力。

（四）影响人格的发展和人格的稳定性

1. 影响人格的形成和发展

人格的形成和发展受遗传和环境两方面的共同作用，在二者相互作用的过程中，个体正是基于自我意识对自我的原初属性进行管理和调节，同时也对环境进行影响和改变。环境作为外因对人的影响具有被动性和均等性，而自我意识作为内部重要的中介机制制约着环境对人格的形成和发展所起到的影响作用。逆境可以使人消沉，但也可以通过积极的自我调节使自己变得更加坚强有力，从而发展人格的强度和韧性。人就是这样在环境中通过不断的自我评价、自我体验、自我监督、自我实践，以求人格的自我完善和对环境形成影响。

2. 影响人格的稳定性

自我意识障碍是导致人格异常、心理失常的重要原因。精神医学实证证明，人格分裂、精神病患一般都有自我意识障碍。例如，抑郁症患者通常自

---

① 赵菊，李燕．大学生心理健康教育．武汉大学出版社，2017：36.

我评价过低，自责、自罪感强烈，而躁狂病人往往是自我评价过高。自我意识的发展水平与人格的稳定性呈正相关。自我意识的混乱和冲突常常导致心理的失常。自我意识的同一性遭到破坏，没有了意识与行为的统一，人格也将瓦解，失去发展的连续性和稳定性。

四、 大学生自我意识的特性

步入成年早期阶段的大学生，经过在青春期个人所积累的成功或失败的生活经验以及对这些经验的反思，生理和心理变化很大。例如，他们的思维更加发散、更有想象力、对外界更加敏感、对自我认识的渴求度明显提升等，因此，他们会更加关注自己，关注自己内心的变化，渴望独立，重视名誉，张扬个性，对于涉及前途、理想以及异性交往等方面的问题，都容易引起大学生的关注和强烈的自我体验。

经由分化和整合、探索和实践，个体的自我意识会在成年时期逐渐形成。大学生正处于这一发展过渡时期，他们的自我评价在逐渐趋于客观、全面，自我设想更加丰富、理性，自我调整和控制能力也在进一步提升，主宰自己命运的需要更加强烈，并希望能显示出自己是生活的强者。也因此，大学生不希望别人横加干涉，他们可以初步独立地看待权威、分析集体和社会，独立地进行自我反省，从而调节、控制自己的行为。如果在学习和生活中受挫，如受到批评或遭到冷遇，处理不当时可能会引发反感与嫉妒。

由于“理想的我”与“现实的我”必然有出入和落差，“主体的我”与“社会的我”也难免时有碰撞和冲突，大学生在自我意识发展中也存在着种种矛盾，而大学生自我矛盾的加剧也将随着经验的积累、他人的态度、外界的评价和个体在社会中角色的变化、承担责任、履行义务而促进自我的形成和统一。大学生自我认知的发展和明显的自我分化造成新矛盾出现，可以随着大学生经历的事情越来越多，在思想和行动上逐渐协调统一，并最终化解矛盾。大学生群体与其他同龄群体相比较，生活阅历和学习经历的特殊性使自我意识也具有独特性，具体表现在以下三个方面：

（一）时间上的特性

时间上具有延缓偿付期，具体指有些年轻人在生理和心理上没有做好承担社会义务的准备，他们需要一段时间，或者外界必须要给他们一段时间。这里讨论的心理延缓偿付期，是指对成人承担义务的延缓，然而它又不仅仅是一种延缓。作为大学生，可以利用这一段时间触及各种人生、思想、价值观，尝试着进行选择，经过多次尝试、反复循环，从而确定自身的人生观、价值观和职业理想，确立自我同一性，最终融入社会，进而适应社会。

大多大学生缺乏独立性，生理上并未成熟，经济上依赖父母，未踏入社会的他们思想存在滞后性。按照年龄要求，大学生应该具备独立和自立的能力，然而，大学生主要在校园生活，导致他们在心理和思想上不具备承担社会责任和义务的能力，在时间上有延后性。时间上的延后使大学生可以有更多时间思考人生、提升自身能力，并树立正确的人生观与价值观。

（二）空间上的特性

空间上的特性主要表现为空间上的“自主性”。目前，大学生学习环境的文化背景更加多元化，互联网为大学生提供了更广阔的空间、更平等的学习权利和更自由灵活的学习方式。东方文明与西方文明的交融互鉴影响着大学生自我意识的形成和发展。第一，大学生的家庭背景、生活方式、接受的文化以及自我价值与追求均不相同。在生活和学习中，他们相互交流、相互学习、包容互鉴；他们在每次沟通中彼此影响，这有利于新自我的形成。第二，大学具有包容性，汇集了不同的文化。大学生在多种文化体系中学习和生活，必然会受到不同文化的影响，甚至会与自身建立的价值体系发生冲突。大学新生更为明显，他们从以前的文化环境进入崭新的文化环境中，需要通过提升思考能力和自制能力更新或重塑以前的价值观念和文化素养。

（三）发展不平衡性

大学生的生理和心理状态与社会对他们的要求还不匹配，主观自我与他观自我还未完全统一，这些都影响大学生自我意识的形成。导致不平衡和滞后性的原因包括：第一，大学生的人生观、价值观和世界观尚未定型，受外界的影响较大；第二，大学生的自我意识尚在发展阶段，大学生刚入学和毕业时对同一件事的看法和态度可能会有很大的差异，大学生在学习、生活和社会历练中会逐渐形成稳定、完善的自我意识；第三，处于青年初期的大学生独立性尚不完善，虽然脱离了家庭展现出了形式上的独立，但面对还需要来自家庭的经济支持，面对独立生活的复杂性和许多实际问题，大学生在一定程度上还缺乏独立的能力。这些都导致自我意识发展中不平衡性和滞后性的出现。

五、 大学生自我意识的发展

自我意识的培养是要引导大学生在社会要求的指导下正确认识和评价自我，积极肯定自我并与外界保持协调一致，完善自身个性、思考自身价值，不断发展和完善自我。培养自我意识的基础是全面认识自我。能够全面、客观地认识自我，且具有内省意识的人可以准确、积极地评价自己，促进理想自我与现实自我的统一，确立恰当的人生目标并为之努力奋斗，积极进取、永无止境。因此，大学生应拓宽生活学习和交往的范围，积极参加活动、参与实践，从而找到多种参考系，全方位、多角度地认识自我，体验自我，并与自我控制协调一致，做到不卑不亢、不骄不躁、不屈不挠，充分发挥自身优势和智慧，通过自己的努力实现人生价值。促进大学生自我意识的发展，可以从以下方面着手：

（一）积极的自我认知

一个人的自尊、自信、自我价值感均来自以积极的态度认知自我，自卑则来自以消极的态度拒绝和否认自我。自卑者通常都会片面地看待自身缺点并夸大缺点，甚至全盘否定自我的存在价值，这会为自我意识的发展形成巨大障碍。“积极”意味着自己对自己的认可、肯定、接纳和支持，对自我的积极认知具体可以表现为以下方面：

1. 自我评价积极而准确

积极的自我评价是自尊、自信、自我价值感由来的关键。每个人身上都同时存在优点和缺点、长处和限制。积极悦纳自我，就是要充分发挥自己的长处和优点，对待缺点和限制也不要灰心，正确理解对完美的追求，明白怎样去调整、改善缺点和限制。通常情况下，人的缺点分为两种：一种是习惯、性格等方面的，如缺乏毅力等，这是可以改变的；另一种是生理缺陷方面的，这是很难改变的。无条件地接受属于自己的一切，无论是优点还是缺点，是可以改变的还是很难改变的，勇敢去面对，以积极的态度认识并接纳，特别是一些生理上的缺陷，就更应该从内在入手，通过提高修养和学问来培养内在美，弥补缺憾和不足。

2. 正确对待挫折和失败

在人的成长过程中，失败在所难免。正确对待学习和生活中的挫折与失败，不断总结经验教训，不过分苛求自己，努力提升个人能力，才能走出困境，并最终实现人生理想。失败与成功往往被我们理解为一枚铜币的两面，要么获得正面的成功，要么遭遇反面的失败，但生活往往比铜币复杂且多维，只要了解这枚铜币本身是假造的，问题就解决了。对待挫折和失败，我们的逻辑不应该是“你不成功，你就失败”或“你失败了，就完蛋了”，挫折和失败也许会带给我们尴尬，甚至羞耻，损害我们的自我价值感，但从另一面看，挫折和失败本身只是一个经历，只要我们懂得从经历中去搜寻正面的意义和价值，就能化解挫折和失败所带来的伤痛，自我接受，发展健康的自我意识。

（二）真实的自我体验

在自我意识培养和发展的过程中，高能力感和高效能感不一定是最重要的，学会尊重自己，感知自己真实的体验，珍惜自己的独特性，不为讨好他人、迎合他人而去做事，才是形成真实的自我，活出本真的状态，实现自己的人生目标，不囿于物、不乱于心的基础。

1. 坦诚地面对自己

努力体验生活的全部内容，在经历中去探索什么样的生活是自己最想要的，最有价值的，深层次地体验自己的情感，无论这些情感是积极的还是消极的，然后珍藏每一个宝贵的经历。

2. 体验并珍惜当下

关注此时此刻，此情此景中正在发生的事情，生活在当下的现实的空间里。无论是愤怒还是恐惧，是痛苦还是悲伤，不要逃避，而是去体验并理解，在每一个当下坦诚地面对自己的情感，并由此获得对爱和快乐更生动更深刻的体验。

（三）合理的自我控制

自我控制是指个体自主而定向地改变心理品质，调节行为，使个人价值和社会期望相匹配，使理想自我向现实自我相统合的心理过程，它可以发动或制止特定的行为，如制订计划、完成任务，又如克制冲动、抵制诱惑，它是大学生健全自我意识、实现自我完善的根本途径。

太多的大学生对自己抱有很高的期望，却没有做出合理有效行为的自我控制力量，从而无法实现自我期望。尤其是那些遇到挫折便自怨自艾、自暴自弃的学生更是因为无法调节因自我效能感受损而引发的消极情绪，偏离了健全自我意识和自我实现的轨道。

1. 合理约束、规范自己的行为

在全面、正确认知自己的基础上，根据自己的实际水平，联系社会需要和要求，定位理想自我，制订完善的行动计划，合理约束、规范自己的行为，使自己的行为有条不紊，避免盲目性，并严格遵照执行，以期实现个人目标。

2. 培养健全的意志品质

坚强的意志品质是个体能否对自我有效控制的关键。在践行奋斗计划、实现人生目标的长足过程中，需要刻苦努力和辛勤工作。一味地压制欲望，或单纯而执着地奔赴目标，不利于长远。在枯燥沉闷之中设计一些消遣和娱乐，将宏大的目标分解成一年、一月、一天，乃至一个小时的小目标，达成目标，及时奖励，再通过延迟满足，拓展目标达成的时效，以此培养行为习惯，是优化意识品质行之有效的方法。

（四）努力进行自我完善

自我完善是指个体在认识自我、悦纳自我的基础上，自觉主动地制订目标、调节状态、规划行为、塑造个性，使自身全面发展，以适应社会的要求，实现人生的价值。

1. 树立正确的理想自我

树立正确的理想自我，根据个人的特点和社会的需要来确立发展目标。通过积极地探索来理解人生，从个体与社会的联系中认识人生的意义，从而敢于相信自己的感觉和判断，如果感到一件事应该去做，就去做，不完全屈从于社会的要求，而是敏感于自己的兴趣、价值观和需要，坚信自己的看法和选择。

2. 认真进行自我探究

认真进行自我探究，获得自我统一。自我统一是“主体我”和“客体我”的统一，是“现实的我”与“理想的我”的统一，也是自我认识、自我体验和自我控制的统一。大学生在追寻自我统一的过程中，首先正确认知并分析自我，对理想的可行性进行判断；然后制订计划，解决理想与现实之间的矛盾，在实践中获得自我统一。

自我意识的培养与发展是一个渐进的过程，对个人潜能开发具有积极的促进作用。大学阶段是自我意识培养与发展最重要的阶段，正确认识自我意识的特点，对引导大学生全面认识自我、积极接纳自我、努力完善自我具有至关重要的意义。

第二节
大学生自我意识的培养与训练

大学生自我意识的形成与确立，发展与培养，需要科学的教育与引导，并辅之必要的心理技能训练，才能支持并帮助他们走向心理的成熟与稳定。

一、 探索与拓展自我认识的心理活动

自我认识是指个体对自己的认知和评价，它决定了个体的基本生活态度和行为选择。个体对于自我的存在和发展、自我的特征和属性等相关认知是一个渐进发展的过程，一开始是比较模糊朦胧的，只有在经过不断地思考学习和试错实践之后，对于自我存在感才会渐渐明朗清晰。

（一）20个“我”

通过20个“我”心理活动，可以深入探索个体对自我心理的认知状况。

具体操作是引导学生自由联想并书写20个以“我”开头的陈述句，并强调这些句子是为自己而不是为别人写的，按照自己思考时的顺序写下即可，不必考虑其中的重要排序或逻辑关系，并说明活动的目的在于通过对自我相

关的各种信息进行澄清和分析，从而更好地认识自我。

待学生完成以后需要带领学生进行评析思考，可以从以下方面进行：

1. 以生理自我、心理自我、社会自我为维度进行分类评析

20个“我”中哪些是关于身体状况的，如身高、年龄、高矮胖瘦等；哪些是关于情绪、性格及才智状况的，如聪明的、慢半拍的、开朗活泼的、乐观的、静不下来的、容易冲动的等；哪些是关于社会关系状况、与他人的关系、对他人常持有的态度和原则的，如乐于助人的、爱交朋友的、坦诚的、孤独的等。

2. 以积极自我、消极自我为维度进行分类评析

20个“我”中哪些是积极的，哪些是消极的，如果积极的陈述数量大于消极的陈述数量，说明该生的自我接纳状况良好；相反，如果消极的陈述数量将近一半甚至超过一半，说明该生的自我悦纳度不高，自尊自信的程度较低，需要进一步内省问题的根源。

3. 以现实自我、理想自我为维度进行分类评析

20个“我”中哪些是现实的，哪些理想的，哪些是空想的，比例是否平衡。

4. 探索从哪里开始感到下笔困难

越早感到下笔困难，说明心里对自我认知的储备资源越有限，但同时也说明这将成为深入探索自我的一个重要契机。

5. 引导并鼓励学生与伙伴交流

当学生完成练习，教师可以引导并鼓励学生从写完这些句子有何感受、对自己有什么新的发现等方面与同学展开分享交流。

（二）为未来的自己画像

“你现在站在哪里并不重要，重要的是你下一步走到哪里。”引导学生创作未来的自己的画像，再通过借代、比喻、意向等方法探索人物像的面部特征、情绪特征及其他特征，表达对自己未来发展的展望。

（三）别人眼中的我

引导学生分别写下父母眼中的我、亲戚眼中的我、老师眼中的我、同学

眼中的我、朋友眼中的我、知己眼中的我、恋人眼中的我等具体内容，通过分析别人眼中的我，更好地认识自己。

二、增进自我价值感的心理活动

个人的行为和实践活动能否满足自身的需要，以及满足需要的程度，取决于个体的自我价值感。自我价值感高的人，会倾向于认为自己是一个有价值的人，无论是否拥有名望、地位、权力、财富，自己的重要性和独特性都毋庸置疑。自我价值感反映一个人的自我悦纳程度，将直接影响个体的自我评价和自我体验，促进个体的自我实践和自我完善。

（一）生命线

活动开始，请同学准备一张纸，并在这张纸上画一条线段，这条线段代表着自己的生命，即一条生命线。

指导语可以是：从这条线段的最左端“0”开始，代表你生命的起点；这条线段的最右端即你生命结束的时候，你需要估写一个数，代表你希望活到的年龄。然后在线段上按比例依据你现在的实际年龄取一个点，并且标上数字。现在这条线段分为了左右两段，左边是你已经活过的岁月，右边是你未来想活的岁月。现在你可以思考在你已经活过的岁月中有哪些令你印象深刻、对于你来说尤为重要的事？选取三样写在左边的线段上。在你未来想活的岁月中，你最期待实现的目标有哪些？确定三个写在右边的线段上。

写完以后，引导学生安静地体验自己的感受，并进一步探索自己选择记录的往事是令人自豪荣耀的，还是令人挫折难堪的；自己选择记录的期待属于理想还是空想。人无法改变过去，但却可以通过自己的努力开创未来。在过往与未来的对比澄清中帮助学生更好地认识自己，进一步探索自我价值，增强自我价值感。

（二）红色轰炸

成功始于自信，这个道理很多人都知道，但并非人人都能做到。当艰巨的任务摆在面前时，我们能够充满信心地勇敢上前吗？当经受了多次挫折后，我们仍然能对自己最终的目标一如既往吗?

活动开始，教师让学生围坐成一圈，请任意一位学生先坐到圈中间，由其他学生轮流说出他的优点，对他进行“红色轰炸”，优点包括但不限于性格、相貌、在团队中发挥的作用、处事的方式等方面。一轮轰炸完成，依次调换学生坐到圈中间。教师需要说明这项活动的目的在于训练学生善于去发现他人的优点并欣赏他人，同时促进学生之间的相互肯定与接纳。

活动流程结束后学生之间还可以交流分享，如你更习惯于审视他人的优点，还是缺点?他人的评价和赞赏与你自己的认识是否有出入?你是如何了解一个人的个性特征的?性格的态度特征、性格的意志特征、性格的情绪特征、性格的理智特征对我们应对客观现实世界有着怎样的影响?有怎样性格特征的人通常被我们认为是自信的?一个人如何有意识地进行自我修炼，培养自己良好的性格，改造消极的性格?以此深化自我意识，提高自信心。

(三) 自我赋能

一个有魅力的人一定是一个善于自我鼓励、自我肯定，勇于自我接纳、自我完善的人。教师可以列举尽可能多的正向评价，同时也可以邀请学生集思广益，记录更多的正向评价：

“我是一个亲切的人。”

“我会关心他人。”

“我对他人有善意的看法。”

“我做事效率很高。”

“我的判断力强。”

“我很勤勉。”

“我是一个诚实的人。”

“我有耐心。”

“我慷慨大方。”

“我善于捕捉快乐。”

“我愿意接受别人的意见。”

“我动手能力强。”

“我有多项才能。”

“我的体型姿态很好。”

“我跟别人相处友好。”

“我是一个乐观的人。”

“我会赞美鼓励别人。”

“我善于倾听。”

“我喜欢为别人服务。”

“我精力充沛。”

“我有勇气战胜困难。”

“我愿意与别人合作共赢。”

……

诸如此类，越多越好，越全面越好。要求学生在上面的叙述中以数字 1~5 给自己评分，其中，“完全是”计 5 分，“比较是”计 4 分，“一般”计 3 分，“比较不是”计 2 分，“完全不是”计 1 分。分值越高，自我评价就越高。教师还可以引导学生找一位或数位比较了解自己的好朋友彼此分享，听听彼此的判断和不同的认识，学生是否会低估自己的优势呢？

这项活动是通过对自己的积极面和优点长项的赋值起到为自己赋能的作用，发现并挖掘自己的长处与优势，坦然面对并接纳不完美的地方，正确认识自己，积极肯定自己。

第三节

大学生人格的发展与影响因素

一、 人格的特性与结构

人格是一个人思想、情感及意志、行为的特有模式，是一个人区别于其他人稳定而独特的心理品质的统合。对于这个定义，可以从两个方面来理解：一是人格是心理行为模式。换言之，人格是由个体内在的心理特征与外部的行为方式构成的，它不是单一的心理特征和行为模式，而是这些心理特征和行为模式相互作用而形成的有一定组织和层次结构的模式。二是人格不是生来就有的，而是在先天遗传素质的基础上通过后天环境的相互作用形成的。遗传因素是人格形成的重要基础和必要条件，而后天环境使遗传的基础作用得以发挥和实现。并且两者的作用不是简单的相加，而是复杂的相互制约、相互作用，共同影响着人格的形成和发展。

（一）人格的特性

1. 整体性

人格是人的全面的心理面貌，是相对稳定且统一的整体结构。它由多种特质构成一个有机整体，相互联系、相互影响，受到自我意识的协调控制，具有内在一致性的特点。如果这些特质彼此割裂，人格的整体性丢失，便不能将外界经验链接整合到自身的人格结构中，同时，特质之间也不能实现整合统一。

2. 独特性

“世界上没有完全相同的两片树叶”，世界上也没有人格面貌完全相同的两个人。即使是同卵双生子，他们的人格面貌也不会完全相同。大学生的人格是在遗传、环境、教育、经历等先天、后天因素的交互作用下形成的。由于不同的遗传因素、环境因素作用，形成了各自独特的人格特点。这些特点的多样性和组合的多样性，导致了人与人之间在人格方面的差异性和独特性。

3. 稳定性

人格特征一旦形成就相对稳定，正所谓“江山易改本性难移”，想要在短时间内改变个体的人格特征是比较困难的。人格的稳定性使得个体在不同时空、不同情境、不同对象上都体现出来相对一致的心理倾向和心理特征。个体在行为中偶然表现出来的心理倾向和心理特征并不能代表他的人格。正因为人格具有相对稳定性，才会形成人与人之间心理上的差异性和独特性，人们才能根据各人不同的人格特征，把一个人与另一个人区分开来。

4. 生物性

人格的形成和发展受生物因素的制约与影响。生物因素主要指神经系统活动的特点、遗传的生理特点等。人的生物因素虽然不能预定人格的发展方向，但却是人格形成的基础，影响人格的发展方向及难易程度。

5. 社会性

人在出生之时只是一个生物学意义上的个体，而出生意味着从一个简单的生理环境进入了一个复杂的社会环境之中，就需要不断学习和掌握所处社会的行为道德规范、价值观念、信念体系、社会风俗等。如果离开了人类的社会生活，人的正常心理就无法形成和发展，社会生活对人格的形成和发展起着决定性的作用。

（二）人格的结构

人格是由不同成分构成的一个结构系统，这些成分从不同侧面反映了人格的整体面貌。人格结构系统包括气质、性格、自我调控三个方面。

1. 气质

气质这一概念与人们平时说的“脾气”“秉性”或“性情”相似。“气质是指人先天就有的、典型的、表现在心理活动的强度、速度、灵活性和指向性等方面的稳定的心理特征。”[①] 人的气质是与生俱来的，受神经系统活动过程的特性所制约，是心理活动动力特征的总和。

气质在不同情境、不同活动中都会表现出来，而气质特点的不同组合就构成了不同的气质类型。古希腊医生希波克拉底认为，人体内含有四种体液：血液、黏液、黄胆汁、黑胆汁。这四种体液的组合形成了人体的特质，即血液占优势称为多血质，黏液占优势称为黏液质，黄胆汁占优势称为胆汁质，黑胆汁占优势称为抑郁质。

（1）多血质，神经系统的基本特性是强而平衡、灵活，气质特点主要表现为情绪发生迅速、不稳定、易变、灵活性强、兴趣易转移，情感体验不深刻，但敏感，外倾明显。这种气质类型易形成的优点是：做事待人积极主动、活泼开朗、善于交际、适应性强；反应迅速、动作灵活、思维敏锐、领会问

① 张冬梅，谷丹．大学生心理健康教育．北京邮电大学出版社，2018：120.

题快；易形成的缺点是：轻率、散漫、做事有始无终、疏忽大意、自我评价过高。概括起来，整个心理活动以灵活而善变为主要特征。

（2）黏液质，神经系统的基本特性是强而平衡，但不灵活，气质特点主要表现为情绪迟缓、平静、不易激动、很少发脾气，情感发生缓慢、心境平稳、沉着，情感不易外露、易抑制。这种气质类型易形成的优点是：勤勉、坚韧、自信、实事求是、自制力强，胸怀宽广、耐心、稳重；易形成的缺点是：萎靡、迟钝、消极、怠惰、对人对事漠不关心、冷淡顽固。概括起来，整个心理活动以沉静而抑制为主要特征。

（3）胆汁质，神经系统的基本特性是强而不平衡，气质特点主要表现为易兴奋、精力旺盛、热情直率、行为易冲动。这种气质类型易形成的优点是：坚强的毅力，主动而热情，直率、积极、敏捷、果断、精力旺盛、有独创精神；易形成的缺点是：性急暴躁、缺乏自制、易怒、易冲动、粗暴、爱生气。概括起来，整个心理活动以兴奋而迅速为主要特征。

（4）抑郁质，神经系统的基本特性是弱而不平衡，气质特点主要表现为情感发生缓慢、不易动情、比较平静，情绪体验深刻而持久，感受性高、易神经过敏，情感脆弱、隐蔽。这种气质类型易形成的优点是：温顺、委婉、细致、敏感、坚定、能克服困难、富有同情心；易形成的缺点是：伤感、沮丧、忧郁、敏感多疑、深沉悲观、缺乏自信、怯懦、孤僻、病态地体验委屈情绪。概括起来，整个心理活动以敏感而压抑为主要特征。

以上四种气质类型体现出人们四季般的天性，给每个人的整体心理活动都蒙上了一层独特的色彩。但事实上，单纯属于某一种气质类型的人并不多，生活中更多的是几种气质类型的特点兼而有之的人，不同气质类型的不同特点相互混合、渗透，相互影响、协调，从而形成一个人独特的气质倾向。

气质是人的天性，并无好坏优劣之分，没有所谓最完美的类型，每种气质都有其利的一面，也有其弊的一面。它没有社会道德评价含义，不能决定人的社会价值。任何气质的人，既可能成为具有杰出才华的人，也可能成为平庸无为的人。

2. 性格

性格是指大学生对现实的态度和习惯化的行为方式，是与社会互动相关性最为密切的一种人格特征。性格体现在人的行为举止中，影响工作、学习以及生活的方方面面，体现出个体对周围世界和现实的态度、决定个体的活动方向和行为反应。性格在个人的人格系统中处于核心地位，它是个人区别于他人的最主要的稳定的人格特征。

相较于气质而言，性格没有天赋性可言，它是在后天的环境熏陶和社会教养中潜移默化形成的。性格是有好坏优劣之分的，它体现了一定的道德风貌和处事风格，具体地反映出一个人的世界观、价值观和品行修养。例如，助人为乐、善良热情、果断坚毅、虚心谦逊等体现了好的性格品质，而自私自利、唯利是图、冷酷无情等体现了不良的性格品质。

性格是复杂结构的统一体，包含多种多样的性格特征，具体由性格的态度特征、性格的意志特征、性格的情绪特征和性格的理智特征四种类型的特征组成，它们相互联系、相互依存、相互制约，构成一个完成的结构系统，人与人性格的差异就体现在这四类特征的不同表现上。

（1）性格的态度特征，是大学生性格的主导方面。表现在大学生对自己、对他人、对集体、对社会各自不同的态度上，表现在大学生对工作、对学习、对生活、对事物各自不同的态度上，这些态度上的差异会直接影响大学生的为人处世，如热爱祖国、关心集体、诚恳、正直、富有同情心、自强自律，又如粗心、懒散、浮躁、自卑等。

（2）性格的意志特征，是大学生在调节和控制自己的心理活动和行为方式时表现出来的心理特征。体现在对行为目标的明确程度、对行为进行自觉调控的水平能力、在紧急或困难条件下表现出来的意志品质和在贯彻执行决定上表现出来的特征等，如独立、果断、顽强拼搏、勇敢坚强、持之以恒，又如依赖、软弱、盲目、易受暗示、我行我素、见异思迁等。

（3）性格的情绪特征，是大学生对情绪的控制所具有的某种稳定的特点。体现在对情绪活动的控制、情绪的稳定性、情绪的持久性和主导心境等方面的特征，如镇定沉着、心平气和、恬静安宁、兴趣持久、激情深厚、精神饱满、斗志昂扬，又如喜怒无常、情绪化、郁郁寡欢等。

（4）性格的理智特征，是大学生表现在认识过程、理智活动等方面的特征。体现在感知、记忆、思维、想象力等方面的性格特征，如精确细致、独立思考、深思熟虑、具有批判意识、有创新精神，又如粗枝大叶、因循守旧、被动再造、想象狭窄等。

如上所述，一个人的性格特征是复杂多维的。每个人的性格特质并非由各种特征简单地叠加堆砌起来的，而是依照一定的秩序方式，以一定的结构有机结合的一个组织系统。我们要观察和了解一个人的性格，不可孤立、片面地下定义、做结论，而是应既尊重性格的稳定性与独特性，又意识到性格的可塑性与发展性。只有充分了解性格的结构及特性，才能全面地把握自己及他人的性格特征。

3. 自我调控

自我调控是人格结构中的内控系统，分为自我认知、自我体验、自我控制三个子系统，其核心是对人格的各个部分进行统一控制，以保证人格的完整、和谐和统一。

自我认知是对自身的认识、理解和洞察，其中包括自我观察、自我评价。自我观察是指对自身的感知、意向和所思所想的觉察；自我评价则是指对这些觉察的理解，以及对自身的想法、期望、行为、人格特征的评估、判断。自我调控的基础是自我认知。如果大学生没有正确的自我认知，就不能对自身进行准确的自我调控。例如，人过高地评价自己，就会盲目自信与自大；反之，如若只看到自身的不足，就会产生自卑心理。

自我体验是伴随自我认知而产生的内心体验，是自我意识在情感和态度上的体现。例如，人们对自身做出消极评价时会产生自卑感，反之，作出积极评价时，则会形成自信、自尊感。

自我控制是完成自我意识调配作用的关键，是自我意识在意志行为上的体现。譬如，当大学生认识到学习对自身的发展有着重要作用的时候，他们在行为上则会体现出坚持不懈的状态。

二、 大学生健全人格的影响因素

良好人格的塑造和培养是个体成长与发展的关键，个体的人格不是先天生成，而是在后天与社会环境的相互作用下形成的。在一个人人生发展的历程中有许多因素会影响人格的发展，如家庭、学校和社会实践等因素，在先天、后天因素的共同作用下完成人格的塑造。大学生健全人格的影响因素包括：

（一）生物遗传因素

先天的生物遗传因素主要是指那些与生俱来的生理特征和神经活动特点，它是人格发展的生物学基础，对人格的形成与塑造有重要的影响作用。其影响的程度和作用的大小因特征性质的不同而不同。通常在记忆能力、智力、气质、活动水平等与生物因素关系密切的特征上，遗传因素的影响作用较大；而在价值观、信念、性格等与社会因素关系密切的特征上，后天的教育和环境的影响作用更大。人格发展的过程是生物遗传因素与教育环境因素交互作用的结果，单纯的遗传因素仅预示着某种潜能，影响着人格发展的方向及相应特征形成的难易。

（二）家庭环境因素

在人格形成的过程中，环境起着至关重要的作用，环境的涵容和支持是个体潜能得以显现的必要条件。宏观的社会环境，如社会制度、经济基础、文化氛围等，作用于人格中某些一般和普遍的因素；而微观的环境因素和人际关系，则造就了人格养成的千差万别。家庭作为个体的首个成长环境，涵盖了个体人格形成过程中最主要的阶段。

1. 家庭的内部结构

家庭提供给个体不同的成长环境，家庭成员间尤其是父母间的相互关系极大地影响着个体人格的养成与塑造。和睦的、相互尊重、相互理解、相互支持的家庭氛围，有助于个体健全人格的形成；争吵、猜忌、隔阂、关系破裂的家庭氛围，会使个体形成不良的人格特质，如易怒、烦躁、自控力低、自卑、冷漠、孤僻、怨恨等。

2. 家庭教养态度

父母不同的教养方式造就了具有不同人格特征的孩子。例如，权威型教养方式容易使个体形成消极被动、胆怯顺从或叛逆固执、古怪极端的人格特征，做事欠缺主动性，欠缺自律能力及明辨是非的能力；放纵型教养方式容易使个体形成任性、幼稚、独立性差、唯我独尊的人格特征，无法融入集体，情绪容易冲动；忽视冷漠型教养方式容易使个体因体验不到温情温暖而变得冷漠、执拗、残忍，甚至具有严重的攻击性与反社会性；民主型教养方式则有助于培养个体具有乐观、独立、自信、包容、有礼、乐于交往、富于合作等积极的人格品质。

3. 个体的出生顺序

出生顺序即家庭排行，它对个体人格形成的影响作用也不容小觑。拿家庭中的第一个孩子举例来说，一般而言，长子（女）在一开始占有了家庭中全部的养育资源，优越感很强，父母生他（她）的时候最年轻，身体更健康，也更乐于投入更多的时间、注意力及情感的滋养，而随着其他孩子的出生，他（她）也最容易感受到原有优势和地位的变化，因此更容易焦虑，容易紧张。研究发现，长子（女）的人格特征多偏保守，缺乏自信，进取心不强，易受暗示，不善于表达情感，缺乏安全感，这是由父母对他（她）的关注和态度以及他（她）在家庭中的地位及享有资源的变化所决定的。

（三）学校环境因素

学校是个体学习生活的重要场所，它不仅担负着通过正规、系统的教育使个体学习和掌握科学文化知识，发展智力的重要职能，还担负着培养具有正确世界观和健全人格的人才的重要职能。学校环境因素对个体人格的影响主要通过集体、教师的态度、同伴间关系这三个方面体现出来。

1. 集体

集体是由具有共同活动目标、相似价值观念结合起来的人群或团体。集体可以是学校这个大的环境，也可以是班级、小组、伙伴等一些小的团队，它是个体人格塑造的重要土壤。学生以集体为平台参与活动，接受集体的任务要求，与集体成员交往互动，从而发现自己、丰富自己、发展自己、完善自己。也因集体的规范和舆论评价，或赞扬认可，或压制否定，从而对自己的行为和观念做出针对性调整，形成有责任心、乐观、自信、坚强、求实、自制、关心他人和敢于创造等良好的个性品质。

2. 教师的态度

教师是学生学习的榜样，教师的言谈举止和人格特点对学生人格的形成与发展起着潜移默化的作用。教师不仅要作为科学知识的传播者，也应成为言行、品德的引导者。教师的尊重和信任会使学生情绪稳定，对自己更有信心，教师的肯定和赞赏会使学生体验到成功和愉悦，更有前行的动力。

3. 同伴间关系

学校中高频相处的同伴之间的关系，为个体提供了理解社会规则、实践人际互动、探索社会角色的现实条件。在与同伴相互比较、相互借鉴、相互交流、相互学习的过程中，个体可以不断修正自己人格上的缺点与不足，逐渐形成健全人格。

（四）主观能动因素

人格是在人与环境交互作用的社会实践中形成和发展的。任何一种人格特质的形成，都要经过把环境中的客观因素转化为自己内部认知和需求的过程。也就是说，任何客观因素都不可能直接决定人格的养成，它们必须通过主观能动的心理活动作用于人现有的心理发展水平才能对人格的培养与塑造形成影响。从这个意义上来讲，人格的塑造者就是人本身。

（五）自然物理因素

生态环境、气候条件、空间拥挤程度、具体情境等自然物理因素也会影响到人格的形成和发展。自然物理环境对特定行为具有一定的解释作用，不同的情境会让人表现出不同的行为特点。但这些影响和作用不是决定性的，更多表现出一时性的特征，且多体现在对个人行为的影响层面上。

可见，人格形成和发展是先天遗传因素和后天环境因素交互作用形成的“合金”，遗传决定了人格发展的可能性，环境决定了人格发展的现实性。但二者是如何交互作用、有机地结合在一起对人格的形成和发展产生影响的，就涉及对生物因素与社会环境因素之间的关系问题的思考与研究。在大学生人格培养的过程中，既要看到生物遗传因素对人格形成的影响，更要看到家庭环境、学校环境、自然环境等社会文化对人格塑造的作用，激发大学生自我培养、自我优化的主观能动性。

第四节
大学生健全人格的培养途径

一、 大学生人格的自我塑造与培养

人格是伴随着人的一生不断成长和优化的心理品质，大学时期是人格成长和优化的最佳时期，应当好好把握。塑造健全人格主要有三个途径，即早期教育，学校、家庭、社会协同教育，自我教育和终身教育。其中自我教育和终身教育是大学阶段塑造健全人格的根本途径。一方面，大学生具备较强的自我意识，自我认识也相对完善、全面，能够认识自己的优势和不足，有着很强的为社会所接纳和认同的动机，迫切地想要优化自身人格特质；另一方面，大学生具有良好的自我管理、自我约束的能力，能够主动采取行动，培养良好的人格品质，改变不良的人格缺陷，不断完善自身人格。因此，在人格完善的过程中，大学生人格的自我塑造与培养是健全人格的必要途径，它既是教育与培养的重要方式，也是好的教育与培养必然期待的效应。

大学阶段过后，人格品质相对成型，人格特质趋于稳定，人格的可塑性降低，人格的优化将成为较困难的事。因此，大学生应抓住健全人格、完善人格的关键期，积极主动地进行自我培养和自我提升。需注意以下几个方面：

（一）认识自我，促进人格的整合和统一

常言道："人贵有自知之明。"认识自己是自我意识的基础，是改变自我的开始，是优化人格、促进人格的整合和统一的前提。人格塑造的根本目的就是实现人格优化，促进整合和统一，以达到人格的健全。整合的过程就是使人格的各个方面由最初的片段、孤立、相关，逐渐发展为和谐、统一、一致的状态的过程。只有正确地认识自己，充分了解自己，客观评价自己，理

性看待自己人格结构的优势和不足，科学合理地进行自我分析、自我评价、自我教育，才能链接片段的相关性，形成和发展好的心理品质，形成连续的稳定的人格面貌。

（二）积累知识，生成智慧

奥修曾说："知识是一种积累，智慧也是如此，但知识是别人经验的积累，而智慧是你自己经验的积累。"大学生们经过十二载的寒窗苦读，积累了丰富的科学文化知识，承载着梦想顽强拼搏，为自己开辟出了一条更加宽广的人生之路。在继续前行的道路上，他们需要将认知层面上对事物属性和规律的认识，通过自身的观察和感悟、表达和实践，经过生活的验证和时间的涤荡，转化为应用层面上的智慧。而智慧，作为人格的基本要素之一，积累知识、生成智慧的过程本身就是人格优化的过程。

（三）从小事做起，培养坚强的意志

人格的塑造是一个漫长的过程。健全人格的形成要从自己的事情做起，从今天的事情做起，从眼前的每一件小事做起。习惯的养成最终会成为个人人格的一部分。一个人的习惯和言行往往是其人格特征、人格品质的外化。轰轰烈烈的战斗、艰苦卓绝的环境固然能磨炼人的意志，但平凡细微的生活才更是人生的常态。大学生们应重视在日常生活的小事中、言行举止的细节里锻炼意志品质，这是培养意志的重要方面。习惯的养成一开始并不需要付出很多努力，但习惯的保持却需要较强的自我控制能力。养成新的好的习惯最好的做法是一旦确定就不要犹豫，马上行动，坚持 21～30 天。刚开始坚持可能并不容易，但是一种新的习惯养成经过这样一个周期的坚持，就可以固定下来。大学生养成新习惯需要坚定自己的信念，找准目标，制订计划，并在做的过程中不断反馈积极的成果，让自己增加勇气，找到自信，并下定决心、充满动力地坚持到习惯固定下来。例如，遵守一日生活制度，及时独立地完成学习任务，今日事今日毕，每天坚持锻炼身体，这些看起来不起眼的小习惯，天长日久则能起到"十年磨一剑"的作用。坚强的意志就是在生活的无数小事中逐步培养起来，积淀成为习惯，从而有助于优秀人格品质的培养。

（四）锻炼身体，强健体魄，健康人格

人格的发展需要体质、智能、心理协同作用和相互促进。体育锻炼以身为本，发展健康的体质、陶冶情操、培养意志、促进健康的人格发展。一个体弱多病的人是难以发展健康人格的，拖拉、懒惰、急躁、懦弱等人格发展缺陷与缺乏体育锻炼有关。身心律动、青春活力、挑战超越则有助于身心愉悦，潜能激发，昂扬奋发精神，促进人格完善。

（五）与人坦率相处，促进人际沟通与交流

通过人际沟通与交流，有助于个体深入的多维的认知自我。较大范围、不同层次的沟通与交流可以为人格的塑造搭建一个平台。因为拥有健康人格的人能面对现实，适应环境，保持良好和谐的人际关系。在人与人的交往中，保持积极的态度，在爱与归属需要的满足中激发进取的力量和信心，发展自我价值感，发展乐观品质，更加富有朝气、团结奋进。

在交流交往中让别人看到自己的长处和短处，也让别人分享自己的快乐和痛苦，在值得信任的重要的交往对象面前淋漓尽致地表现真实的喜怒哀乐，有助于真实自我的呈现，这是性格健全的重要特征。要拥有健康的人格，向别人开放自己的内心，坦率真诚地与人相处，轻松地喘气，自由地呼吸，是最好的办法。多与他人沟通交流，袒露自己的内心，抚平忧伤和躁动不安的心，才能归于安宁。假意必露虚行，因为压抑自我而造成苦闷，就如契诃夫笔下的装在套子中的人一般，把自己严严实实包裹起来，也因此陷入孤独与寂寞之中。

（六）防止“过犹不及”

人格塑造不是一朝一夕的事情，需要坚持不懈的努力，而且，有些改变可以受自己的主观调控，有些则不能。所以人格的自我塑造与培养需要先做好充分的准备，尽可能多地去了解哪些是能够改善的，以及该如何去实现这种改善。变化并不是一件容易的事，往往比预期的难很多。有勇气改变能改变的，平和地接受改变不了的，改善和变化都是一个长期的过程。在这个过程中应把握辩证思维，掌握好度，否则就会过犹不及，适得其反。

二、 高校教育是大学生健全人格培养的重要途径

在提倡素质教育的时代主旋律背景下，高校应以提高学生整体素质为目标，培养学生良好人格品质，促进学生全面发展。高校教育可以通过以下途径引导学生完善人格：

（一）立足核心价值体系，引导学生树立科学的人生观

人生观是个体对自己人生的目的、意义、道路的根本观点，是对自己人生问题的一种稳定的心理倾向和基本意愿，包括幸福观、生死观、荣辱观等。在人生旅程中，人生观是人们行动的指路人和调节者。有怎样的人生观，便会有怎样的人生态度和道路选择。大学时期是人生观塑造和优化的黄金时期，人生观的培养受学习和修养的影响。人生观是由世界观所决定的，但人生观一旦形成，又会反过来影响世界观，在一定程度上改变人的世界观。科学的人生观有助于明确人生目标，能动地认识世界，有顽强的斗志影响和改造客观世界。高校教育应把握学生的精神实质，以社会主义核心价值体系为基础，通过不断提高其思想品德素质，促进学生的全面发展，促进学生拥有正确人生观、价值观应对复杂多维的社会环境所带来的困扰和身心承受的不良影响，引导大学生人格发展的正确方向。当大学生持有对人生一系列问题基本正确的看法和科学的观点时，便能更客观准确地评价他人、他事和自己，人格也会朝着更加健康的方向发展。

（二）深化课堂教学改革，发挥人格培养的主渠道作用

高校教育要顺应时代和社会发展的要求，践行素质教育，培养学生良好个性，培育学生健全人格。第一，高校教师作为教育的直接实施者和核心参与者，应着力提升自身人格修养，树立人格榜样，做到身正为范。一个爱岗敬业、为人师表、博学且好学的教师在传递知识的同时，也在传递人格的魅力与感召力。第二，做好课程思政，抓住课堂主阵地。高校的课堂不应只注重培养提高学生的智力水平，还应在课堂上推行认知德育和实践德育，在素质教育践行的过程中打开学生的思路，调动学生的兴趣，开拓学生的创新能

力，利用各种有利学生人格发展的因素进行教学。第三，重视对大学生的人文素质的教育，加强对大学生人文精神的培养。人文精神是以人为本、以人为核心的精神尊重。高校教育引导大学生拓展人文知识，丰富人文素养，用不断更新的创新意识来改善自己适应社会的能力，用正确的审美意识来净化自己的精神世界，不断提升学生的人格修养。

（三）认真开展心理健康教育工作，奠定人格培养的心理基础

心理健康和人格健全相辅相成，心理发展是否健康直接关系人格发展是否健全完善。大学生心理健康教育工作一方面要培养大学生良好的心理素质；另一方面要筛查并化解大学生可能存在的心理困扰、心理障碍，根据大学生身心发展特点开展心理健康教育和心理咨询服务。第一，通过心理健康教育课程进行系统教育，掌握心理健康基础知识，以促进学生健全人格发展为目标，解决他们在学习、适应、交友、恋爱、择业等共性议题中面临的问题和困扰；第二，进行心理健康指导，提供心理咨询服务。心理咨询能使学生的具体问题得到专门化、科学化的指导与调适，解决心理困扰，排除心理障碍，提升适应能力，提高心理健康水平，为健全人格的发展奠定心理基础。

（四）营建良好校园文化，熏陶孕育健全人格

校园文化作为核心价值文化在校园中的具体体现，将潜移默化地影响学生的价值观念、思想情感、行为方式、个性品质。营建良好的校园文化，能够使大学生在不知不觉中受到影响和熏陶。校园中的建筑、设施、绿化、标语等是校园文化的物质基础和整体性外在表现，体现出学校的审美价值和文化韵味。校园的制度、规范、校风、学风和活动等是校园文化的措施保障和精神载体，体现出学校的精神风貌和价值理念。无论从哪个角度来看，校园文化都在思想、道德、行为、价值取向等多方面影响着学生健全人格的塑造和培养。营建良好校园文化，要从设施设备建设、制度建设、行为规范和精神文化生活等方面入手，展现学校独特、良好的风貌。

心理测试及解析

自我和谐量表（SCCS）

说明：下面列出了有些人可能会有的问题，请仔细阅读每一条，把意思弄明白。然后根据您的实际感觉与情况，在符合自己情况的项目栏中画√。

题目	完全不符合	比较不符合	不确定	比较符合	完全符合
1. 我周围的人往往觉得我对自己的看法有些矛盾	1	2	3	4	5
2. 有时我会对自己在某方面的表现不满意	1	2	3	4	5
3. 每当遇到困难，我总是首先分析造成困难的原因	1	2	3	4	5
4. 我很难恰当表达我对别人的情感反应	1	2	3	4	5
5. 我对很多事情都有自己的观点，但我并不要求别人也与我一样	1	2	3	4	5
6. 我一旦形成对事物的看法，就不会再改变	1	2	3	4	5
7. 我经常对自己的行为不满意	1	2	3	4	5
8. 尽管有时得做一些不愿意做的事，但我基本上是按自己意愿办事	1	2	3	4	5
9. 一件事好就是好，不好就是不好，没有什么可含糊的	1	2	3	4	5
10. 如果我在某件事上不顺利，我就会怀疑自己的能力	1	2	3	4	5
11. 我至少有几个知心朋友	1	2	3	4	5
12. 我觉得我所做的很多事情都是不该做的	1	2	3	4	5
13. 不论别人怎么说，我的观点绝不改变	1	2	3	4	5
14. 别人常常会误解我对他们的好意	1	2	3	4	5
15. 很多情况下我不得不对自己的能力表示怀疑	1	2	3	4	5
16. 我朋友中有些是与我截然不同的人，这并不影响我们的关系	1	2	3	4	5

续表

题目	完全不符合	比较不符合	不确定	比较符合	完全符合
17. 与朋友交往过多容易暴露自己的隐私	1	2	3	4	5
18. 我很了解自己对周围人的情感	1	2	3	4	5
19. 我觉得自己目前的处境与我的要求相差太远	1	2	3	4	5
20. 我很少去想自己所做的事是否应该	1	2	3	4	5
21. 我所遇到的很多问题都无法自己解决	1	2	3	4	5
22. 我很清楚自己是什么样的人	1	2	3	4	5
23. 我能很自如地表达自己所要表达的意思	1	2	3	4	5
24. 如果有足够的证据，我也可以改变自己的观点	1	2	3	4	5
25. 我很少考虑自己是一个什么样的人	1	2	3	4	5
26. 把心里话告诉别人不仅得不到帮助，还可能招致麻烦	1	2	3	4	5
27. 在遇到问题时，我总觉得别人都离我很远	1	2	3	4	5
28. 我觉得很难发挥出自己应有的水平	1	2	3	4	5
29. 我很担心自己的所作所为会引起别人的误解	1	2	3	4	5
30. 如果我发现自己某些方面表现不佳，总希望尽快弥补	1	2	3	4	5
31. 每个人都在忙自己的事，很难与他们沟通	1	2	3	4	5
32. 我认为能力再强的人也可能遇上难题	1	2	3	4	5
33. 我经常感到自己是孤立无援的	1	2	3	4	5
34. 一旦遇到麻烦，无论怎样做都无济于事	1	2	3	4	5
35. 我总能清楚地了解自己的感受	1	2	3	4	5

评分方法及结果解释：

各分量表的得分为其包含的项目分值之和，三个分量表包含的项目为：

1. 自我与经验的不和谐：1、4、7、10、12、14、15、17、19、21、23、27、28、29、31、33，大学生常模为46.13±10.01。该分量表反映自我与经验之间的关系，包含对能力和情感的自我评价，自我一致性、无助感等，它所产生的症状更多地反映了对经验的不合理期望。

2. 自我的灵活性：2、3、5、8、11、16、18、22、24、30、32、35，大学生常模为45.44±7.44。该分量表反映自我概念的刻板和僵化，与敌对、恐怖的相关显著。

3. 自我的刻板性：6、9、13、20、25、26、34，大学生常模为18.12±5.09。该分量表与偏执显著相关。

4. 总分：将自我的灵活性反向计分，再与其他两个分数相加。得分越高自我和谐度越低。在大学生中，低于74分为低分组，75～102分为中间组，103分以上为高分组。

第四章

大学生情绪的调节与管理

第一节

情绪对大学生的影响

一、 什么是情绪

（一）情绪的概念

在我国古代《中庸》一书中将情绪分为喜、怒、哀、乐四种，而在《礼记》中提出“喜、怒、哀、惧、爱、恶、欲”七情说。现代心理学把喜、怒、哀、惧称为基本情绪，其他的复合情绪是在这四种基本情绪的基础上派生出来的。喜源于需要和愿望的满足，怒是需要和目的不能达到或受到妨碍而积累生成的，哀是丧失引起的情绪体验，惧则是由于遭遇可怕情景又缺乏处理或摆脱的能力所造成的。生活中以许多种不同情感的组合形式派生出更为复杂的情绪体验。可见，情绪是人对客观事物是否满足人的需要所持态度的体现。

（二）情绪的构成

情绪主要由主观体验、生理唤醒和外部表现三个基本要素构成。

1. 主观体验

情绪是人的一种主观的内部体验。同样的事物，不同的人或同一个人在不同的时间、地点、条件下，感受和体验可能是不同的。

2. 生理唤醒

当人处于情绪状态时，体内由植物性神经系统支配的生理反应会被唤醒，心跳、血压、呼吸、脉搏、瞳孔、皮肤电阻、胃肠运动等生理指标会发生变化。例如，当人感到恐惧时，会表现出心跳加快，呼吸紊乱，血液更多地供给肢体，胃肠活动暂停，皮肤电阻降低，冒冷汗等状态。

3. 外部表现

情绪反应总是伴有或隐或显的外部表现，如表情、肢体语言、行为举止等。情绪的外部表现是情绪本身不可分割的重要内容，也是向外界传递个体内部信息的重要方式。人的许多情绪体验都有明显的外部表现，如高兴时笑容满面，悲伤时眼眉低垂、哭泣流泪，生气愤怒时握拳、皱眉、毛发直立等，但有些情绪可能只有内在的感受而无明显的行为表现，特别是由于人通过学习对情绪的外部表现具有自我控制能力后，许多情绪往往不表现在明显的外部行为上。

（三）情绪的强度变化

情绪在强度上有不同等级的变化。例如，喜，由弱到强可以从适意、惬意、愉悦到欢乐、欢快、大喜、狂喜。情绪的强度越大，自我被情绪卷入的程度就越深。情绪的强度取决于引起情绪的事件对人的意义以及个人的既定目的和动机是否能够实现或达到。

（四）情绪的分类

情绪有积极情绪（正性情绪）和消极情绪（负性情绪）之分。积极情绪是指那些让人产生愉悦体验的情绪，如喜悦、温情、感恩、好奇、爱、振奋、热情、快乐、赞叹、惊奇、活力、奉献等；消极情绪是指那些让人感到不愉快的情绪体验，如嫉妒、羞愧、愤怒、悲哀、忧愁、烦闷、厌恶、抑郁、紧张、焦虑、狂躁、怀疑、自卑、内疚、恐惧等。积极情绪会给我们带来明媚的心情、积极有效的行动，对人生的成功发挥着积极作用，而消极情绪往往会使我们长久地陷入困境，感到不适，对机体机能的发挥起消极作用。

(五) 情绪与健康的关系

我国自古就有“喜伤心”“怒伤肝”“思伤脾”“忧伤肺”“恐伤肾”之说。当人的情绪变化时，往往伴随生理反应的变化。过度强烈的情绪体验，使得交感神经系统活动亢奋，肾上腺素分泌增加、血压升高，个体会出现多种躯体不适感；过于持久的消极情绪，会抑制胃肠运动，使大脑机能严重失调，导致各种身心疾病。因此，保持乐观的积极情绪，巧妙运用情绪调节人体生理指标，有利于增进人的身心健康。

二、 情绪对大学生的影响

(一) 情绪对大学生身心健康的影响

情绪会直接影响人的身体和心理健康。积极向上、乐观愉悦的积极情绪对身心发展大有裨益，不但会激活和增强人体免疫功能，提高身体对疾病的抵抗力，延缓衰老，使身体保持健康状态；而且还会使人对生活始终抱有热情和希望，拥有强烈的自信心、好奇心和求知欲，思维敏捷，反应迅速，善于创新，勇于尝试，性格积极外向，能与人保持良好沟通和交流等，进而会有效激发自身潜能，提升各项技能和能力，促进身心全面、健康发展。而紧张焦虑、痛苦失落等消极情绪对人的身心发展伤害较大，如果长期陷入消极情绪无法自拔，不但会降低人体免疫力，容易生病，带来一系列身体健康问题；而且也不利于日常学习和生活，甚至会出现严重的心理疾病，危害个体发展。

(二) 情绪对大学生学习生活的影响

情绪会影响大学生的学习效率、学习质量和潜能开发。积极情绪会极大地激发学生的积极性和好奇心，让学生敢于实践，乐于参与各种学习实践活动，并且能较为长久、专注地坚持，从而有利于活跃思维、拓展思路、提升想象力和创造力、提高学习和实践能力。因为轻松愉快、放松舒畅、适度紧张的情绪能最大程度地调动人的思维，充分发挥创新能力，是智力活动的基础条件之一。在研究分析情绪对学习成绩的影响程度时，通常会把焦虑程度看作自变量，把学习成绩看作因变量，再利用自我评价和测定生理反应的方法进行对比研究和分析。两者之间的关系呈倒“U”形发展趋势，即适度的焦虑有助于学习成绩的提高，而过高、过低的焦虑都对学习有一定的消极影响。

（三）情绪对大学生人际关系的影响

拥有乐观向上、热情亲和、自信开朗等积极情绪的大学生通常更容易与他人融洽相处，并快速建立起良好、亲近的人际关系。而有自卑易怒、恐惧怯懦、冷漠压抑等消极情绪的大学生则很难建立起良好的人际关系，通常会给人难以亲近、无法交流的感觉。因为情绪存在强烈的互相感染性，所以经常保持积极稳定、阳光开朗等积极情绪的大学生通常更受群体青睐和喜爱，会不由自主地让人产生亲近之意，从而获得良好的人际关系。因此，“大学生在人际交往中，注重提高自身修养，学会适度控制与调适自己的情绪，做情绪的主人，才能拥有良好的人际关系。”①

（四）情绪对大学生行为目标的影响

积极情绪通常会产生健康向上的行为。当大学生的情绪处于轻松愉快、娴静舒适等良好状态时，与之相应的行为目标也会变得积极向上，如乐于勇敢接受新事物、对他人宽容理解、具有远大抱负和奉献精神等。当情绪处于愤怒焦虑、压抑失落等消极状态时，有些学生会及时进行有效的自我调节和控制，尽快消除消极情绪，吸取经验和教训，朝着积极的行为目标出发。但是也有部分学生会陷入消极情绪中无法自拔，对新鲜的刺激毫无兴趣和反应，进而越陷越深，甚至出现严重心理问题。因此，大学生在日常生活中要不断培养和提升自己的情绪自控和管理能力，及时引导消极情绪向积极情绪转变，进而产生并长期保持积极向上、乐于奉献的行为目标。

---

① 赵菊，李燕．大学生心理健康教育．武汉大学出版社，2017：147.

三、 常用的情绪调节方法

情绪没有绝对的好与不好，情绪问题本身并不是问题，而是心理发生变化、产生波动的信号，消极情绪也并非毫无可取之处，适度的消极情绪是行动转化的动能，也具有一定的建设性。因此对情绪的关注，积极合理的疏导与调节对于情绪健康至关重要。大学生应增加对情绪的敏感度，学会表达自己的情绪，这有助于加深自我认识，舒缓紧张与压力，避免消极情绪的积压。常用的情绪调节方法有：

（一）情绪宣泄法

消极情绪应适当控制，合理宣泄。适当控制不是一味地压抑，而是要开辟合理、有效、良性的宣泄渠道。例如，向亲朋好友倾诉，在脱离了引发强烈情绪的情境之后，向与情境无关的人表达自己当时的内心感受，发泄情绪体验，可以使消极情绪能量带来的心理压力减轻，心情会平静、舒畅些，以避免负性能量淤积而伤害身心。还可以采取其他方式来发泄消极情绪能量，在适当的场合，该哭就哭，该笑就笑，该叫就叫，或进行体育运动以释放能量。美国生物学家福雷博士曾做过痛哭实验，实验发现，哭泣对心动过速、血压偏高者均有不同程度的减轻。眼泪中含有一些生物化学物质，能引起血压升高、消化不良或心率加剧，把这些物质排出体外，对身体有益。痛哭，作为一种纯真的感情暴发，可以纾解执着痛苦时所产生的心理焦虑、身体压力和化学毒素，释放积聚的能量，调整机体平衡，是人的一种保护性反应。

（二）认知调控法

情绪反应产生于个体认识到客观事物的意义和价值之后。面对同样的客观事实，不同的认知和评价会引起不同的情绪反应。古希腊哲学家埃皮克迪特斯有一句名言：“人不是被事情本身所困扰，而是被其对事情的看法所困扰。”对待生活事件，重要的不在于“是什么”，而在于“怎么看”。通过理智地分析和评价，用调整、改变认知的方法可以有效调控情绪，其核心在于建立正确的信念，形成多元辩证的思维模式，避免绝对化、过分概括化、糟糕至极的非理性信念。

（三）放松训练法

放松训练是指通过自己的意志调节机体机能，降低生理唤醒水平，让身体得到放松与休息，使机体从紧张状态松弛下来，保持内环境的平衡与稳定，从而调节心理状态的一种练习过程。它的原理是双向互抑，交感神经系统的兴奋性下降，副交感神经系统的兴奋性增强，产生与紧张和焦虑反应相反的生理效应，实现放松状态。放松状态是一种特殊的生理心理状态，需要经过一定的练习才能达到较好的效果。练习者首先要使自己的心神安宁下来，以较为舒适的姿态坐卧，然后按照深吸气、长呼气等呼吸要点和方式来调理气息，想象自己已置身于一个优美、温馨、安宁的环境之中；配合呼吸，伴随一定部位肌肉的运动和放松，最后达到全身放松，意念轻松自然地缥缈沉浮，进入一个忘我的境界。放松训练可以实现呼吸平缓深沉、心率减慢平稳、思想入静舒缓、情绪稳定饱满，长期坚持，还对焦虑症、抑郁症、神经衰弱、睡眠障碍等身心疾患有良好的治疗效果。

第二节

大学生挫折情绪的调适管理

一、 大学生挫折情绪及其调适

挫折一般包括三个方面：一是挫折情境：阻碍实现目标的各种主观、客观因素。这种情境状态既可能是实际遭遇的，也可能是想象中的。二是挫折认知：对实际遭遇的或者想象中的挫折情境的认识和评价。换言之，如果在实现目标过程中，客观上有阻碍存在，但是在主观上并无知觉，便不会产生挫折感。三是挫折反应：需要或愿望不能得到满足或难以实现时产生的情绪和行为反应，如无助、愤怒、焦虑、绝望、退缩等。

挫折情绪是指因为难以克服的障碍的存在使得目标没有办法实现、需求没有办法满足时，个体所产生的紧张情绪、失落情绪或者焦虑情绪。现实生活中，每个人都有自己的人生课题和目标，这些课题的解答和目标的实现往往会遭遇诸多困难。个体在完成这些课题和目标的过程中，做出动力性行为之后可能会遇到的结果是不同的。具体来讲，可以分成三种：一是不需要付出特别多的努力便可以完成的目标，此时人会发现需求的满足是相对容易的；二是目标完成过程中会遇到一些障碍，但是经过努力之后可以克服这些障碍，最终做到目标的完成；三是遇到了一定的障碍，并且通过努力之后障碍没有办法跨越，目标最后没有办法实现。如果遇到了最后一种情况，就容易产生挫折情绪。

（一）大学生挫折情绪产生的原因

挫折情绪与其当时所处的情境有关，构成挫折情境的因素是多种多样的，主要包括主观因素和客观因素。

1. 主观因素

（1）个体生理条件。个体因生理因素如体力、外貌、健康以及某些生理缺陷带来的限制，导致其行动失败，无法实现既定目标。

（2）认知模式。任何心理问题和心理障碍都是有认知根源的，不健康的心理常常源于不健康的认知。所知决定所感，所感决定所行，感受与行为往往是显露在外的，人们很容易就能捕捉到。而认知是内隐的，它决定着人们的行为却不为人们所察觉，这也是挫折心理难以克服的重要因素之一。

（3）人格特征。通常情况下，如果人格特征当中有一部分缺陷，那么，会认为生活处于消极状态，人也比较悲观，所以，更容易出现挫折心理。例如，性格相对内向的大学生，他们在交往过程中对人际关系就比较敏感，他人不经意做出的动作或者不经意说出的话语就有可能导致他们情绪悲伤、情绪抑郁，如果情况特别严重，还可能导致他们对人际交往产生恐惧，不愿意参与人际交往活动。

（4）动机冲突。在现实生活中，人们有各种各样的需要，常常会因为多种需要而产生多个动机，分别指向多个目标。当这些并存的动机相互之间是排斥的，或者由于种种原因不能全部实现需要有所取舍时，就形成了动机冲突。动机冲突常常导致部分需要和目标不能满足和实现，于是就造成了挫折。动机冲突也是构成挫折的个人因素的一个方面。动机冲突在日常生活中是经常出现的，也是大学生的重要挫折源。

2. 客观原因

（1）自然环境因素。例如，突发事故、疫情、暴雨、干旱、地震、凝冻等人没有办法控制的客观因素。如果大学生经历了疾病的折磨或者家庭突然受到了自然灾害带来的严重影响，那么就容易出现挫折感。

（2）学校环境因素。大学生从高考到入校后的两三年中，普遍存在挫折感，主要涉及学习目标、政治目标（入党、评优等）及经济自主等，这些挫折的产生除了和学生自身因素密切相关之外，一个不可忽视的影响因素就是学校环境，主要是学习环境、学校管理制度及方式、教师的职业道德与业务能力、班级的氛围等。

（3）家庭因素。大学生在成长过程中一定会受到来自家庭因素的影响，如家庭结构、家庭成员间关系、父母的抚养及教育方式、自身素质及文化水平等，这些因素都会对个体产生直接或间接的影响。除此之外，一个家庭的经济状况也会影响到大学生的心理状态，如果家庭比较贫困，那么大学生在发展过程中就可能承受更大的压力，这种生活上的经济压力为其学业发展、个人发展带来的影响会导致他们的心里产生更多的矛盾，也会滋生他们的挫败感。

（二）大学生挫折情绪的影响因素

1. 动机或者需要的强度

如果需要强度比较高，人会获得更为强烈的动机感，在这样的情况下，受到阻碍阻挡之后也会产生更为强烈的挫折感。

2. 自我期望值

如果个体对自我的期望比实际的能力水平要高，那么，当个体对自己的期待目标没有办法实现时就会感觉到特别强烈的挫折感。具体来讲，情况可以分成三种：

（1）期望值绝对化。对自己要求过高，不允许自己失败。

（2）过分的概括化。以偏概全，以点概面，即使是喜忧参半的事情，看到的也只是消极的一面。

（3）悲观引申。某一方面失败了，就全盘否定自己。

3. 归因不当

当个体去解释某一种行为或者推测某一个行为产生的原因时，对原因的总结是不恰当的，此时就容易产生挫折感。例如，有一些同学在评奖评优过程中没有达到自己的目标，因此，把自己和其他同学进行横向比较，此时就容易因为归因不当产生强烈的挫折感。

4. 个人抱负水平高低的影响

当个人对自己要达到的目标制定的标准比较高的时候，也就是抱负水平比较高，那么，在完成目标的过程中，挫折感的产生会相对容易。

（三）大学生挫折情绪的类型

大学生的挫折情绪，可以分为以下类型：

1. 学业挫折

学业挫折是指因为学习上的失利或失误而给学生造成的压力和困扰的一种心理状态。学业挫折是大学生挫折心理中比较常见、表现比较突出的一种挫折类型。有的学生对自己所学的专业不感兴趣，学习的动力不足，学习的目标不明确；有的学生因为参加各种团体组织，对学习和其他活动的关系处理失当，无法合理地分配学习时间；有的学生盲目地参加各种社会实践活动，虽然增加了自己的社会阅历，却导致学习成绩下降。

2. 生活挫折

大学生刚刚脱离了父母，开始独立生活，而且同学多数来自不同的地区，有不同的家庭环境和经济状况，求学经历、生活阅历、生活习惯都不尽相同，甚至地方文化都有所不同，因此，遭遇的生活问题与挫折也不相同。

3. 人际交往挫折

大学生普遍具有强烈的交往意识，重视人际交往，珍视友谊。但是，不同的大学生，他们的成长环境不同，来自不同的地区，家庭经济条件不同，养成的学习习惯、交往习惯不同，兴趣爱好也存在差异。所以，有的大学生是比较开朗的，有的大学生就是比较内向的，还有的人把自己当成交往中心，也有的人愿意打开心扉乐于助人。这些性格迥异的学生生活在同一个大学环境中，想要构建出友谊，那么必然要彼此了解，在彼此了解的过程中，也有可能因为兴趣爱好的不同、观点的不同引发各种交往问题。

4. 健康挫折

健康挫折是指由于生理的疾病造成目标不能得到满足时而产生的挫折感。健康的身体是人生活的基础。有的同学由于体弱多病或者身体有某种残疾，从而产生了自卑心理，自我封闭，断绝与他人交往的机会，或者在交往中不自信，因而感到痛苦，并影响自尊心，使心理受挫。

5. 就业挫折

随着高校毕业生的日益增加，大学生的就业形势日趋严峻，很多大学生在就业的过程中体验到了就业挫折。例如，有的人不能正确评价自己，缺乏自信，瞻前顾后，没有主见；而有的人却盲目自大，过于自信，结果造成高不成、低不就。这些都容易让大学生产生挫折心理。

此外，在个人的兴趣和愿望方面，大学生因为个人的兴趣和爱好得不到家人的支持，受到限制和责备，或是因为生理条件不能达成自己的愿望，这些都容易产生挫折感；在自我尊重方面，大学生因得不到教师和同学的信任，或自认为表现很好却没能评上优秀或获奖，自认为有才能却没被选上班干部等，也容易产生挫折感。

（四）大学生挫折情绪反应与表现

1. 挫折情绪反应的差异

由于个体自身因素的影响，在同样的条件下，不同个体的挫折情绪反映在认识上具有不同的特点。有人认为挫折是对自身的考验。同时，挫折反映在行为强度上也存在不同。有人意志坚强，越挫越勇；有人意志薄弱，一蹶不振。另外，挫折反映在时间上也有不同。挫折情绪反应的差异通常由以下因素引发：

（1）个体的抱负水平。抱负水平指个体对自己要达到的目标所规定的标准。个体的自我抱负水平越高，挫折感体验越强。个体的抱负水平来自内在的成就动机，成就动机强的个体对未来的期待很高，可以直面挫折，忍受挫折带来的痛苦。

（2）个体的挫折经历。挫折经历增加了挫折耐受力，对同等强度的挫折反应产生影响。一个遭受过挫折的个体，其会在认知和行为上降低同等挫折的伤害水平。

（3）个体的挫折耐受力。个体的挫折耐受力决定了个体的挫折反应，有的人耐受力强，压弹能力强，意志品质强，对挫折的耐受力往往较高，有时他们会通过主动引入挫折来提升自己对挫折的耐受力。

2. 挫折情绪的行为表现

挫折情绪会产生各种各样的反应，如果长期处于挫折情境或遭遇挫折事件，个体必定形成心理压力，引发生理和情绪上的变化。在受到挫折后，个人会在情绪上表现出消极、愤懑、悲观甚至绝望；在身体上，会表现出血压升高、心跳加速、胃酸分泌减少、各种形式的溃疡等。挫折情绪的行为表现包括以下四种：

（1）攻击行为。挫折—攻击假说认为，任何挫折必然导致攻击行为。实际上，两者之间并不存在必然的因果联系，攻击只是挫折反应的一种。攻击通常包括两种类型：一种是直接攻击，将引发挫折的人或物作为攻击对象；另一种是转向攻击，即无法直接攻击引发挫折的对象时，转而寻求“他人”施以打击。

（2）倒退行为。退行是个体防御机制的一种，是指个体在遭受挫折时心理活动和应付方式退回到较早年龄阶段的水平，用与自己现实年龄或身份不相称的原始、幼稚的行为应对当前的情景，以缓解因挫折而导致的焦虑与恐惧。

（3）妥协行为。妥协是对挫折的折中反应，用来消除心理上的不平衡感，主要包括：①自我安慰，个体遭遇挫折后，找种种理由进行自我辩解；②自我整饰，个体在遭遇挫折后，不将内心的焦虑、烦恼表现于外，而是将挫折心态深藏不露；③成因推诿，把挫折的原因归于外部，以减轻自身体验到的心理压力。

（4）积极行为。适度的挫折经历将有助于个体发展应对挫折的能力，消极待毙并不符合个体的发展要求，应对挫折还包括很多积极的、理智性的反应，主要有：①升华，将痛苦转化为动力，通过不断努力将某一方面的现实缺陷转化为另一方面的优势来应对某方面难以消解的挫折感；②补偿，一个目标受挫，就选择另一个目标作为努力的方向；③改变，当发现目标难以实现后，主动降低目标和抱负水平，或重新调整尝试别的能达到目标的方法。

（五）大学生挫折情绪的调适方法

生活中的失利和挫折是普遍的，是成长中难以避免的。愿望、要求、需要、目标得不到满足或难以实现给人以身体、心理上的打击，其消极作用是它本身所固有的。但适度的挫折也具有一定的积极意义，对大学生成长成才起到积极的作用，具体体现在两个方面：一是人成长的过程同时也是社会化的过程，是逐渐适应社会要求的过程，适度的挫折可以帮助我们正确认识社会要求，驱走惰性，促人奋进，从而有助于适应社会。二是挫折情绪可以增强意志力。生活中的挫折和磨难能使人受到考验，使人变得坚强起来。挫折在给人以打击、带来损失和痛苦的同时，还能使人奋起、成熟，并从中得到锻炼。可见，挫折的积极作用是相对的、有条件的，关键在于对待挫折的态度和承受能力。对于挫折有正确应对态度和有较强挫折承受能力的人来说，挫折可以激发其知难而进的勇气，积累经验，战胜困难，取得成功。

挫折承受力的调适方法具体如下：

1. 正确认识挫折

如果大学生想要战胜挫折，那么必须对挫折有正确的认识。

（1）改正之前的错误认知。大学对于一个人的发展来讲至关重要，大学生活是紧张的，也充满了很多竞争，大学生活中可能会遇到很多的生活挫折、学习挫折、人际交往挫折。研究发现，能够导致大学生挫折感的主要原因是他们对挫折的看法以及他们在遇到挫折之后采取的相关行为。例如，大学生可能会把根本不是挫折的行为看成挫折，所以，如果想要解决挫折问题，那么，必须建立对挫折的正确认知，改变之前那些不正确的想法。

（2）正确认识失败。刚刚步入大学生活的学生对失败这个词汇还比较敏感，遇到了挫折或者失败，他们会有一种畏惧心理，所以，应该帮助大学生正确看待失败。通常情况下，人们会认为没有实现目标就是失败，或者不成功就等于失败。但是，这种对失败的认知并不正确，也不科学。因为人在完成某一个目标的过程中，大多数情况下都不可能一次完成，也不太可能把一件事情做到尽善尽美，通常都需要很多次地尝试、优化，才能达到最佳效果和最终要求。在这个过程中，每经历一次失败都是真正获得成功之前的经验累积，下一次的尝试才可能更有意义，也更有可能获得成功。所以，大学生应该正确看待遇到的失败或者挫折，不应过于担心失败或害怕失败。

2. 科学对待挫折

在对挫折有正确的认知之后，大学生应学习如何使用正确的方法去应对挫折、解决挫折。

（1）避免出现一些错误行为。

①面对生活中的失利或失败应尽可能地保持冷静，避免生气或愤怒，从理智的角度分析问题，辩证地、多维地看待全局，然后寻找解决困难和问题的具体方法。

②避免自我放弃、自暴自弃。面对挫折，要正确评估自己的能力，不要因为一次失败而丧失信心和锐气，从而认为“我不行”。大学生活中肯定会遇到一些挫折，在困难时刻更不应拿自己的缺点去和别人的优点相比，而是要找出自己的优势和特长；同时，努力学习别人的长处，做到取长补短，增添自信。

（2）运用正确的方法解决挫折。

①确定正确的发展目标。人和动物是不一样的，人需要在社会中活动，人的发展离不开社会，所以，人的活动也是有目的的，会在有意识的情况下开展各种各样的活动。如果人可以确定一个目标，那么，之后的行为就会有动力，也会更加积极，人会不断地鼓励自己不要畏惧困难。当遇到挫折时，也会积极地寻求解决办法，也就是说，在确定目标之后，人会有内在的行为动力，也会因为身处社会当中把社会责任感当作自己的行为动力。

②灵活应对遇到的挫折。大学生日常生活学习过程中一定会遇到一些挫折，此时要灵活转变自己的注意力，如可以及时地改变自己的近期目标，让自己最近关注一些别的方向，减少挫折感带来的不良影响。

③训练自己的挫折容忍力。挫折容忍力指的是遇到挫折之后不会因为挫折带来的影响而行为不正常的能力，也就是一个人能够忍受环境打击的能力。通常情况下，如果一个人的挫折容忍力比较低，那么当他遇到一点小小的困难时就容易陷入悲观状态；如果一个人的挫折容忍力比较高，那么即使他遇到了较大的困难也能够保持心理平衡。

④建设友好的人际关系。朋友之间的友情可以给一个人的发展带来巨大的力量，朋友的认可与关心也是一个人成长路上必不可少的因素。在应对挫折的过程中，需要良好的人际关系提供支持。如果一个人生活中遇到挫折，朋友能够给予一定的关心、鼓励，那么挫折对个人的影响就会降低，个人也会更好地面对挫折，有更高的挫折容忍力。

⑤主动获取心理咨询。当下很多高校都有自己的大学生心理咨询中心，主要是为大学生解决生活、学习、情感等方面的心理问题。假设大学生因为挫折的出现而情绪焦虑、恐惧，可以主动寻求心理咨询人员的帮助。心理咨询人员也能够从专业角度为学生提供一些治疗方法。除此之外，学生在向心理咨询人员倾诉自己的焦虑、恐惧的时候，也能够让情感得到发泄，让心理承受的压力更小一些。

二、 大学生挫折情绪管理策略

大学生进行挫折情绪管理时，要注重提高自己的心理韧性。在遇到挫折时，人的表现主要有三种：一是有些人可以韧性重组，让自己的心理素质有效地提高，并且完成自己设定的目标；二是有些人可以平衡重组，也就是一边承受压力一边保持自己的心理平衡；三是也有一部分人会进入损失性重组，在这种模式当中，人的心理素质会一点一点地变差，更有甚者会进入失衡性重组状态。因此想要更好地面对挫折，更好地承受挫折带来的压力，那么就需要注重提高自身的心理韧性。具体来讲，使用的策略主要有以下几种：

（一）唤醒自身危机意识

困境能够实现人的自我成长，作为教育者应该让大学生感受困境，唤醒大学生的危机意识，在危机意识的刺激下，大学生会积极进步努力进取。从这一点来看，危机意识是大学生发展过程中的良师益友，具体来讲，危机意识的唤醒需要考虑以下几个方面的内容：

1. 量力而行

让大学生感受挫折、唤醒他们的危机意识必须考虑大学生当前的心理承受能力水平以及他们的认知能力水平，在为大学生引入困境时，不能过于严重，但是，也不能太过轻微，否则将没有办法引起大学生的关注。让大学生发现他们遇到困境之后，教师应该引导他们掌握解决困境的方式，让大学生以后遇到困境的时候不必过于惊慌。

2. 接纳困境

要让大学生意识到困境是人发展过程中必须经历的事情，并且让大学生接触自己在困境中表现出来的缺点，引导大学生不断地提高自我能力，不断地坚定自己的信念，注重锻炼自己的意志，有助于大学生未来的更好发展。

3. 发挥榜样的积极力量

很多人才的成长过程中都经历了许多磨难，特别是前辈英烈，他们在新中国成立的过程中不断地艰苦奋斗，甚至牺牲自己的生命。他们都是大学生成长过程中的鲜明榜样，教师可以通过分享这些励志故事、励志人物让大学生意识到事物的发展必然是曲折前进的，让大学生正确理解挫折。

4. 认识自己的不足

教师可以在适当的情况下指明大学生当前发展存在哪些不足之处，让他们找办法克服自己的不足之处，不断地提升自我的能力。

（二）有意识地经历挫折

引导大学生让他们历经挫折的洗礼，可以让大学生建立起自己的心理免疫系统，也能够提升心理承受能力。心理防御系统和生理免疫系统类似，都可以抵御外界不良因素的侵扰，当个体建立起心理防御系统之后，能够在一定程度上避免一些失败带来的挫折感对个体产生的不良影响，也能够让个体在一定范围之内承受一些心理压力。让大学生建立起勇于克服困难的信心，面对困难的时候更有勇气。建立起心理防御系统之后，大学生在遇到挫折情况的时候不会那么惊慌，也不会被轻易地击倒。但是，教师在引导他们经历挫折教育的时候，给予的压力或者是挫折一定要适当，不能超越当前大学生的承受能力范围，而且作为教育的一种，挫折教育也要遵循教育原则。

（三）提高自我效能感

自我效能感可以有效地保护心理韧性。因此，心理教育应该为大学生提供让他们参与社会实践的机会，让他们可以在社会实践中锻炼自己的才能，如果大学生能在社会实践活动中获得成功，那么，大学生的自我效能感会有明显的提升，心理任性也会变得更强。

例如，可以举行“我是、我有、我能”的主题训练。“我是”可以让个体更加清楚地认知自我、感觉自我态度、自我信念；“我有”可以让个体知道自己拥有哪些内部资源、哪些外部资源，可以让个体有更强烈的安全感；“我能”可以让个体知道自己有哪些技术、哪些能力，可以解决哪些问题，如沟通能力、创造能力，等等。

（四）积极应对方式训练

大学生心理韧性发展过程中也可以使用积极的应对方式来保护心理韧性。学生之前应对挫折时不恰当的方式或者消极的方式可以通过应对方式干预训练来改变，在应对方式干预训练过程中，大学生可以慢慢地建立起稳定的、积极的心理品质。

应对方式干预训练主要包括以下五个方面的主题内容：一是认知重建训练，能够让大学生正确认识压力改变之前的错误观念，认识情绪和认知之间的关系，并且可以指导大学生积极地寻找减轻压力的方式；二是情绪管理训练，这一训练可以帮助大学生通过身心互动的方式调整情绪状态以应对消极情绪，减少挫折带来的不良影响；三是行为应对训练，可以让大学生采取有效的行为来应对挫折；四是个体应对资源开发训练，这一训练可以让大学生意识到自己的优势，在处理问题的过程中可以更加灵活地应对各种问题；五是社会应对资源开发训练，这一训练可以让大学生利用社会中的有效资源为自己获得社会支持。

（五）扩大社会支持网络

社会支持网络包括家庭支持力量、学校支持力量以及社会支持力量，从大学生的角度来看，他们能够获得的社会支持网络具体包括父母的支持、朋友的支持、学校教师的支持、同学的支持以及其他社会团体的支持。支持包括工具方面、信息方面、情感方面。个体如果想要形成积极的品质，那么，需要依赖一定的社会支持，而且社会支持可以让个体在处于压力的情况下获得更为强烈的安全感，学生在人生的重要阶段会需要社会支持，如升学过程中、就业过程中或者有突发意外情况的时候，要承受的压力比较大，如果能有父母的理解、老师的指导、同学的陪伴，那么大学生将会更勇敢地去克服困难与挫折。所以，从这个角度来看，大学生要注重自己与父母、朋友的沟通，让自己获得更多的支持，让自己度过逆境的时候有更强的持续力。

第三节 大学生积极情绪的激发与培养

一、 积极情绪的来源与功能

(一) 积极情绪的来源

“积极情绪（Positive emotion）是指与个体需要的满足相联系的、伴随愉悦主观体验的情绪。”① 积极情绪有很多种，其中最常见的包括希望、喜悦、自信、平静、感恩、兴趣、激励、敬佩、乐观和爱。

1. 希望

希望是相信将来的信念和愿望，虽然多数的积极情绪都是在感到安全和满足时出现，但希望是个例外。如果所有事情都在按照希望的方式发展，那么人们就不需要希望了。希望通常是在事情的发展存在很大不确定性时产生。它的核心是即使事实是这样，我仍相信好事会发生，趋势能好转的可能性大过糟糕的可能性。

2. 喜悦

喜悦是生活按照预定的方式发展，现实符合我们的预期，甚至比我们所期待的还要好时所体验到的一种感受。

---

① 王振宏，王永，王克静，等. 积极情绪对大学生心理健康的促进作用. 中国心理卫生杂志，2010（9）：716.

3. 自信

自信是自我意识情绪的一种，它能够使人既平静又充满斗志，在即使没有明确证据却仍然可以正向看待与自己相关的某一情境的结果，并愿意为实现目标克服困难、忍耐困苦。自信紧随成就而绽放，在学习工作生活中实现了目标，就能体验到更多的自信。

4. 平静

平静是在周围安全而熟悉、自身不需要付出太多努力的一种放松感和顺畅感，平静有利于安详松弛、不带评判地专注观察自己的情绪、想法和身体感觉，轻松接受所处的情境和各种可能性。

5. 感恩

感恩是当我们意识到他人对我们的善意、付出和爱时的一种情绪体验。感恩会激发我们想要回报的利他冲动，是内心富足后想要把自己留存的善意和爱传递出去的一种心态。

6. 兴趣

兴趣是我们在一种轻松且生动的环境中，被一些新颖的人、事、物吸引了注意力或自发性地沉浸于正在接触的事物中时所感受到的情绪。

7. 激励

激励是被人性里好的一面或卓越的成绩所启发、振奋时产生的情绪体验。当人们看到运动员在赛场上拼搏，获得胜利，为国争光时，会受到激励；当看到着急上学的学生仍能停下脚步帮助一位年迈的老人过马路时，会受到激励；当阅读一部名著，被主人公坚忍不拔的精神感动时，会受到激励。激励能够温暖我们的心，使我们集中注意力，更加朝着被启发、被振奋的方向前进。

8. 敬佩

敬佩通常是面对比我们更伟大的事物或人时所产生的体验和感受。敬佩与激励密切相关，激励人们的对象往往也是让人们深深敬佩的对象。例如，我们感佩大自然的美和力量，敬佩人性里的善意，敬畏精神仪式。

9. 乐观

乐观是最为积极的性格因素之一，是一种生活态度，也是一种处世的哲学精神，是不论顺境、逆境都能保持积极向上的良好心境。

10. 爱

爱是积极情绪从内在散发出的活力、生气、无畏的正向能量，当它带来的美好感受和一种安全的、亲密的关系相联系，扰动心灵时，爱就产生了。爱不仅可以丰富自己的人生，还可以带来宽恕和同情的力量，振奋他人的人生。

（二）积极情绪的功能

积极情绪能够给人们带来健康、成功和幸福，具体如下：

1. 积极情绪有助于身心健康

越来越多的研究表明积极的情绪、乐观的性格和良好的心理弹性有助于保护心脏，降低人们患心脑血管疾病的风险，在一定程度上降低死亡的风险。快乐、笑、幽默不仅有利于克服压力，更能促进呼吸和血液循环，分泌有益于身体健康的激素，抑制有害激素，从而改善身体健康。情绪可以影响心理活动和全身的生理活动，积极情绪可以使人的神经系统、内分泌系统、心血管系统和消化系统的自动调节机能处于最佳状态，减少与自身免疫性疾病相关的炎症产物，提高免疫系统功能，增长寿命。心情愉快、心态平和，对未来保持积极的充满希望的情感是一种良好的应对机制。积极情绪能够促成积极状态，有助于个体做弹性与复杂思考，拓展思路，成功应对生活中的挑战，提高免疫系统的机能，提高睡眠质量，有助于身体健康。

2. 积极情绪有助于成功

积极情绪并不能保证事情成功，但是拥有积极情绪可以改善人们的日常生活。在积极情绪的帮助下，人们能够给自身创造充满阳光的心灵空间，引导人们走向成功之路。一个拥有积极情绪的人，他的人生态度是积极的，无论是在学习、工作还是生活中，他都能很好地完成任务。因此，这样的人在人生中会实现更多的自我价值。自我价值实现得越多，自我肯定的成就感就越多，也能拥有更多的积极情绪，形成一个良性循环。

3. 积极情绪有助于幸福

面对一个微笑的人，人们会感觉到他的友好。同时这种自信和友好也会感染到其他人，使旁人的自信和友好也油然而生。积极的情绪可以帮助人们营造和谐的人际关系。积极情绪会孕育帮助他人和富有同情心的行为。当人们帮助他人的时候，会感到欣慰和自豪。而被帮助的人会因为收到意想不到的帮助而产生感激，他也会将自己的积极情绪外化，为社会增添善意。而周围的人看到人们帮助他人，也会受到鼓舞和激励，其他人也会因这种助人行为感到振奋，进而为社会增添更多的善意。当积极情绪在人们之间传递开来，就形成了一种良性循环，这种良性循环改变了整个社会从而营造出和谐的人际关系，而和谐的人际关系则是幸福感的重要源泉。

幸福就是一种主观感受，拥有积极情绪的人更容易感受到幸福。拥有更多的积极情绪能够帮助人们拥有幸福快乐的人生。许多人的幸福感很大程度上源于自身的个性、魅力和亲和力。而在个性中，最吸引人的就是那亲和的笑容。在适当的时候、恰当的场合，一个简单的微笑就可以创造无穷的价值。

二、 大学生积极情绪的激发与调适

（一）认清积极情绪与消极情绪差异

情绪从性质上可以分为积极情绪和消极情绪。积极情绪可以为人们提供一种向上的进步力量，对人生发挥促进作用，而消极情绪则恰恰相反。例如，在人际交往中，积极情绪表现为：和别人握手时，要表现出热情、诚恳、可信和自信。消极情绪表现为：初次见面时被动握手，接触时距离保持过远，不太注意倾听对方的讲话，对话时相互猜疑，防范多于理解和谅解。在生活中，需要更多地发挥积极情绪的正面作用，从而避免消极情绪所带来的负面影响。

情绪认知理论认为积极情绪是在目标实现过程中发生对个人有正面意义的事情，如取得进步，或进展顺利，或得到他人认可时所产生的感受和反应，是蕴藏在每个人身体里的积极能量。当人们开启了积极情绪模式，虽然不能阻止所有坏事情的发生，但是仍然可以保持好的心态，并让生活充满阳光和正能量。不是因为人们身体健康、学业或事业成功、生活幸福才能感受到积极，而是积极情绪帮助人们获得了健康的身体、成功的学业或事业，让生活走入一个良性循环。

消极情绪是与积极情绪相对应的一个概念，它是指在目标实现的过程中由于外因或内因的不良影响而产生的不利于继续完成工作或正常思考的情感，通常包括悲伤、愤怒、紧张、焦虑、痛苦、恐惧、压抑等。在生活中，人们常常会因为各种原因陷入消极情绪中：失去亲人感到悲伤，上台演讲感到紧张，临近考试感到焦虑，和朋友吵架感到痛苦，考试不及格感到压抑等，似乎生活中的各种不如意都会让人们感受到各种各样的消极情绪。

当然，消极情绪也不完全是坏的，某些消极情绪对人们的生存具有重要意义。例如，恐惧的情绪让人们可以逃离危险，远离伤害；适度的紧张有利于调动全身的能量和更多的资源来应对面临的问题；适度的焦虑可以帮助人们更好地为未来做好准备；悲伤和愤怒可以帮助人们正视自己的需要和情绪体验，调整适应性的行为。但是，如果消极情绪在生活中长期弥漫，就会出现问题，长期的压抑可能造成抑郁，长期的悲伤会让人丧失信心和勇气，长期的恐惧可能会让身体发生病变。在当代社会环境下，个体面临的压力比较大，常常会陷入更多的消极情绪中。当消极情绪已经超出个体的承受力时，就需要有意识地增加积极情绪。

（二）调适积极情绪与消极情绪的比例

积极情绪可以帮助大学生拥有健康的身心、成功的事业和幸福的生活，促进个体的蓬勃发展。但生活中的积极情绪和消极情绪是并存的。在欣欣向荣的生活配方中，消极情绪也是一个必要的组成部分。如果缺失了消极情绪，个体就会变得轻狂、不踏实、不真实。但如果缺失了积极情绪，个体则会在痛苦中坠入崩溃、压抑甚至绝望的深渊。

马歇尔·洛萨达研究团队曾量化过积极情绪对个体的状态和行为有多大的影响，并开发了一个关于这个理论的数学模型。通过数学模型计算，他们发现生活中的积极情绪与消极情绪如果在一个特定的比率之上，个体会进入欣欣向荣的状态，而低于这个比率，个体就会进入消极循环和失败。这个神奇的比率是2.901∶1，为了方便实际应用，把它定为3∶1，这个比例也称为积极率。

积极情绪在萌发和布局阶段是比较脆弱的。如果不能达到3∶1的配比，积极情绪尚不足以有足够的力量来克服消极情绪的影响，也就无法发挥它的积极作用了。只有当积极情绪和消极情绪的比例大于3∶1时，积极情绪的能量扩展和模式建构效应才能显现出来，使个体体验到在生活中积极情绪所展现出来的惊人效应。

个体可以将 3∶1 的积极率作为目标，这对大学生的生活具有重要意义，它能够帮助他们摆脱不良状态，并且预测在今后的生活中是积极上进还是萎靡不振。对个体而言，在生活中争取积极率高于 3∶1，才有足够的积极情绪帮助其积极上进。

三、 大学生积极情绪的培养方法

大学生积极情绪的培养，可以从以下方面入手：

（一）努力增加积极的情绪

1. 保持真诚

现代生活节奏不断加快，人们往往关注外界，而远离了内心。伪装的积极情绪和消极情绪一样是有害的。所以为了增加积极情绪，大学生需要让自身的步伐慢下来，带着真诚用心去看、去听、去感受周围的世界。这种真诚的态度能够给人们带来积极的情绪体验。

2. 找到生命的意义

提升积极情绪的第二个方法是在日常生活中建构和寻找更多的积极意义。大学生常常要面对生活的磨难和考验，无法将消极情绪完全驱除，但是大学生仍然可以用积极的方式来定义这些挫折或磨难，建构和提升生活的积极意义，从而增加大学生的积极情绪。

3. 品味生活中的美好

品味生活中的美好能够帮助大学生获得积极情绪。品味美好实际上就是在美好的事情中寻找好的方面，体验因美好的事物带来的积极情绪。

4. 心怀善意

有意识地增加个体的善意可以提升积极情绪。当大学生心怀善意时，可以促进大学生对周围人表现出更多的善意，关注他人，乐于助人。一旦表达善意，大学生就能从周围的人那里感受到更多的善意，促使善意和积极情绪之间形成良性循环，而更多的善意也就意味着更多的积极情绪。

5. 梦想未来

提高积极情绪的简单方法是梦想自己的未来。为自我构想最美好的将来，并非常详细地将之形象化。通过这种形象化的梦想未来，可以获得更多的积极情绪。

6. 利用优势

了解和利用自身的优势可以让大学生获得生活中更多的积极意义，并感受到更多的积极情绪。能够利用自身的优势做事或者可以做自己擅长的事情的人更容易获得积极情绪。利用优势可以让大学生发现自己对生活的独特影响和贡献，体验到人生的价值。

7. 与他人和谐相处

和谐的人际关系和积极情绪之间是一种相互依赖的关系。与亲人、爱人、朋友等周围的人建立和谐的、温暖的和可依赖的关系，往往能给大学生带来积极情绪。而拥有积极情绪的个体，更容易与人建立联系，易于沟通，带给别人美好的感受，从而也更容易建立深入和令人满意的人际关系。

8. 享受大自然的美好

与大自然的相处可以让大学生拥有更多的积极情绪。而户外运动和活动是比较好的途径。当大学生沉浸在大自然的怀抱中时，感受到大自然的魅力。大自然的广阔可以让视野变得开阔，头脑变得灵活，也让大学生将许多烦恼抛之脑后，从而拥有更多的积极情绪。

9. 打开心灵

保持开放性能够提升大学生的积极情绪。打开心灵，就会进入积极情绪所产生的开放性思维空间。当大学生的心灵保持开放，并练习接受所有好或不好，而不是分析它时，积极情绪就会增加。

10. 记录生活中快乐的事情

记录生活中的好事是培育和增加积极情绪简单直接的方法。一开始可能会比较困难，但坚持一段时间后就会逐渐变得容易。可以用一些小物品来对当时好的经历进行提示或说明，如照片、信件、礼物、卡片等，或者具有特殊意义的物品，收集并储存这些物品意味着将与事件相关的积极情绪也进行了收集与储存。随着时间的推移，如果有一天感到被一些消极情绪拖累时，可以拿出这些储存，以开放的心态来看它们。保持一种轻松的、心理上的接触，不特意分析。当过往与积极情绪相关的回忆被唤醒，身体和心都将被温暖，积极的情绪又重回身边，为我们带来更宽广的思维意识去面对当前的挑战。

（二）尽量减少消极的情绪

消极情绪并不是来自大学生遭遇的不幸，而是来自如何看待遇到的不幸。这决定了我们是具有调节减少消极情绪的能动性的。美国心理学家艾利斯创建情绪 ABC 理论，认为诱发事件 A（Antecedent）是事情的前因，C（Consequence）是事情的后果，虽说有前因必有后果，但同样的前因 A 未必产生同样的后果 C。这是因为从前因到后果之间，我们的信念和我们对情境的评价与解释是重要的中间介质 B（Belief）。同一情境（A），不同的人所持的理念与信念不同，评价与解释不同（B1 和 B2），会导致不同的结果（C1 和 C2）。因此，人的情绪困扰和行为障碍（C1），不是由某一事件（A）直接引发的，而是经由个体对这一事件的不合理、不正确的信念和评价所产生的。这些不合理、不正确的信念也被称为非理性信念。调整、改变非理性信念，即大学生对诱发事件所持的信念、看法、解释，可以有效调控情绪和行为反应。

大学生的情绪和行为与对事物的看法和想法有关，不同的想法导致不同的情绪和行为反应。在这些看法和想法背后是大学生对某些事物的共同观念，即信念。同样的事件，如果是不同的信念，将会引发不同的情绪和行为反应。例如，甲同学所持有的是合理信念，能够正确认识和评价事件，引发的情绪和行为反应是适当的；而乙同学所持有的是不合理信念，不能客观合理地认识和评价事件，引发的情绪和行为反应则是不适当的。如果大学生长期持有某些不合理信念，可能导致长期处于消极情绪和状态之中，甚至导致情绪和精神障碍。

1. 识别不合理信念

引发消极情绪的不合理信念通常具有如下特征：

（1）绝对化要求。绝对化要求是以自身的意愿为出发点，认为某一事物必须发生或不该发生，经常与“必须”“应该”这类字眼相联系。有绝对化要求特征的信念的不合理之处在于客观事物的发生发展都有一定的规律，不可能按个人意志去运转。持有绝对化信念的个体，当事情没有像他想象的那样发生时，个体就会觉得难以接受，极易陷入情绪困扰当中。

（2）过分概括化。过分概括化，即以偏概全，从一两件事情来做自我判断和对别人进行判断。过分概括化的信念，一方面会让大学生产生不合理的评价，一旦出现错误，就会认为自身毫无价值，从而导致悲伤、自卑、自责等；另一方面对别人也会产生不合理的评价，一旦别人出现失误，就会认为其很差劲，是个失败者，从而产生愤怒等消极情绪。有过分概括化特征的信念常常让人们求全责备，因此，应该认识到金无足赤，人无完人。无论是评价自己还是评价别人，都应该做到对事不对人。

（3）糟糕至极。糟糕至极是在没有现实依据的情况下把事情发展的可能后果想象或推论到异常糟糕，甚至是灭顶之灾的程度的一种非理性信念。当不好的事情发生时，真实的不好感受会引发夸大的情绪假象，进而担心、想象更为糟糕、更为极端的情形发生。糟糕至极的思维特征包括后果想象、推论可怕，这将导致个体陷入消极情绪之中，如自责、焦虑、悲观、抑郁，再由消极情绪引发不良行为反应，从而陷入恶性循环之中而难以自拔。不好的事情确实有可能发生，我们必须合理认知、接受现实并尽可能地去改变这种状况；或学会在这种状况下生活下去，而不是把自己引向极端的消极情绪状态之中。

2. 减少消极情绪的方法

为了减少消极情绪，大学生要学会找到自身的不合理信念，并用合理的信念代替它。从一个典型的事件出发找到诱发事件，然后体会该事件发生后自身的情绪和行为反应。通过反思分析自身在该事件中持有了哪些不合理的信念，对之辩论并用合理信念代替它。大学生不仅需要从思想上改变不合理的信念，还需要在行为上做出改变。如果可以长期坚持，不合理的信念就会越来越少，由它所引发的消极情绪也会随之减少。

除此之外，将自身的注意力转移到愉快的事情上也可以帮助大学生减少消极情绪，如做一些喜欢的运动（慢跑、游泳、瑜伽、冥想等），还可以参加一些活动让自身完全投入其中，如和朋友聊天、旅行、读书、玩一些轻松的小游戏等，这些都可以帮助大学生从消极情绪中跳出来。

（三）转化消极情绪提高积极率

每个人的情绪都在随时变化着。同样的事件，不同的认识可能产生不同性质的情绪。事物对大学生的意义往往是多方面的，它常常是既有消极的一面，也有积极的一面，积极情绪和消极情绪是相对的，可以相互转化。大学生可以通过改变自身的想法和对事物的态度将消极情绪转变为积极情绪，使减少消极情绪和增加积极情绪成为可能。因此，可以通过改变环境中的消极因素，加入积极情绪的因素，或者改变事物的意义，从而减少消极情绪感受，增加积极情绪感受。

每个人都是生活的主人，积极或消极的选择，可以有主观能动性的参与。如果总是看到事物不好的一面或者总是看到消极的事物，只会感到悲伤、压抑、自卑。如果换个角度，多尝试看到事物好的一面或者多关注那些积极的事物，多想想高兴的事情，自觉地用积极情绪代替消极情绪，就会将状态调整到更理想的频道，即使身处逆境也有助于想到更多更好的方案去破局。而积极情绪一旦被调动起来，会使大脑皮层处于兴奋状态，逐渐减少或者抵消消极情绪的影响，这就是积极情绪的魔法。拥有积极情绪的人往往是乐观的人，他可以变通地看待事物，感受事物的美好。不拒绝生活中的负性事件带来的消极情绪，同时也努力体验并有意识地创造积极情绪，两者并存提高积极率，将有助于我们扩展思维，建构资源，促进我们的能力不断发展，现实状况也将得到不断改善。

心理测试及解析

焦虑自评量表（SAS）

说明：焦虑是较常见的一种情绪状态或障碍，焦虑自评量表（SAS）可作为了解焦虑症状的自评工具，适用于有焦虑症状的成年人。量表含有 20 个反映焦虑主观感受的项目，按自己近一周的实际情况在适当的方格里画√。

题目	从无	有时	经常	持续
1. 我觉得比平常容易紧张和着急	1	2	3	4
2. 我会无缘无故地感到害怕	1	2	3	4
3. 我容易心里烦乱或觉得惊恐	1	2	3	4
4. 我觉得我可能要发疯	1	2	3	4
5. 我觉得一切都很好，不会发生什么不幸	4	3	2	1

续表

题目	从无	有时	经常	持续
6. 我手脚发抖、打战	1	2	3	4
7. 我因为头疼、头颈痛和背痛而苦恼	1	2	3	4
8. 我感到容易衰弱和疲乏	1	2	3	4
9. 我觉得心平气和，并且容易安静坐着	4	3	2	1
10. 我觉得心跳得很快	1	2	3	4
11. 我因为一阵阵头晕而苦恼	1	2	3	4
12. 我有晕倒发作或觉得要晕倒	1	2	3	4
13. 我呼气、吸气都感到很容易	4	3	2	1
14. 我手脚麻木和刺痛	1	2	3	4
15. 我因为胃痛和消化不良而苦恼	1	2	3	4
16. 我常常要小便	1	2	3	4
17. 我的手脚常常是干燥温暖的	4	3	2	1
18. 我脸红发热	1	2	3	4
19. 我容易入睡，并且整夜睡得很好	4	3	2	1
20. 我做噩梦	1	2	3	4

评分方法及结果解释：

20 个项目得分相加即得粗分，粗分乘以 1.25 后取整数部分即得标准分。按照中国常模结果，标准分得分 50~59 分为轻度焦虑，60~69 分为中度焦虑，70 分以上为重度焦虑。

抑郁自评量表（SDS）

说明：抑郁自评量表（SDS）可直观地反映有关抑郁情绪的主观感受，包括抑郁心情、身体症状、精神运动行为及心理方面的症状体验，适用于有抑郁症状的成年人。量表含有20个项目，按自己近一周的实际情况在适当的方格里画√。

题目	从无	有时	经常	持续
1. 我感到情绪沮丧，郁闷	1	2	3	4
2. 我感到早晨心情最好	4	3	2	1
3. 我要哭或想哭	1	2	3	4
4. 我夜间睡眠不好	1	2	3	4
5. 我吃饭像平时一样多	4	3	2	1
6. 我的性功能正常	4	3	2	1
7. 我感到体重减轻	1	2	3	4
8. 我为便秘而烦恼	1	2	3	4
9. 我的心跳比平时快	1	2	3	4
10. 我无故感到疲劳	1	2	3	4
11. 我的头脑像往常一样清楚	4	3	2	1
12. 我做事情像平时一样不感到困难	4	3	2	1
13. 我坐卧不安，难以保持平静	1	2	3	4
14. 我对未来感到有希望	4	3	2	1
15. 我比平时更容易被激怒	1	2	3	4
16. 我觉得决定什么事情很容易	4	3	2	1
17. 我感到自己是有用的和不可缺少的人	4	3	2	1
18. 我的生活很有意义	4	3	2	1
19. 假若我死了别人会过得更好	1	2	3	4
20. 我仍旧喜爱自己平时喜爱的东西	4	3	2	1

评分方法及结果解释：

20个项目得分相加即得粗分，粗分乘以1.25后取整数部分即得标准分。标准分≥50分为有抑郁症状。

第五章

大学生适应心理与学习心理培养

第一节
大学生的适应心理与学习适应

一、 大学生的适应心理

（一）适应的心理意义

适应是个体在与环境的互动过程中主动调适以顺应环境，在环境中有效发挥其身心机能，从而保障个体健全的个人生活的过程。从心理学的角度来讲，适应是个体基于自身的需要满足与环境不断进行互动的心理过程，是个体通过不断做出身心调整，在现实生活中维持一种良好的有效的生存状态的过程。

适应原本是一个生物学的基本概念，它指所有活着的有机体都要随着它们环境中的某些条件的改变而改变其活动。生物的机体需要必须通过其与外界条件相适应的行为来加以满足。适应是事物发展的基本条件，一旦持续地失去与周围环境适应的能力，机体就会被淘汰。有机体的需要应与环境中的某些条件协调，从而促进自身发展。一旦产生某种程度的不适应，它的生存便会受到一定的影响和危害。

人类的发展之所以拥有这么长的历史，正是因为拥有不断发展的大脑和智慧，使人类社会与客观自然之间产生辩证统一的关系，在适应中发展，在发展中适应。作为一名新入学的大学生，不仅要适应大学所在地区的气候、地理、人文环境，适应父母不在身边的生活环境，适应周围不同性格学生的人际环境，更要适应不同于高中的学习环境。适应性在很大程度上代表着一个人心理健康的程度。从心理学角度而言，适应的过程通常包含以下几部分：一种需要的出现和存在；阻止这种需要获得满足的阻挠出现和存在；个人做出一个又一个克服这些阻挠的各种各样的行为反应，并不断进行尝试；最终找到一种方式有效缓解了紧张、满足了需要、解决了问题。

因此，心理适应的根本是在遇有变化和阻挠时进行积极的心理调适，做出适当的行为适应。心理适应先要有对环境的认知和对自身的客观分析。有些人无论身处何种环境下都感觉不适，并一味地抱怨环境，从而产生对生活的消极态度，甚至形成不健康的人格；但是，有些人身处逆境，仍然能与命运抗争，最后达成自我实现，为社会做出贡献，这样的事例屡见不鲜。可见，适应心理对个体的自我发展有极其重要的作用。

（二）大学生适应心理的维度

“适应，是大学生心理健康的标准之一。要提高大学生的心理健康水平，就必须引导大学生适应大学生活。”① 就大学生的适应心理而言，一般包括以下方面：

1. 生活上的适应心理

通常而言，大学招生都不局限于地区，而是面向全国。大学生活的开始意味着大学生要离开生活良久已经熟悉了的地方，告别熟悉的生活模式，开启一种崭新的生活方式，需要更多的适应和调节。越是那些与原来生活习惯差别较大的学生，加上自身适应力、性格以及常用的适应方式等因素的影响越容易表现出适应不良。

2. 环境上的适应心理

从心理学范畴来讲，环境适应一般包括三个层面，即生物学意义上、心理上以及对社会生活环境的适应。生物学意义上的适应主要是指人们身体器

---

① 张冬梅，谷丹．大学生心理健康教育．北京邮电大学出版社，2018：63.

官对味、光、声等因素的适应，因此也可以称为生理适应；心理上的适应一般是人们在经历挫折、困难情况时，借助心理防御机制对自身进行调节的过程，是人们对环境适应的一种狭义定义；社会生活环境的适应主要是人们为满足自身生存需要而进行的行为适应和环境适应过程，能够使个人得到更好的发展。大学生入学后都会或多或少地面临环境上的适应问题。

3. 学习上的适应心理

进入大学，大学生不得不面临学习上的适应问题，已经适应了原来的学习环境，面对新的环境难免会有所不适。首先，从学习目标来看，许多学生已经习惯于高中时期在外部条件的严格控制下所制定的具体目标，而不能马上适应这种由内在因素控制的，为长远目标而进行的自我控制的学习。其次，从学习内容来讲，想要获得毕业证和学位证，必须获得一定的学分，这就要求学生对自己的学业做到心中有数，自己制订好学习计划；另外，进入大学的同时也是在为进入社会做准备，所以应当根据个人的理想，多阅读一些对走向社会有用的书籍。最后，从学习方法上讲，大学生是以自己主动学为主，教师指导为辅的学习，这是一个大学生主动学习、主动探索的阶段，而不是被动地等待教师的安排和督促。

4. 工作上的适应心理

有不少学生进入大学后发现，大学确实是一个更宽阔的舞台，可以在舞台上尽情发挥。大学里有多种多样的活动可以参加，大学里有各种各样的社团可以加入，甚至可以自己创建一个社团。于是，许多学生积极参与了多种活动，挑战了不少工作任务。其间，一些学生适应良好，在锻炼中不断学习、成长，学到了很多书本上学不到的东西；也有部分学生，在一些问题上，不能够适应，从而产生了一些消极情绪。例如，一些学生不能处理好工作和学业之间的关系，导致成绩不理想；一些学生不能很好地组织工作，调动其他学生的积极性，对自己的工作能力感到怀疑。大学生如果认真总结经验教训，积极改正，一定会有所收获。在工作过程中，怎样赢得领导的支持，怎样同合作者交流，怎样安排工作的每个细节等，这些都会为日后工作奠定良好的基础。

5. 角色上的适应心理

进入大学生活，学生的角色也会发生变化，要适应角色的变化，就必须改变从前的处事方式，对个人角色进行重新定位。大学意味着学生逐步进入自立的生活，要融入大学生群体，需要将自己变成一个待人平等、有亲和力、乐观热情、积极向上的角色，在与其他人的相处过程中，必须深刻认识到自己作为大学生的角色，既是知识分子的代表，也是学校的代表，自己的言行举止关系到许多方面，必须不断调整适应。

6. 人际上的适应心理

人际上的适应心理也许是大学生中存在问题最多的一个方面。人是社会中的人，人际关系的适应是适应的一个主要方面。有了良好的适应，人才有了支持的力量，才有了安全感和归属感，才能愉悦地做其他事情。适应大学生的人际关系，要先对人际关系有一个清晰的认知，再根据人际关系适应需要学习适应人际关系的技巧和方法。在适应人际关系时，必须保持一颗真诚的心，尊重对方，给予对方足够的关怀，同时要认识到不同个体必然存在差异，取长补短，待人宽容，以一颗谦虚、宽容的心去交友，才能真正建立良好的人际关系。

二、 大学生学习适应及策略

（一）大学生学习适应分析

1. 大学生学习特点

（1）学生学习的主要特点。学习是学生获取信息的重要方式，主要是采用教师授课的方式，教师根据教学计划和教学目标安排授课内容，使学生获得理论知识，并在学习过程中形成正确的世界观、人生观和价值观，实现全面发展。学生学习与获取其他信息的方式相比，具有以下几个特点：

①学生的学习主要是通过教师授课传授知识，知识是人类在实践中积累下来的，而学生通过学习，不用实践即可获得前人实践形成的间接经验，在学习过程中也会增加一些新的体验，同时会在学习已有经验的过程中发掘新的内容。

②学生的学习是在教师的指导下，有目的、有计划、有组织地进行的。教师都接受过专门的教育训练，采用的是特殊的、行之有效的方法，能在有

限的时间内高效率地达到教学目标。同时，教学活动又有其严密的组织系统。学校通过课程设置、教学计划安排对学生的学习进行控制，学生必须在规定的、有限的时间内完成一定的学习任务并接受考核。因此，学生在学校中的学习比在日常生活中的学习有效得多。

③学生的学习内容是多方面的。学生的学习内容非常广泛，主要包括知识的获得、技能的形成、思维方式的改善、行为习惯的培养、态度的形成与改变、道德品质的提高、人格的完善等。

（2）大学生学习的主要特点。大学生的学习是学生学习的一种，其表现出不同的特点，具体如下：

①学习目标要求高。大学教育的主要任务是，使学生在学习普通科学文化知识的基础上，进一步学习和掌握专业知识和专业技能，把他们培养成各行各业所需要的高级专门人才。

②学习内容既专又博。大学是专业教育阶段，学生首先是按专业划分的，大学生在入校前或入校后的一段时间内必须根据自身的兴趣、爱好以及特长选择一定的专业，各专业在课程设置、教学内容、教学安排以及培养目标上存在较大差异。大学教育是一种定向的专业教学，专业教学是其显著的特点，每一个学生都需要了解自身专业领域的理论、尚有争论的问题和最新的科研成果，需要学习专业基础课、专业主干课、专业选修课这三类课程。但是专业性不等于单一性，不等于大学生的学习必须拘泥于某一学科或专业。

大学培养的是复合型人才，因此，大学的学习又有博的要求，大学生一般要学习一些基础课程，如“两课”、大学语文、计算机、外语、体育、高等数学、大学物理等。有的学校大一是不分专业的，主要学习一些基础课程，有的学校要求学生必须选修其他学院的课程。因此，大学生既要学好专业知识，又要广泛涉猎各学科领域，扩大自己的知识面，实现“一专多能”，这样才能更好地适应社会。

③学习途径多样化。大学生的学习途径是复杂多样的，课堂学习虽然仍是主要的学习途径，但已不是唯一的途径。除了课堂学习外，大学生还可以通过实验课、课外讲座、科研活动、专题讨论、社团活动、社会实践活动、课程设计、毕业设计等多种形式进行学习。丰富多彩的学习方式和实践活动为拓宽大学生的知识面，提高大学生的实践能力提供了良好的条件。

④实践性教学环节所占的比例较大。大学生既要掌握抽象的理论知识，又要将理论知识用于具体实践，以提高实践能力。因此，实践性教学环节在大学学习中占有重要的地位，在总学时中所占的比例较大，一般超过20%，有些工科院校所占的比例高达30%。大学生的实践性教学环节主要有实验课、课程设计生产实习和毕业设计等。实践性教学环节对于提高大学生的综合素质是必不可少的。

⑤学习方法的选取更注重自主。大学生的学习虽然也需要教师讲授，但是教师讲授之前的预习，讲授之后的理解、消化、巩固等环节主要靠学生独立完成。同时，大学生自主支配的时间较多，除了教学时间之外，学习方面一般没有具体的规定，大学生可以根据自身的需要、兴趣、特点自主安排，并且可以自由选择在教室、阅览室、图书馆或者宿舍里学习。这就需要大学生充分发挥自主性和主观能动性，统筹规划，合理安排自己的学习内容，选择合适的学习方式，以便在有限的时间内达到较好的学习效果。

⑥学习过程更注重探索。大学生的学习不再局限于刻板的、缺乏灵活性与思辨意识的知识学习，而更加注重探索式、创造式的学习。大学教师在教学过程中更偏重介绍学科的基本情况和研究现状，使大学生对学科有一个全面系统的认识，了解学科和专业发展的状况、存在的问题，思考解决这些问题的可能性。学生学习也不需要死记硬背，而是根据已有的研究成果，形成新的认识，探索新的领域，搜集资料撰写论文报告，逐步养成良好的科研习惯，通过参与学生科研项目、教师科研项目来提高科研能力，提高独立思考、探索创新的能力。学习过程在好奇驱使、勇于质疑、竞争激活中增强思维的广阔性、活跃性和针对性，从而挖掘智慧潜能，从多角度、多层次去思考问题，去探索、去创新的过程是比知识学习更重要的学习方式。

2. 大学生学习动机缺乏与过强

动机是个体行为的内部动力，是个体以一定方式引起和维持其行为以满足需要的心理倾向。学习动机是引发和维持个体进行学习活动，并使学习活动朝着一定目标进行的内部动力或心理倾向。学习动机的一种直接外在表现是学习积极性，是在学习活动中认真主动、投入的状态。如果学生对学习没有兴趣，缺乏求知的欲望，学习是很难长久地维持的。因此，在整个学习过程中，激发学习动机是至关重要的，但这并不意味着学习动机越强烈越好。

另外，动机的最佳水平不是固定的，依据工作任务的不同会有所改变。工作难度很小时，动机十分强烈，才能有较高的工作效率。工作难度很大时，适当地降低动机强度，有利于提高工作效率。

（1）大学生学习动机缺乏。大学生学习动机缺乏的主要表现是厌学。大学生厌学是指大学生对学习感到厌倦的心理和消极的学习行为倾向。具体表现如下：

①厌学的表现。厌学的学生一般都缺乏理想与信念，缺乏目标。具体表现：上课迟到、早退、旷课；在课堂上听音乐、玩手机、看小说、睡觉；课前不预习，课后不复习。

②厌学的原因。大学生厌学的原因有很多，既有客观方面的，也有主观方面的，这里仅从主观方面进行分析，具体如下：

第一，缺乏目标。很多大学生在高中时的目标是考上自己心目中理想的大学，于是很努力地去学习，走进大学校园之后，没有了积极的学习态度，这都是缺乏目标，对自己放松要求导致的。

第二，理想与现实之间有差距。有的大学生对自身所考入的学校不满意，对所学的专业不感兴趣，理想与现实之间的差距使他们出现了很多的消极情绪，但是他们又不愿意去面对这种差距，不愿意去处理消极情绪，于是把大部分时间放在与学习无关的事情上，从而影响学习。

第三，自我管理能力差。很多大学生自我管理能力差，意志力薄弱。有些大学生仍旧采用之前的学习模式，希望教师对学习提出要求，否则就不知道该如何学习，还有些大学生很容易受到周围不良环境的干扰，影响正常学习。

③克服大学生厌学的方法。针对厌学的原因，可以采取以下几种方法克服厌学：

第一，制定目标并付诸行动。进入大学后，每个人都站在了新的起点上，大学生要制定大学时期明确的学习目标，并且所制定的目标要有系统性，既要有短期的目标，如这个学期要争取每门课程的成绩都在 75 分以上，也要有长期的目标，如四年之后要考上研究生。

第二，提高适应能力，培养学习兴趣。大学生要提高适应能力，培养学习兴趣。人的一生中很多事情都不是一帆风顺的，理想与现实总是会有差距的，人们要学会接受并适应。或许这所学校不是心目中理想的大学，或许所学的专业也不太喜欢，但是在无法改变现状的情况下，只能面对现实，努力地去发现这所学校的优势和拥有的资源，去了解自己所学的专业，进而喜欢上自己所学的专业。

第三，增强意志力和自我管理能力。大学生应当增强意志力和自我管理能力。学习任务没有完成却控制不住去玩网络游戏，这是意志力薄弱、自我管理能力差的表现。意志力和自我管理能力需要在生活中慢慢地培养，可以制订一个计划，如果计划完成了，就奖励自己，若没有完成，就惩罚自己。用这种自我奖惩的方法可以有效提高自我管理能力。

（2）大学生学习动机过强。学习动机固然对学习活动起着推动作用，但这并不意味着学习动机越强，学习效果就越好。学习动机过强，无论是内部的期望过高，还是外部的奖惩诱因过强，都会使学生专注于内部的期望和外部的奖惩，而不是专注于学习本身，从而影响学习效果。

①学习动机过强的主要表现如下：

第一，期望过高。有些学生由于缺乏对自身各方面素质的全面认识和对外界客观条件的认识，对自身有很高的期望，并确立了很高的目标。目标过高，而能力又达不到目标的要求，所以很容易失败，失败之后，很容易挫伤自尊心、自信心，严重的时候还会产生自卑、抑郁等心理问题。

第二，好胜心过强。学习动机过强的学生常把分数和名次放在很重要的位置上，这部分大学生争强好胜，在每次考试或竞赛中总想取得很好的名次。他们很想得到教师、长辈的肯定与表扬。

第三，学习强度过大。学习动机过强的学生常把学习看得过于重要，很少将时间花在娱乐活动上。他们在学习上废寝忘食，把全部心思都用在了学习上。如果长期这样下去，会影响身心健康，不利于个人发展。

第四，精神紧张。学习动机过强的学生由于长时间超负荷学习，情绪上很难放松，常伴随学习焦虑和考试焦虑现象。精神紧张易引起学习过程中注意力不能集中、记忆力下降等问题，从而造成学习效率低，久而久之还容易引起头痛、头昏、耳鸣、心悸、肠胃不好等疾病。对于学习动机过强的学生而言，学习可能是一件苦差事，而不是一种乐趣。

②学习动机过强的具体原因如下：

第一，学习目标设置得过高。如果学习目标设置得太高，目标实现的可能性很小，就可能造成学习动机过强，导致对自己的要求过于严格。

第二，不恰当的认知模式。努力是取得成功的必要条件之一，这是毋庸置疑的。但是，有的大学生把努力看成取得成功的唯一条件，错误地认为“只要我努力，就能取得成功”，这种认知模式容易使大学生产生过强的学习动机，从而使他们在学习过程中不顾自身的能力及各种客观条件，为了一个不太可能实现的目标而盲目努力，却始终体验不到成功的喜悦，从而对身心造成一定的损害。任何事情要想取得成功，都必须考虑自身的能力和环境因素。

第三，他人不适当强化。生活中，多数人会更倾向于支持那些学习动机过强者，称赞他们学习劲头足、刻苦、有志向，并期望他们做得更好。因此，学习动机过强的大学生很容易得到他人的肯定和支持，这种不当强化会使他们看不到学习动机过强的危害，并且会使他们对自己的要求更加严格。

第四，性格原因。学习动机过强与性格关系密切。例如，具有追求完美、好强、固执等性格特征的大学生很容易形成过强的学习动机，性格内向、沉默寡言、不善于交际的大学生也很容易形成过强的学习动机。性格的形成一方面与遗传因素有关；另一方面与个体的成长经历、成长环境有关。在性格形成的初期，如果父母过于严厉，对孩子的期望过高，就很容易使孩子形成争强好胜的性格特征，导致日后学习动机过强。

③克服大学生学习动机过强的方法具体如下：

第一，正确认识自我。大学生对自身的能力和水平要有客观的评价和正确的认识，制定目标时要量力而行，既不要好高骛远，也不要盲目攀比。

第二，科学制定目标。学生制定目标时要充分考虑自身所具备的条件及实际环境，“跳起来正好够得着”应是目标制定的基本原则。需要注意的是，制定的目标要清晰、具体，具有可操作性，是经过努力能够实现的，切勿把目标定得过高、过于模糊难以操作，否则会造成学习动机过强，影响学习效果和身心健康。

第三，关注学习本身。学习动机过强的大学生往往过分注重长辈、教师及周围的学生对自己的看法，这样会使他们在学习过程中压力过大，患得患失。这样的大学生要注意把关注点放在如何学会学习以及学会了多少知识上，不要总是去想失败的后果，要增强自身的抗挫折能力。

第四，营造宽松的学习氛围。过强的学习动机，不是立即形成的，它是在个体成长的过程中逐步形成的。在这个过程中，环境的影响起着很大的作用。学习动机过强的大学生要注意争取父母的支持，让父母对自己有合理的期望，以营造宽松的学习氛围。

（二）大学生学习适应策略

1. 认知策略

认知策略是学习者加工信息的一些方法和技术，有助于有效地存储和提取信息。其基本功能有两个方面：一是对信息进行有效的加工与整理；二是按照类别对信息进行储存。常用的认知策略如下：

（1）复述策略。重复是记忆最常用的一种方式，通过对信息的重复形成深刻记忆，是知识记忆的主要方法，尤其是在遇到一些难以理解的知识点时，如专用名词等，通过复述可以在短时间内进行记忆，学习效率更高。常用的复述策略主要包括以下方面：

①在复述的时间上，采用及时复习、分散复习。因为遗忘随时都在发生，必须多次重复才能有好的记忆效果。

②在复述的次数上，采取适度的过度学习。在学习某一材料时，已经可以做到初步回忆时，再继续学习一定的时间。过度学习不是毫无限度的超量学习，一般认为，在一定范围内，过度学习是必须的，但不能超过一定限度。通常，学习程度以150%为佳，即过度学习50%，效益最佳。例如，一段文字，反复读8遍后勉强可以背下来，接着再读4遍，这时的记忆效果比较好。

③在复述的方法上，运用多种感官协同记忆。例如，边听边看、边读边写、边听边做等，可在大脑中留下多方面的回忆线索，从而提高记忆效果。学习心理学家特瑞拉经过研究曾得出这样一个结论：我们的学习大约1%是通过味觉，2%通过触觉，3%通过嗅觉，11%通过听觉，83%通过视觉。人的大脑左半球控制抽象思维，右半球控制形象思维，视听并用的学习效率大大超过单纯地听或单纯地看，如边听课边记录，边阅读边摘抄，边分析边画思维导图，将抽象的语言符号和具体的形象动作结合起来，使两个脑半球同时发挥作用，多感官参与，不但能加深对知识的理解，也有助于提高记忆效率，巩固记忆效果。

（2）精加工策略。精加工策略是指学生在获取已有知识的基础上，对知识进行精细加工，与以往学过的知识建立联系，加深对新知识的认识，更加便于记忆。精加工策略与简单直接的复述策略不同，其侧重于建立新知识与旧知识之间的联系，知识加工更加精细化，记忆效率也会更高。

信息加工越精细，对知识的理解就越深刻，知识记忆的效果也会越好。成绩优秀的学生往往更懂得运用精加工策略进行知识记忆，对复述策略的运用反而极少，而经常使用复述策略的学生往往难以取得理想的学习成绩。常用的精加工策略具体如下：

①联想法。包括形象联想法、谐音联想法、关键词联想法等。例如，记忆“计算器—书”这一组词，可以想象成“计算器印在书的封面上”。想象越奇特，加工得就越深入、越细致，记忆得就越牢固。有一种用想象来加深记忆的方法，就是编一个故事，把所有要记忆的信息联系在一起，记住故事的内容，也就记住了所有需要记忆的信息。

②提要法。这是一种去粗取精、删繁就简、提炼关键信息的方法，包括画线法和笔记法。例如，在学习的时候，在学习材料上圈出重点，标明事件序号，用“?”表示有疑问的地方，画箭头表明关系，写下评论，表明自身的观点。做笔记是阅读和听讲时用得较为普遍的精加工策略。学生通过做笔记提炼关键信息进行记录，可以有效监控自己的学习过程，不仅可以及时处理新知识的内在联系，而且有助于在后期巩固时发现和建立新知识与旧知识之间的联系，有利于知识的概括、总结。

③提问和回答问题。提问和回答问题是一种很好的促进学生学习的策略。在提问和回答问题的过程中，学生必须基于对自己所学内容的掌握情况，深层次地进行思考与应用，才能提出有价值的问题，并探寻合理的解决办法，在提问和回答问题的过程中也推动学生发展独立思考的能力和思维创新的能力。

④生成性学习。美国心理学家维特罗克认为，学习是一个学习者积极主动参与其中，基于自己原有的认知结构，构建自己对新信息的解释，从而将新信息纳入自己的长时记忆系统中的过程。生成性学习要求学生对学习材料进行个性化加工，建构新知识与自己既往知识结构的关联，产生新的理解，将其变成自己的东西。

2. 元认知策略

元认知策略是指学生在学习过程中对自我认知能力和自我学习状态进行规划、监督、调整的策略，具体包括以下三种策略：

（1）计划策略。学生在学习活动开始前，制定合理的学习目标，根据目标设置学习内容，制订学习计划，预设学习过程中可能遇到的难题和解决方案，再根据自身情况和实际情况在计划实施过程中适时作出相应调整，保障学习计划顺利推进。

（2）监视策略。学生在学习认知过程中，依据认知内容的学习效果考察标准，进行自我评价，及时收集反馈，了解自身的学习情况和学习进度，根据评价内容调整学习计划，如在背诵时考察自身的注意力情况、答题时关注答题速度等，通过自我监视，发现自身在学习过程中存在的不足，并进行不断调整。

（3）调节策略。学生在认知过程中根据自我检查学习效果时发现的不足，进行自我调整，改善学习方法，调节学习策略。调节策略是基于监视策略中发现的问题采取措施的过程，如学生在答题时发现答题速度过慢、答题时间不足，会调节答题策略，通过改变答题顺序、跳过困难题目的方式提高答题速度。

3. 资源管理策略

资源管理策略是学生对可用的环境和资源进行有效地管理和利用，以提高学习效率和质量的策略，主要包括时间管理策略、学习环境管理策略、努力管理策略、资源利用策略和学业求助策略等。

（1）时间管理策略。时间管理策略要求辨识任务和需求，根据任务和需求的重要性、紧迫性进行排序，分配相应的时间和资源进行任务解决和需求满足。运用时间管理策略时应做到：

①统筹安排时间。大学生在安排学习活动时，要分清哪些事情必须做，哪些事情喜欢做，哪些事情可做可不做，每天都按照事情的重要程度和紧迫程度来安排学习活动，确保每天优先做重要的事情、紧急的事情、必须做的事情，再做喜欢的事情、可做可不做的事情。每天按照这样的原则分清轻重缓急，统筹安排时间，形成习惯，可以有效防止拖延，确保学习计划的执行。

②高效利用最佳学习时间。大学生要结合自身情况，根据一定周期内学

习效率的变化节律来安排学习活动，把最佳学习时间用在最难的或者最重要的学习任务上面。例如，清晨起床后通常是学习的黄金时段，经过一夜的休息，头脑清醒，体力充沛，此刻的认、识、记效率都会很高，印象也会很深，可以安排学习一些难记又必须要记的内容，如语言、定律、公式等。8：00～10：00和17：00～18：00是体内肾上腺激素分泌的高峰期，通常精力充沛，大脑具有严谨而周密的认知能力、思考能力、处理能力，是进行复杂计算和有难度作业的好时间。晚上睡前，把当天学习、练习和复习过的内容像过电影一样在脑子里回忆一遍，对巩固和记忆知识十分有利。

③合理利用碎片时间。在日常生活中，存在很多碎片化的时间，合理利用这些时间学习一些零碎的知识，或进行交际促进人际关系，都是不错的选择。通过细碎的积累，既充分利用了时间，也不断增加自身的知识储备，从而提高了时间管理效率。

（2）学习环境管理策略。学习环境管理策略是大学生需要意识并调节控制的一个重要方面，通过创设或选择适宜的学习环境，可以有效集中精力，取得更理想的学习效果。一是注意调节自然条件，保持空气流通、温度适宜、光线明亮、色彩和谐；二是设计好学习的空间，可以从空间大小、室内布置、用具摆放等方面设计有利于专注学习，而不是放松、娱乐、分心的环境。如果条件允许，应当有一个相对固定的学习场所，形成一个相对安静的学习环境，减小或排除他人或其他音像之类的干扰。

（3）努力管理策略。系统性的学习都是需要意志努力的，充分激活学习的内在动机，不断进行自我激励，适时进行自我奖励，端正学习心态，明确学习目标和个人愿景，都是维持个人意志努力的有效策略，激发有限的精力优先运用到重要的事情上。

（4）资源利用策略。善于利用一切可以服务于学习的资源，是高效学习的有效途径，包括对物力资源的利用，如参考资料、教辅材料、工具书、图书文献、教师的教学课件、音像材料等；对人力资源的利用，如教师的知识储备、教学技能、同学间的合作与讨论等。

（5）学业求助策略。学业求助策略是指当学生在学习上遇到困难时，向他人寻求帮助的策略。学生应意识到他人的帮助如同课本一样是重要的学习资源，寻求帮助并不代表自身能力缺乏，而是获取知识、增长能力的一种途径，是一种重要的学习策略。它包括执行性求助，即请求他人直接替自己解决困难；工具性求助，即借助他人的思路、工具、方法达到自己解决问题或实现目标的目的。一般来说，工具性求助是更值得倡导的求助方式，更有助于个体在此过程中得到锻炼和提高。

第二节

大学生学习心理的开发与调适

学习心理主要是指学习者在学习过程中产生的心理现象及其规律。了解大学生学习中的心理现象、共性规律、个性特征，对于指导大学生科学学习，培养健康的学习心理，在学习中做到事半功倍、提高学习的水平和能力、成为学有专长的社会有用之才是非常有意义的。但目前仍有少部分学生存在学习目的不明确、动力不足、厌学、焦虑、迷茫等问题。学生应以学习为本，学习是大学生的主要任务和大学生活的首要主题，学习活动也是大学生的主要活动形式。大学生在大学期间不仅能掌握知识、技术和发展智力，而且在学习过程中能形成自己的人生观、价值观、道德品质和行为习惯，以适应社会要求。学习是一种十分复杂的心理过程，它需要智力因素和各种非智力因素的积极参与。大学生的心理健康状况和发展水平直接影响他们的学习过程和学习效果。培养良好的学习心理是大学生心理健康教育的重要内容，它对于提高大学生的学习质量和效率也具有特别重要的意义。

一、 大学生学习心理及其潜能开发

（一）大学生学习心理的结构体系

学习是生活中非常普遍的现象，也是人和动物共有的习惯性活动。一般而言，学习的概念有广义和狭义之分。广义的学习是指人和动物在生活过程中，通过获得经验而产生的行为或潜能的适应性变化；狭义的学习即指学生的专门化学习，是指在各类学校环境中，在教师有目的、有计划、有组织地系统指导下，个体通过阅读、观察、听课、思考、理解、讨论、实验、实践、研究等方式，在较短的时间内系统地获取知识、增长技能、积累经验的智力实践活动过程。大学的学习是人类学习的一种特殊形式和一个特殊阶段，学习是大学生的主要任务和首要主题。

1. 大学生学习心理结构

大学生正处于智力发展的高峰期，记忆力、观察力、逻辑思维能力与创造性都有很大的发展潜力，学生学习的好坏受很多条件和因素的影响和支配。

（1）大学生的智力因素。智力因素主要包括一个人的注意力、观察力、记忆力、想象力和思维力。学习就是通过智力活动感知客观世界、积累经验、掌握知识、解决各种问题，从而认识客观世界发展变化的本质和规律。心理学家把智力因素中的注意力、观察力比作智力的门窗，通过它们，知识才能进入大脑的房间，才能在大脑中进行整理、储存并在一定条件下输出。智力的各个因素是保障学习活动顺利进行的必要条件。

（2）大学生的非智力因素。非智力因素是指除智力因素以外的所有心理因素，包括情感、意志、需要、动机、理想、信念、世界观、人生观、价值观以及兴趣、气质和性格等。非智力因素对认识过程起着促进和调节作用，决定学习的价值取向、学习的动力、学习过程的调控和学习的效果。

对于一般的大学生而言，学习的好坏主要是由非智力因素决定的。若对学习缺乏足够的兴趣，又没有刻苦钻研的精神，即使拥有再高的智力水平，也不会有好的学习效果。

2. 大学生学习心理特性

（1）学习的专业性。和中、小学基础教育相比，大学教育属于职业教育，大学生被各高校录取时就已经基本确定了专业方向，因此大学生学习的职业定向性已经比较明确，这就要求大学生掌握自己所学专业的基础知识和专业能力，还要结合主、客观环境做好职业生涯规划。

（2）学习的自主性。大学阶段的学习，教师的课堂教学大多是以讲座的形式进行提纲挈领的引导教学，除了传授知识本身之外，更重要的是教会学生学习的方法。这就特别要求学生要有学习的自觉性和主动性。

（3）学习的综合性。目前，高等教育不再仅仅重视学生对专业知识的学习和掌握，更重视对学生综合素质和能力的培养。因此大学生除了参与专业知识学习外，还应该积极参与各种社会实践活动，融入社会，了解社会，才能为自己顺利就业做好充分准备。

（4）学习的探索性与创新性。大学的学习既要掌握专业知识，还要钻研知识的形成过程和科学的研究方法，善于思考，提出问题，分析和解决问题。不但要知其然，还要知其所以然，这也是现代社会创新型人才培养的基本要求。

3. 大学生学习心理层次

大学生的学习心理状态和学习水平大致可以分为三个不同的层次：一是最低层次，即学习心态和学习状态都较差，经常处于考试焦虑和缺乏明确的学习动机甚至厌学的学习心态之中，没有良好的学习策略，机械被动地完成学习任务，勉强能应对学习和考试；二是中间层次，即学习心态和学习状态中等，有较明确、强烈的学习动机及较大的学习兴趣，学习认真积极能较好地完成学习任务，考试成绩较好；三是最高层次，即学习心态和学习状态健康、良好，学习目标明确，学习动机强烈，有旺盛的学习热情和浓厚的学习兴趣，积极进取、不怕困难，认为学习不仅是一种任务，而且是一种乐趣，他们不仅能较好地完成学习任务，而且能够发现式地学习、探究式地学习、创造性地学习。影响大学生学习心理层次的主要因素包括以下几个方面：

（1）学习动机。动机是激发、维持、调节并引导一个人进行某种活动的内部推动力量。学习动机是学生学习行为发生和维持的主观意图和内部动力，大学生的学习动机是影响大学生学习活动的重要心理因素，能够激发个体进行学习活动、维持已引起的学习活动，并使行为持续朝向一定的学习目标。大学生的学习动机有发展成才的需要，也有个人利益追求以及人生价值实现的需要等，这些动机一方面可以唤醒大学生对学习的准备状态，促进一些非智力因素，如集中注意力、坚持不懈、坚强的毅力等意志和情感方面品质的形成和提高，从而间接促进学习；另一方面可以作为一种学习成效，激发和强化学习行为本身，实现并促进“学习—动机—学习”的良性循环。

（2）学习兴趣。兴趣是个体积极探究某种事物、力求参与某种活动的心理指向与行为倾向。兴趣对学习的影响在于它能让人在学习的过程中主动付出意志努力把心理活动指向和集中在学习的对象上，并产生轻松、愉悦的情绪，使感知觉活跃，观察细致，思维敏锐，记忆持久，从而调动学生学习的积极性，使人集中精力创造性地完成学习任务。大学生可能一开始对自己所学专业不感兴趣，经过一段时间的学习了解，特别是在专业学习上取得了一定的成绩后，也会激发学生的专业学习兴趣，从而促进他们进一步刻苦努力学习，向着更高的目标迈进。学习兴趣可以培养，已有的兴趣需要与勤奋努力不断互相促进，才能获得预期的学业成就。

（3）学习行为。一般而言，大学阶段的学生都知道学习和掌握知识技能的重要性，但个别学生由于中、小学阶段没有养成良好的学习习惯，是在教师、家长的监管、强迫下学习的，所以，到了大学，当管理方式和学习方式给予学生更多的自由度和支配权时，这些学生在学习上就缺乏主动性、积极性，进而不能在行动上有计划地、自律地持续学习。

（4）学习方法。大学的学习不仅是学知识、学技术，更重要的是学方法、学策略，提升学习能力，尤其注重培养自学能力。科学合理的学习方法是学习成功的保证，学习方法不当则会使学习效率和学习效果堪忧，而长期的学习效率不高、学习效果不良又会导致学习动机减弱甚至消退。所以，大学生要想始终维持良好的学习动机水平，就必须经过摸索、总结，掌握一套适合自己、适应大学学习的良好学习方法。

4. 大学生学习心理焦虑

在应试教育体制下，尤其是像高考这样的情况，考试的成功与否是学生、家长、教师关注的焦点，所以学生对考试都有或多或少的压力。考试是最易引起大学生心理焦虑的因素，适度的压力可以促进考生集中思考、认真答题，但如果压力过大，考生又不能正确地认识和对待，就会带来负面影响甚至产生心理障碍，如果没能及时调节还可能会引起心理疾病。

考试焦虑是学生在一定的应试情境下经常经历并体验到的一种消极情绪心理状态，因为从学习任务、学习要求以及比较竞争等客观现实中觉察到对自己的潜在威胁，同时受到自己认知能力、人格倾向以及其他身心因素的影响，表现出以担忧为基础特征，以逃避为行为方式，体验到异常紧张、焦虑、恐惧的情绪心理状态。考试焦虑是一种消极情绪，它既可以是一种暂时性的情绪状态，又可以持续发展成为焦虑性神经症。适度的焦虑有利于学生在考试时积极调动身心能量，全神贯注地应对考试解决问题，但如果过度焦虑，则会感到困扰，干扰识记和回忆，导致考试前紧张、失眠、心烦意乱、学习效率下降；临考时思维迟钝、记忆力减退、情绪不安、注意力不集中、出现不良躯体反应（如四肢发麻、肌肉颤抖、心跳加快、冒虚汗、尿频、腹泻等），原本熟悉的知识由于过度紧张反而想不起来，严重时还会出现晕厥，影响思维水平和认知功能的正常发挥。对待考试过度焦虑的问题应从以下方面着手：

（1）减轻考试的心理压力，正确看待考试。不要把考试成绩看得过重，不要总是想到考试结果，也不要想分数决定自己的前途和命运，应把注意力集中在考前复习和考试过程中对问题的解决上，尽量排除杂念，专注地解答考题。

（2）制订科学、合理的学习和复习计划，提高对自己的信心。对于自己所要掌握的知识做到“心中有数”，哪些是复习的重点，哪些是自己的薄弱环节应该重点复习。还要根据自己的学习情况确定预期目标，不能不切实际地提出期望导致增加焦虑。同时在考前和考试过程中要对自己时刻充满信心。自信是一种动力，也是成功的开端。

（3）养成良好生活习惯。要注意劳逸结合，每天保证充足的睡眠，不搞疲劳战术，以免形成学习的恶性循环。

（4）考试时尽量放松，按照先易后难的顺序集中注意力答题，尽量使自己平静下来，再去看试题。这样，随着情绪的稳定，记忆也就会变得清晰。如果通过自身的调节仍然不能缓解过度焦虑，应该寻求专业人员进行心理帮助。

（二）大学生学习心理的潜能开发

潜能是一个动态的概念，主要指成长发展的可能性，这种可能性需要外在与内在协同作用、共同促进，才能得以成为现实，体现出能力和资源的优越性。从某种意义上来讲，人的潜能是无穷的。大学生学习心理的潜能开发应注重：

1. 进行系统训练

（1）在课堂上以教师为主体进行教学实践。通过改革课堂教学模式，重视教师自身素质和教学水平的提高，使教师在教学过程中重视学生的个体差异，改进教学方式，通过指导和鼓励学生学习，促进学生开发潜能。也有通过教师以潜能开发指导者的身份陪伴学生成长，从而实现教学相长，共同进步的实践模式。

（2）在课堂外以学生为主体进行实践训练。通过贴合不同学生的不同个性和能力水平制定相应的训练方案，充分尊重学生的个人意愿和专长，以兴趣作为潜能开发的动力，有利于调动学生主观能动性。尤其是在生理潜能的开发过程中，适当的训练计划对于循序渐进挖掘能力十分重要。

2. 注重内在激发

（1）心理暗示。心理暗示是指人会自觉或不自觉地接收外界或他人对自己造成的关于愿望、观念、情绪、态度、价值的影响的一种心理现象。从心理机制上讲，心理暗示是即使没有根据，只是在主观上确认了它的存在，它就有被接受和认同的心理趋势。因此，只要对学生的学习持积极期待的态度，形成心理暗示，通过潜移默化的鼓励与认同氛围能促使学生逐渐接受并转化为积极的自我暗示，提高对自己的期待和要求，从而有更好的学业表现。有效的心理暗示可以显著提高学生的学习动机和自我效能感。而中等强度的学习动机和高自我效能感对发挥能力、取得良好表现密切相关。

（2）发展性心理辅导。发展性心理辅导的主要观点有三方面：一是人都具有潜能；二是人都是积极进取渴望获得更多发展可能的；三是每个人都有接受辅导的需要，特别是成长中的个体。因此，立足于学生的主要任务——学习，发展性心理辅导不局限于问题与障碍，而是建立在人本主义咨询体系上，通过辅导有效帮助学生有针对性地平衡心态，增进学习的兴趣以及独立性、有恒性，增强学习的自我效能感，提高学业成就，获得更加完善的自我。

二、 大学生学习心理问题及其调适

（一）大学生学习心理常见问题

部分学生的学习心理有如下特点：缺乏学习动机，学习兴趣不浓厚；学习信心不足；意志薄弱，自我控制能力较差；部分学生学习压力较大，产生了较大的消极情绪；大多数学生考试前都有一定的紧张、焦虑感。大学生常见的学习心理问题有以下方面：

1. 学习适应问题

由于大学和中学有着明显的不同，而且大学的学习生活是在远离父母和家庭的条件下进行的，所以，学习适应困难是大学新生中普遍存在的一种心理困惑。首先，生活环境的不适应造成大学生在学习上无法集中注意力；其次，更多样的竞争方式和更大的压力使得大学生无法适从；最后，大学生对大学的学习特点和规律不了解，不知道如何有效地开展学习。

2. 学习疲劳问题

学习疲劳是指连续学习之后，学习效率下降，学习进步速度缓慢，身心症状增加的一种心理与生理的异常状态。学习疲劳包括生理疲劳和心理疲劳。生理疲劳的主要表现有眼球酸胀、头脑麻木、肌肉酸痛、动作缓慢僵硬等不良生理反应。心理疲劳的主要表现有思维迟钝、注意力分散、易走神、情绪容易躁动、忧郁、愤怒，学习效率下降，学习错误增多，对学习容易产生厌倦情绪。造成学生学习疲劳的原因主要有：学生压力过大，学习时间过长，学习内容单调、难度过大，学习过于紧张等。

3. 学习缺乏动力问题

学习缺乏动力是指大学生学习缺乏内在的驱动力量——没有学习兴趣、无知识需求、不想学习。进入大学后，部分学生在学习上缺乏明确的目标，精力分散，课堂上不注意听讲，不集中思考，不认真完成作业。还有部分学生对自己缺乏信心，学习方法不当，学习效果不明显，进而对学习失去兴趣，导致学习态度不端正。

4. 学习焦虑问题

学习焦虑是由于个体不能达到预期的学习目标或不能克服学习上的困难而使自己的自信心受挫、内疚感增加而形成的一种紧张不安、带有恐惧的情绪状态。如果处于严重焦虑的状态，精神就会过度紧张，进而导致学习时注意力不集中，记忆力减退、思维混乱、情绪烦躁、易怒等，还常伴有头晕、忧虑、头痛等影响身心健康的现象。

产生焦虑的原因有内部和外部两个方面。内部压力来自大学生对自身学习能力缺乏正确的认识，学习目标或期望过高，动机过强，超过了自身所能达到的范围，使自己时刻面临失败的威胁。外部压力来自大学激烈的竞争环境，以及家长的期望、教师的要求、毕业的压力等。出现学习、考试焦虑情绪后，大学生应及时、冷静地分析原因并进行积极调适，绝不能采取回避或放任的态度。大学生要正确地认识和评价自己，确立自己通过一定的努力就能实现的学习目标，学会适应大学的学习方式，掌握学习的主动权和自觉性，摸索适合自己的学习方法，正确认识考试的意义，降低对失败的敏感度，增强挫折承受力，尽力保持情绪的稳定，做到心态放松、态度积极。

5. 注意与记忆障碍问题

注意是心理活动对一定对象的选择和集中，在人的信息加工过程中，注意具有选择、维持、整合和调节功能。记忆，是使贮存于脑内的信息复呈于意识中的功能，是保存和回忆以往经验的过程。记忆有三个基本过程：识记、保存、再现。如果大学生出现学习疲劳或者学习焦虑等现象，势必会带来注意障碍和记忆障碍。要消除注意障碍和记忆障碍，除了要消除学习疲劳和学习焦虑外，还要通过确定明确的学习目标、培养良好的学习兴趣等来提高记忆力，集中注意力，才能提高学习效率，更进一步激发学习兴趣，进而形成良性循环。

6. 学习逆反心理问题

由于各种主、客观原因，逆反心理现象在大学生这一特殊群体中，在思维、情感、个性以及行为上都表现得尤为突出。大学生的逆反心理是一种由于客观环境与主体需要不相符而产生的一种具有强烈抵触情绪的心理活动，也即大学生受到群体、社会或他人的压力后，在其自身需求得不到满足的情况下表现出的厌烦和反感情绪，甚至不考虑原因、后果而采取的具有冲动性的对抗行为。要消除大学生的逆反心理，就要从大学生的生理、心理特点出发，用他们愿意接受的方式进行教育引导，帮助学生走出因为逆反心理而导致的学习困境。

（二）大学生学习心理问题的调适

消除大学生的学习心理困惑，培养健康、良好的学习心理，学校和学生两方面都要采取积极措施。学校应教育学生树立正确的人生观、价值观，建设良好的校风和学风，加强对学生学习心理健康的教育、辅导、咨询，帮助学生确立明确、合适的学习目标，培养其学习兴趣，经常性地开展学习经验交流会等活动，加强对学生掌握科学的学习方法的指导，提高学生的学习能力和效率。从大学生自身而言，要从以下方面来努力提高自己的学习能力：

1. 树立正确的学习态度

态度决定一切，要想学习好，首先要有端正的学习态度。学习态度是指学生对学习的看法和情感以及决定自己行动倾向的心理态度。由此可以看出，学习态度是由对学习的看法、情感以及行为倾向三个因素决定的，其中情感是起决定性作用的因素。

2. 制定明确的学习目标

有了端正的学习态度，还应该为自己的大学学习确立一个明确的长期目标和每个阶段的短期计划。目标是人们活动所追求的预期结果，是激发人的主动性与积极性使之产生自觉行为的必要前提。目标能激发人的行动，指导人的行为，学生进入大学后，中学阶段考取大学的目标已经实现，跨入大学后就应该给自己确立新的理想和目标，使学习的目的性更强，从而强化学习动机，这种新目标要结合自己的实际情况和大学的学习规律来确立，还应该注意长期目标和短期计划的有机结合。

3. 掌握科学的学习方法

学习方法是人们在学习过程中为达到一定的学习目标或具体目的，根据学习的规律作用于学习客体而采取的步骤、程序、途径、手段等。有了科学的学习方法，才能达到事半功倍的学习效果，所以学习方法在学习过程中的作用是非常重要的。但学习又是一种个性化较高的活动，大学生因性格特点、学科专业、兴趣爱好和习惯等的不同，所采用的学习方法也各不相同。大学生可以从以下方面摸索和把握适合自己的科学的学习方法：

（1）认识大学学习的特点。通过自己的实践，逐步养成自觉学习的习惯，培养自己的自学能力。部分大学新生存在学习适应困难的问题，这是因为大学和中学的学习特点不同。大学的学习以自学为主，而且除了学习知识外，还要学会学习，学会思考，培养自觉、自愿学习的能力。

（2）克服学习方法的惯性。尽快改变中学时被动、死记硬背、听命于教师的学习方法，要根据大学所学专业、课程、教学内容、教学形式、教学方法以及教师的个性特点，不断地进行调整以主动适应大学的学习。因为决定每个人学习能力的智力因素和非智力因素均不同，因而学习方法也要因人而异。新生进校后，很多高校会组织开展学习经验交流会等活动来帮助新生尽快适应大学的学习，摸索建立科学的学习方法。听了学长学姐的介绍后，有些学生会去效仿却发现不怎么见效或见效很慢。如果遇到这种情况就应该根据自己的实际情况尽快调整，以免耽误和浪费时间，挫伤学习的积极性和热情。

（3）合理、科学地安排和支配时间。大学的生活除了学习外，还有丰富多彩的校园文化活动和学生社团活动。如何在有限的时间里既能保证自己有效的学习和参加实践活动的时间，还能保证自己有充足的休息、娱乐、锻炼的时间就是摆在大学生面前的一个难题。在入学的最初阶段，应该把时间和精力集中在学好规定的课程上，要养成预习、复习的好习惯，投入参与课堂教学，自觉跟进听、讲、记、练等环节，学会利用工具书、图书馆等来辅助学习，同时要处理好学习与工作、社团活动、体育锻炼、文艺活动以及休息的关系。这个过程要慢慢摸索，经过一段时间的协调、磨合，培养自己有规律的学习生活和习惯，就会逐步适应新的生活。

4. 培养适当的学习兴趣

学习兴趣体现的是学习活动中的认知、评价、行为的倾向和偏好，它是学习积极性中最现实、最活跃的心理成分。兴趣是情感的凝聚，学习兴趣是可以在学习过程中逐渐培养的。一个人如果对某件事情感兴趣，那么他就会深入、持久地去做这件事，力争达到预期目的。换言之，兴趣是最好的老师，带着兴趣学习可以使大学生在学习时心情愉快，长时间学习也不会感觉到疲倦，所以要培养和激发学生对专业学习的兴趣，带着兴趣学习才能消除学习疲劳和学习厌倦心理。

5. 注意预防与消除心理疲劳

不会休息的人就不会工作，不注意劳逸结合的学习只能是事倍功半。要消除学习疲劳，除了培养学习兴趣外，大学生还应根据学校的课程安排和自己的实际情况制定科学、合理的作息时间，养成良好的生活习惯，保证体力和脑力消耗的营养补充以及充足的睡眠，加强体育锻炼，做到劳逸结合才能有效地预防学习疲劳。大学生的学习，除了鼓励学生个体努力学习以外，还要加强班风建设、学风建设和宿舍管理，创设良好的学习环境，营造良好的集体学习氛围，远离容易使人心烦意乱、焦躁不安，产生学习疲劳的嘈杂的、脏乱的环境，在窗明几净、安静祥和的环境和氛围中学习。

第三节

大学生学习动机培养与策略

一、 大学生学习动机培养

当某项工作能使人们更接近期望目标时，人们通常会立即完成；当某些事情不愿意做，但明知“应该”或“必须”做时，一些人就会拖延时间，制造借口，以致完成得很低效。而这种“立即完成”或“制造借口”“拖延时间”的背后，是一种激发、引导、维持、行动并指向特定目的的力量，我们称这种力量为动机。

学习动机即指向学习的动机，是满足学习需要的一种心理状态。学习动机具有激发指向、维持调节的功能，其包含了内部动机和外部动机两种，内部动机指对学习过程本身感兴趣，如对知识本身感兴趣；外部动机是指动机由外部因素引起，对获得外在的成果感到满足，如考试取得好成绩会获得奖学金和他人的表扬。外部动机可以转化为内部动机，真正推动和维持个人持续投入的是内部动机。

动机水平与工作效率呈倒“U”形曲线关系，也就是说，学习动机的强度有一个最佳水平，维持最佳水平动机强度的学习效率最高，而动机水平过高或过低都无法引起最佳的学习工作状态。根据学习和工作的难易程度不同，所需的动机水平也不同，对于相对容易的工作任务，需要较高的动机水平；而相对困难的工作，则需要较低的动机水平。

学习动机对学习起着巨大的推动作用，调控着正确的学习方向。在学习中常会遇到困难和挫折，对专业没兴趣、对学校不满意、缺少学习动力、校园里高手如云等原因都会使学生失去学习的动力和信心，学习动机会帮助寻找克服困难的途径，使得学生持续主动地学习，从而取得优异的成绩。学习动机不足会导致克服困难的勇气和决心弱化，但学习动机过强又会使得学生过于看重学习结果，制定目标发生偏差，甚至成绩和状态的细微波动都将成为情绪紧张、效率下降的原因。

（一）培养学习兴趣

学习兴趣是一种渴望认识世界、获得科学文化知识的意识倾向，这种意识倾向通常与个体的情感体验结合。学习兴趣是学习动机中最现实、最活跃、带有强烈情感色彩的因素，它分为有趣、乐趣、志趣三个阶段。我们初次看到某个事物，被其外在的新奇现象吸引，产生时间短暂的直接兴趣，成为有趣；当再次看到该事物时，若对其依然充满兴趣，有趣逐步定向且形成乐趣，此时为兴趣发展的中级阶段；当乐趣能够与个人理想和奋斗目标结合时，乐趣转化为持续时间较长的志趣，志趣为兴趣的高级阶段，能够推动个体积极自学，当我们将专业兴趣提升到志趣阶段后，会自主地全身心投入学习中。将专业渴求转化为志趣，快乐地学习，并从学习中寻找快乐，学习兴趣的调节就至关重要。

1. 兴趣需要培养

有人喜欢打篮球、弹吉他，并不是因为学习这项技能很容易，而是因为这项技能看起来很酷、有助于交友、可以锻炼身体……对专业知识而言亦是如此，学好高等数学可以帮助学生分析实验数据，学好英语有助于文化交流。鼓励自己，积极暗示，了解和挖掘专业学习对自己的意义，在枯燥的专业知识理论中寻找与自己志趣相投的共同点，都是培养兴趣的有效方法。

2. 兴趣需要知识的积累与实践

兴趣是在知识的积累和实践中逐渐增长起来的。设法将每一堂课的内容都听懂，不懂的及时提问，课后积极练习，尝试实践，从每一次努力开始，得到一点一滴的收效回报，学习的兴趣就会增加一分，对专业的兴趣将逐渐增加。

3. 兴趣可以迁移

兴趣的迁移是将已有的兴趣延伸到本不感兴趣的相关事物上，使对该事物也产生兴趣的过程。例如，学生发现专业课教师身上有能够吸引自己的地方，在听课的过程中发现教师讲课内容中与自己兴趣相关的联系，从而带动学科的学习。

4. 学习本身就是乐趣

学习的兴趣早已包含在生活之中，只不过因为我们过分关注学习成绩和别人的评价，而掩盖了对习得知识的乐趣。当我们放下成见，投入学习时，就会察觉获取知识本身也充满趣味。当我们拥有了较强的学习能力，在学习中深知自己的需求，获得了提升自我所带来的幸福感时，就能在学习中找到自己的快乐，生活也因此变得更加立体多维富有意义，自我也因此变得更加丰富灿烂富有价值。

（二）激活成就需要

需要是一种激发我们寻求满足的紧张状态，而动机是内心需要的外在表现，因此，主动学习的基础是找到一种迫切的需要。心理学家马斯洛创立需求层次理论，将人的需要由低到高分为五个层次，分别为生理需求、安全需求、归属与爱的需求、尊重的需求和自我实现的需求，低层次需求满足后高层次的需求将被激发，人们通常不会满足于达到一种相对稳定的状态而止步不前，随着一个层次的需求得到满足，将会开始追求下一个层次的需求。大学生活已经基本满足了生理需求、安全需求、归属与爱的需求，正逐步寻求尊重和自我实现需求的满足。在此阶段需要正确认识自己，爱护和尊重自己，树立信心，将失败正确归因，保持积极乐观的心态和面对挫折的勇气。

人在做某件事情时在受内心需求驱使的同时，也会评估成功的可能性和成功后所获得的奖励。每个人都有追求成就的需要或内在驱动力，这种与良好或优秀的标准进行比较和竞争，不断克服困难，锻炼力量，努力从事困难工作的推动力即为成就需要，是个体希望独立而成功地完成或掌握一些充满困难或具有挑战的事情的一种愿望。学习动机则主要反映在个体需要获得成就的动机上。

个人的成就动机水平依赖其对目的的评价及对达到目的的可能性评估，基于积极和消极两种情感的占比倾向将成就动机分成了力求成功和避免失败两种动机趋向。例如，成就动机高的人会选择较为实际的工作，在成功和成功后的奖励（包含物质和精神两方面奖励）中寻求利益最大化，而避免失败的人会选择极易成功的工作，使成功概率最大，或选择几乎完全不可能成功的工作，为自己的失败提供理由。这种力求成功和避免失败的心理倾向的两两组合组成了成就动机的四种类型：

1. 高驱高避

高驱高避类型的人被称为过度努力者，兼具成功定向者和避免失败者的特点，既受到成功的奖励和成功本身的诱惑，又对失败充满恐惧，在面对一项任务时交织着追求和排斥两种情绪。这种类型的学生在他人面前常表现淡定，贪玩，不在乎考试，私下里却偷偷努力，尝试用成功来逃避失败，容易受到紧张和冲突情绪的困扰。这类学生需要调整自己的目标和价值观，鼓励自己放慢速度，逐步接近目标。

2. 高驱低避

高驱低避类型的人被称为趋向成功者，对学习有极高的兴趣，对事物充满好奇心，表现力强、自信、勇敢、机智，相信学习本身极具价值，能够自主学习，并在学习中获得乐趣。这种类型的人学习十分认真，课后也热衷于学习，面对事物不断尝试超越现状，发展自我。这类学生可着重发挥特长，在活动和比赛中获得鼓励，培养高尚的情操，积极热情地帮助他人，挑战更多可能。

3. 低驱高避

低驱高避类型的人被称为逃避失败者，对成功的期望很低，习惯于逃避失败，怀疑自己的能力，担心被指责，常感到焦虑和紧张。这种类型的人学习兴趣低，学习动机不强，对待学习表现出懒惰、无所谓的态度，甚至抵触和逃避。这类学生需要在学习中多做尝试，增加成功的体验，需要寻找学习兴趣，培养自信心。

4. 低驱低避

低驱低避类型的人被称为接受失败者，不奢望成功，也不恐惧失败，拒绝有关挑战的任何事物。表现在对需要努力的事情直接拒绝，上课不听讲，下课不复习，逃避与学习有关的作业、实验、见习等。这类学生需要寻找更多的表现机会，从简单任务着手，获得家长、朋友、教师的支持和鼓励，培养学习兴趣，强化内部学习动机。

可见，目标的吸引力越大，成就动机就越高；个人的主观能动性越强，成就动机就越高；实现目标能够施展才华的机会越多，成就动机就越高；当具有一定挑战且成功概率较高时，成就动机也越高。因此设置合理的目标，主动思考，不畏挫折，敢于挑战，保持信心和动力，充分激活成就动机，成功的可能性就会更大。

（三）制订学业目标

目标是指个人从事活动所要达到的目的，分为掌握目标和成绩目标。掌握目标是个人从事活动的目的指向掌握、理解该项任务，发现新技能，提高自身能力；成绩目标是指个人从事活动的目的在于比别人做得更好，超过外界的要求标准，进而获得他人对自己能力的肯定和赞扬，避免他人对自身能力的否定评价。学业目标则指学生从事学习活动所要达到的目的，其中掌握目标是为了获取学习活动所要传递的知识和技能，在遇到困难时，设定掌握目标的学生更有可能坚持努力学习；成绩目标定向在对学习者能力的测试结果上，而并非学习的机会。

学业目标是引发学习行为的主要动力之一，如大学生考前复习的目标是提高考试成绩，积极参加实习是为了顺利毕业。不少大学生都知道目标很重要，但是制订目标要花时间和精力去探索和实施，随之而来的麻烦和不确定的状态使得大多数学生不愿意实际地去设定目标。没有目标和方向感，只能带来茫然和纠结，造成的结果是时间的流逝，机会的丧失，最终的失败。所以，对处于人生职业探索期的大学生而言，精心制订科学合理的学业目标尤为重要。

学业目标可以分为长期目标、中期目标、短期目标、小型目标和微目标。

1. 长期目标

涉及个人想要的宏观的生活状态，可以关乎事业、婚姻、生活方式等。大学生在设立这类目标时可以依据既定方向保持充分的开放性，在发展和成长的过程中进行多样化探索。

2. 中期目标

是人近五年时间的规划，包含寻求的教育类型，对事业的规划等。

3. 短期目标

从当下起到今后一年的时间。可设立为实际且通过努力可以实现的目标。

4. 小型目标

涵盖一天到一个月内所有的事情。大学生对这类目标应有很大的控制能力，且尽可能详细明确。

5. 微目标

从现在起几个小时之内的时间。这类目标可直接控制，大学生可设立清晰具体、具有明确时间节点的微目标。

此外，还有中长期目标，中长期目标包含了个人对整个生活状态的期待，是个人价值观、人生观、世界观的体现，在设立这类目标时，要维护自我和谐的状态，符合自身条件和观点，大学生在大学期间需要树立远大的理想，把个人的前途与国家的命运联系起来，把价值的实现和社会现实联系起来，多做审视探索，及时调整方向，让自己保持动力和信心，将目标转化为行动，坚持奋斗才会成功。

目标的制定应遵循 SMART 原则，尤其是对短期、小型和微目标的设定。S-Specific，特定、明确，指目标设定要切中特定的任务指标，要明确具体，不能笼统；M-Measurable，可测量、可量度，指任务指标应是量化的或细化的，验证这些任务指标的数据或信息是可以考量的；A-Attainable，可实现、可行的，指任务指标在付出努力的情况下可以实现，避免设立过高或过低的目标；R-Relevant，相关性，指任务指标与个人长期目标或其他目标是相关联的；T-Time-bound，有时限的，注重完任务指标的特定期限。可见，目标必须是具体的，如将目标设定为“背完 50 个单词”比“背英语单词”要具体得多，可操作性也更强；目标必须是可以衡量的，如“背完 50 个可以默写出来的单词”，可以衡量的目标，才具有核查功能；目标应是通过努力可以实现达到的，如“期末考试平均成绩达到 80 分”比“期末考试不挂科”和“期末考试门门满分”要合理得多，设定的目标必须要符合自己的实际，既结合客观实际条件，又使目标的难度适中具有一定挑战性，“努力一下就可以实现”可作为设立目标需把握的度；目标必须与其他目标具有相关性，正如学习和生活不可分隔一样，目标的设定也不应单独存在，而应是一个目标群；目标必须有明确的结束日期，有一定时间压力的目标更利于集中精力立即行动。

学业目标的制订是满足学业要求的手段，不配合行动永远无法实现。设立好目标后，必须采取措施，按计划行动，停留在只做出了改变还未发力就已经感觉良好的即时满足感，只能带来新一轮的后悔和懒惰。寻找真正感兴趣的事物，当遇到挫折时，要原谅曾经的自己，关注真正有价值的东西，着眼于创造未来，追求成长。

二、 大学生学习策略

当今科技迅速发展，信息社会不断变革，只有不断学习才能不被时代抛弃，而学会学习，掌握学习知识的方法才是真正重要的资本。目前，大学生对学习策略的应用水平普遍较低，大多数学生具有一定的学习策略知识，但对其的恰当选用显得盲目，同时对于知识本身，只关注课堂学习，而不重视对知识的深加工和资源的合理配置，巩固知识的方法就掌握不好。面对当下的学习任务，找到知识的规律，遵循学习规则，避免拖延，将资源最大化利用来帮助提高学习效率，是大学生急需掌握的学习技能。

学习策略是学习者为了提高学习效果和效率，采用的规则、方法、技巧和调控方法的总和。学习策略的使用是学生学会学习的重要指标，目的在于用较少的“能源消耗”有效地实现学习目标，进而提高学习效率和质量。学习策略具有四个特征：学习者为了完成学习目标而主动使用；是有效学习所必需的；其与学习的过程相关；主要体现在学习计划上，由规则和技能组成。

（一）学习策略之类型划分

学习策略可以概括为认知策略、元认知策略和资源管理策略。

1. 认知策略

认知策略是信息加工的一种程序性方法和技术，对学习者的心理过程产生调节和控制作用，使学习者有效地从记忆中提取信息。例如，复述策略，对关于事实的知识多做陈述和重复；精加工策略，做笔记，自我提问，利用已有知识背景与新信息建立联系；组织策略，列提纲，画出关系图，制作表格，将新旧知识进行整合等。

2. 元认知策略

元认知策略指个体对自己认知过程的认识和调节这些过程的能力，可对自己的认知过程、学习的效率和结果进行有效地监视和控制，如自我计划策略，制定学习目标，提出待回答问题，分析如何完成学习任务；自我监控策略，自我提问，考试时监测答题速度，阅读时注意跟踪效率；自我调节策略，意识到学习过程中的不适当时及时调整、改变等。

3. 资源管理策略

资源管理策略指学习者管理可用的环境资源辅助自己的学习过程，包含时间管理、学习环境管理、努力状态和寻求支持策略等。

（二）学习策略之风格分析

学习风格是指学习者对学习环境的感知和认知方式，这种学习方式结合了学习者的学习策略和倾向，表现出相对稳定且具有个体特性的学习方法。当个人的学习方式没有受到学习环境和内容的影响，始终保持连续和连贯的学习策略和倾向时，其所特有的学习风格便得以确定。

1. 学习风格特性

学习风格的形成受到先天生理因素和后天环境影响的双重作用，学习者基于个人的生理特征，并在家庭环境和教育方式的影响下，逐渐形成了具有个人特征的学习模式，其中个人性格、思维方式和观念意识等内部因素在学习风格形成过程中起决定性作用。学习风格具有四个特性：①由于个人的生理心理特征和学习环境存在差异，因此学习风格具有独特性；②学习风格一旦形成，不会轻易发生较大变化，方式和策略运用具有稳定性；③随着年龄和阅历的增长，学习风格也会改变，具有可塑性；④学习风格在学习活动上以学习方式和学习策略运用的形式得以直接体现，具有直接性。

2. 学习风格类型

根据所罗门（Barbara A. Soloman）学习风格测试量表，学习风格从知识的加工方面分为活跃型和沉思型；从知识的感知方面分为感悟型和直觉型；从知识的输入方面分为视觉型和言语型；从知识的理解方面分为序列型和综合型。

（1）活跃型。活跃型学习者更倾向于积极地参与学习过程，乐于讨论、解释和应用所需掌握的信息，但急于求成，不能全面、细致地分析问题。这类学生多采用整体加工的方式，在完成需要做整体完成的学习任务时，表现较好，在面对阅读、推理等学习任务时，常表现不佳，甚至伴有学习能力缺失的现象。这类学生人际智力突出，参与、分享和合作形式的学习效果最好。

（2）沉思型。沉思型学习者通常会在考虑周全后再做反应，精确度高，当面对熟悉且简单的问题时，反应较快，但当需要解决复杂问题时，反应较慢。这类学生善于细节性加工，在阅读、记忆、推理、创造力等方面都表现较好。这类学生内省智力突出，适合独立学习。

（3）感悟型。感悟型学习者对细节很有耐心，对知识的学习更加追求实际和仔细，擅长记忆事实，喜欢做现成的工作，但是面对复杂和突发情况时，往往表现不佳。这类学生自然观察能力较强，通过直接观察和体验式的学习效果较好。

（4）直觉型。直觉型学习者善于发现事物之间的关系，对新概念和新知识有较大的热情，能够理解抽象的知识，更具创新能力，但当面对需要重复性的学习内容时，往往没有耐心。这类学生逻辑能力较强，利用抽象思维寻找一般规律的学习效果较好。

（5）视觉型。视觉型学习者擅长记住他们所看到的东西，如影片、图表、演示等内容，可以在同一时间段内接收多项信息，善于发现细微的细节，但易于被其他容易看到的事物干扰。这类学生视觉空间智能突出，对知识内容做标记，有助于他们获取知识。

（6）言语型。言语型学习者善于通过文字和口头解释来获取知识，喜欢用口述和笔记的形式表达信息，但当过多的观察文字和口头信息输入时，表现会受到影响。这类学生词语智力较为突出，用听说的方式学习效果最好。

（7）序列型。序列型学习者倾向于按部就班地寻找答案，习惯于按照线性步骤理解问题，每一步都相互关联，符合逻辑的逐渐深入学习，而一旦信息衔接不上，往往会失去头绪，甚至影响前面获取到的内容，在面对需要将不同信息相联系时，往往表现不佳。

（8）综合型。综合型的学习者能够快速地解决所有问题，喜欢没有特定计划，随意地接收信息，一旦找到了信息的主要部分，就会用新奇的方式将所有信息整合起来，但对知识的细节把握模糊。

学习风格不是绝对的，没有好坏之分，每个人都具备这些倾向，只是表现出的倾向程度不同而已，选择适合自己的方式，在最擅长的领域学习。没有人能够学会所有的知识，重要的不是喜欢或习惯采用某种方式，而是发现和接受自己，挖掘潜力，发挥所长。

(三) 学习策略之时间管理

在学习中无论是拖延、纠结，还是低效，都与时间管理密切相关，它直接影响了学生的学业成绩和生活质量。大学生学习的改变首先从改变行动开始，而改变行动最主要的一点就是学会管理时间。

1. 时间管理作用

时间管理是指对时间进行计划、安排、控制、分配、使用、反馈等活动，以实现相应的目标。时间管理包含三个方面：一是时间价值感，即对时间的功能和价值的态度和观点；二是时间监控观，即利用和统筹时间的能力和观念；三是时间效能感，即对自己驾驭时间的信念和预期，体现了个人对时间管理的信心和行为能力的估计。

时间管理既是手段，也是能力。善于驾驭时间的学生对学习更有掌控力，有更强的自信心和自尊心，能够出色地完成学习任务，提升学习效率，提高学习成绩，此外，时间利用率越高，业余时间就越多，留给个人娱乐和休息的时间也越多，良好的生活质量和身心健康就能够得以保障。

2. 时间管理阶段

掌握时间管理需要经过以下三个阶段：

(1) 认识时间。在面对学习困难时我们常会选择逃避或拖延，在拖延和逃避的同时，已经失去了优势。尝试着计算拖延成本：写下一周内确认已经安排好的日程，以一小时为时间轴详细记录每天确定要完成的事情，并在一周后回顾，在一周的计划日程中，有没有未履行计划的事情；一周内有多少时间用于完成目标；是否对要做的事情感到烦心；思考产生心理感受的原因。

(2) 把握时间规划原则。所有要做的事情都可以按照紧迫性高低和重要性强弱分成类别，我们常将时间放在紧迫但不重要的事情上，但实际中，我们最应该将时间分配在重要的事情上。将事情划分等级之后，按照事情的等级分配时间，保证要事第一。

(3) 体验与反思。时间管理还需要行动，在具体操作时可借助以下方法：明确真正要做的事情，一定时间内只做一件事情；向他人做出承诺，利用监督的力量克服困难；当我们感到不在状态时，告诉自己再坚持 5 分钟；注意力无法集中时，定好闹钟休息 10~15 分钟；回顾要做的事情和完成时间，反思还存在哪些问题；该如何做出改变。

时间管理是一种技巧，不要为此感到紧张或担心，每个人都有适合自己的管理方法和能力，只要开始行动，态度就会发生变化，加入专注力，方法也将随之变得科学。时间管理要给自己留有休息和娱乐的时间，无论是提高学习效率，还是专注于娱乐，目的都是成为一个期待的自己。

（四）学习策略之记忆方法

记忆是将获得的知识输入、存贮和提取的神经活动过程，也是认知系统的重要环节。所有推理、运算、语言、分析等的高级认知活动的基础都是记忆。三级加工模型将记忆分为瞬时记忆（又称感觉记忆）、短时记忆（又称工作记忆）、长时记忆。瞬时记忆是信息进入大脑，刺激作用于感觉器官所引起的短暂记忆，其保持的时间在 1 秒左右，此时的信息都处于未加工的原始状态。短时记忆是信息经过瞬时记忆的筛选进入登记阶段，是长时记忆的中转站，短时记忆的容量有限，一般只能记住 7±2 个无意义的组块，若不经复述很容易会被遗忘。长时记忆是信息的存储中心，能够较长时间存储信息，它的容量是无限的，长时记忆以有组织的状态存储，主要由短时记忆复述而来。

1. 记忆的影响因素

系列位置效应使得我们对学习内容的开头和末尾记忆深刻，如在背课文时，前几句话总是印象最深，学习内容的中间部分由于受到了前面和后面内容的前摄抑制和倒摄抑制，导致中间部分记忆效果最差；记忆具有场合相关性，学习环境和记忆线索的匹配度会直接影响记忆效果；当学习内容既有意义又可理解时，记忆效果最好；相关领域知识越丰富，情绪越正向，记忆效果就越好。可以利用记忆的特点和影响因素，强化大脑功能，提高记忆力。

2. 记忆的方法策略

（1）及时复述，定期复习。经过瞬时记忆筛选的信息首先进入短时记忆，短时记忆中的一部分经过复述进入长时记忆，未经复述的部分在短时记忆中保持 1 分钟左右后将被遗忘，因此需要及时复述，调动身体器官，集中注意力重复知识内容加强有效的记忆。人们遗忘的过程是先快后慢，在知识内容记忆 20 分钟后会遗忘 40%，而在几天之后，记忆的内容将所剩无几，定期复习可以有效减缓遗忘进程。

（2）联想记忆，增强理解。长时记忆的内容是放射性的相互联系着的，在记忆过程中尽可能地提问，加深对记忆内容的理解，主动将现学的知识与以往的知识联系起来，采用图像、颜色标记、不同记号等手段可调动左右脑加深记忆。

（3）匹配环境，调节情绪。给学习内容想象一个尽可能详细的图像，反复练习可帮助大脑在想象中获得体验感，增强记忆。考试前夕，在模拟的考试环境下学习和识记，可帮助大脑提取与记忆情景一致的信息。紧张的情绪会破坏记忆和认知作用，调节好正向情绪，记忆效果才会提高。

除了以上记忆策略外，将学习环境和娱乐场所分开，布置学习环境，使桌布、墙壁等颜色具有寂静感，都可以帮助记忆。此外，在学习时不受干扰，提高注意力，专注在所要记忆的内容上是最基本、最重要的记忆方法。

（五）学习策略之创造性学习

随着社会的发展，教育对大学生的创造能力提出了新的要求。我们通常把创造力与出类拔萃的天才联系起来，普遍认为自己的创造能力不够，但实际上，创新无处不在，如策划一个活动，想到一个舞台剧的点子，排练一段舞蹈，改编一首歌曲，甚至组织一场学习交流班会，都是创造力的体现。在学习中，培养创造精神，可以增强学生之间的合作意识和动机，增进学习交流，使学习方法和学习能力都得到提高。

创造性学习指的是学生在学习的过程中不局限于教材上或教师所讲授的内容，能够提出独到新颖的观点和方法。创造性学习主要体现在个人的学习活动中：在实践中，能够找到不同的推导过程或思维过程来指导实践；在学习中，能够独立自主地思考，探索出与之前相同的或不同的推论和判断；在解决问题或分析问题时，具有批判精神，全面考虑，找到多种方法和途径。

创造性学习的核心是创造型思维，它包含了发散思维和聚会思维：发散思维的思路是面型的，主要依赖右脑的审美型生理机制，追求更多、更新型的想法；聚会思维的思路是线型的，主要依赖左脑的分析型生理机制，追求更理想、更科学的可能性。当个人的思维善于进行发散到聚合，再发散到再聚合的活动时，可以促使意识状态从不平衡到平衡，再从新的不平衡到新的平衡，此时新的观点和思想得以产生并发展。创造性学习能力可以从以下四方面进行培养：

1. 积累知识

创新力的基础是认识对象，在事物尽可能多的角度上发现问题，分析相关联系，从而获取解决问题的办法。获取的知识越丰富，越容易将知识以有用的方式整合起来，获取的知识才会更有深度和广度，创造前景才会更广阔。

2. 勇于质疑

培养创造性思维，首先要学会否定质疑的方法，对学习内容中已有的观点、结论和成果进行大胆质疑，提出问题，寻找突破口；其次要解放大脑，进行大胆想象，可以帮助我们冲破知识经验的束缚，反思过去，为创造力架起桥梁。

3. 拥有热情

无论是学习知识还是追求真理，都需要坚强的意志和持续的关注，积极参与学习交流、设计竞赛等活动，在激励环境中，吸取经验，保持求知欲和好奇心，在交流和激励中产生新思维。

4. 坚持实践

经验可以指导实践，实践反过来也会完善经验。实践有助于巩固和理解知识，使抽象的理论变得生动具体，同时理论在实践中相互作用，联系整合，众多的新问题也在实践中应运而生。

在大学生的学习过程中，尝试新事物，开辟新道路，换个角度思考问题，不仅有助于找到解决问题的方法，获取实现目标的途径，还可以在这个过程中发现新思路、新办法，创新也随之而来。

心理测试及解析

青少年学习倦怠量表

说明：学习倦怠是个体的一种与学习相关的持续消极的心理状态，具体表现为：精力耗损、情感耗竭、对与学习有关的活动的热忱逐渐消失、对学业持消极态度、在学业方面体会不到成就感或没有效能感。青少年学习倦怠量表包括身心损耗、学业疏离和低成就感3个维度，共16个条目。按自己的实际情况在适当的方格里画√。

题目	非常 符合	有点 符合	不太 确定	不太 符合	很不 符合
1. 我能精力充沛地投入学习	5	4	3	2	1
2. 我感到心里很空，不知道该干什么	1	2	3	4	5
3. 我学习太差了，真想放弃	1	2	3	4	5
4. 我经常达到自己的目标	5	4	3	2	1
5. 一天的学习结束，我感到疲劳至极	1	2	3	4	5
6. 我觉得自己反正不懂，学不学都无所谓	1	2	3	4	5
7. 当学习时，我忘掉了周围的一切	5	4	3	2	1
8. 最近一段时间，我常常感到精疲力尽	1	2	3	4	5
9. 学习方面，我体会不到成就感	1	2	3	4	5
10. 我觉得学习对我没有意义	1	2	3	4	5
11. 我能够很好地应对考试	5	4	3	2	1
12. 在学校，我经常感到精疲力尽	1	2	3	4	5
13. 我抱着玩世不恭的态度学习	1	2	3	4	5
14. 我能有效地解决自己学习中遇到的问题	5	4	3	2	1
15. 我总是能轻松应对学习方面的问题	5	4	3	2	1
16. 我很容易掌握所学知识	5	4	3	2	1

评分方法及结果解释：

1. 身心耗竭分量表包括 2、5、8、12 共 4 个项目，反映个体在学习后的感受，以及因学习而导致的耗损、疲劳状况，得分越低说明身心耗竭状况越突出。

2. 学业疏离分量表包括 3、6、9、10、13 共 5 个项目，反映个体对学习持消极态度的程度，得分越低说明学业疏离程度越高。

3. 低成就感分量表包括 1、4、7、11、14、15、16 共 7 个项目，反映个体在学习方面比较低的个人成就感，得分越低说明成就感越低。

4. 所有项目得分之和即为总分，反映学习倦怠的总体状况。得分在 47 分以下，学习倦怠感较强；得分在 48~63 分，学习倦怠感一般；得分在 64 分以上，没有明显的学习倦怠感。

第六章

大学生的人际交往与心理调适

第一节

大学生的人际交往

一、 大学生人际交往的基本原则

大学生要提高人际交往能力，建立、维系和发展良好的人际关系，须了解和遵循人际交往的重要原则。

（一）真诚的原则

真诚是做人之本，是美好品德的体现。真诚使人产生安全感，减少自我防卫，是打开别人心灵的重要方式。越是亲近、亲密的人际关系，越需要关系双方暴露一部分真实的自我，把自己的真实想法与对方交流，如果完全把自我包裹起来将无法获得别人的信任。大学生只有以诚相待，才能建立起彼此间的信任，才能促进人与人之间的交流与合作。

（二）平等尊重的原则

寻求尊重是人们的一种较高层次的心理需要。平等尊重是个体进行交往的基本前提，是现代社会人际交往的重要准则。大学生自我意识和自尊心比较强，他们在交往中特别注重人格平等，希望得到别人的尊重。尊重包括自尊和尊重他人。自尊就是不轻视自己，不忽视自己。尊重他人就是要尊重别人的生活习惯、兴趣爱好、情感与隐私，接受各自在家庭背景、能力、知识等方面存在的差异，平等待人，才能得到别人的平等对待；只有尊重自己、尊重别人，才能得到别人的尊重。自我尊严得以维护，自我价值得到承认，这是许多人最强烈的心理欲求。只有在交往中注意这一点，才能建立起融洽的人际关系。

（三）互利互惠的原则

人际交往，是个体的心理需要，只有交往的双方都能从交往中获得某种需求的满足，良好的人际关系才能得以建立和维系。若交往只想获得而不给予，只有单方获得好处的人际交往不能长久。互利互惠性越高，交往双方的关系就越稳定和密切。互惠互利不能简单地理解为等价交换或物质、经济上的相互给予，而是人际交往中的相互支持、相互帮助、相互爱护、合作共赢。好的人际关系是双方都受益的，交往双方要付出和奉献，既有物质上的相互扶持，也有心理及情感上的相互慰藉和满足。对大学生而言，互利互惠主要是指在精神方面的互利，如互相关心、互相爱护、互相帮助、互相理解、互相尊重等。人际交往建立在相互需要的基础之上，改变自我中心的意识，学会关心、理解他人，多给予他人帮助和支持，才能建立健康、和谐、稳定的关系网络。

（四）宽容的原则

宽容原则是指在人际交往中对于非原则性的问题、矛盾要有耐心，持包容忍让的态度，用豁达、开阔的胸怀来接纳别人的缺点。宽容就是指在心理上能容纳各种由于家庭、习惯、兴趣、修养等方面的差异而呈现出不同特征的人。每个大学生都是独特的个体，都有各自不同的性格和品行，表现出不同的优点和缺点。不同的个体碰撞在一起，难免会产生矛盾，但若能经常换位思考，多站在对方的角度考虑问题，多体察别人的心境，就能对他人不同的观点、见解、行为方式及错误持宽容理解的态度，相互间产生的误会、委屈则会烟消云散。宽容是一种修养，一种美德，是良好人际关系的润滑剂，有利于人们在学习、生活和工作中避免人与人之间的摩擦和冲突，保持融洽的人际关系，赢得更多的朋友。

（五）诚信的原则

诚信指一个人诚实、不欺骗、守诺言，从而取得他人的信任。人无信则不立，人如果不讲信用，那他就无法立身处世。守信就要做到说话算数，不轻许诺言，答应别人的事要尽量做到，做不到的要讲清楚，以得到对方的理解。在人际交往过程中，与言而无信的人交往，人们内心会充满焦虑和怀疑。言而无信的个性品质很难取信于人，不利于人际关系的建立和融洽；言而有信的个性品质会产生人际吸引和安全感，利于良好人际关系的建立、维系和发展。

二、 大学生人际交往策略

人类生而具有与他人进行沟通交流的愿望与潜能。人际交往则主要体现在两个个体之间的沟通交流上，其形式包括言语形式的沟通交流和非言语形式的沟通交流，目的都在于使沟通的双方实现彼此理解。人与人之间的沟通交流是一门学问，在人际交往过程中，有的人能如鱼得水，左右逢源，但有的人却屡屡碰壁受挫。相关的知识与技巧十分值得研究与学习，有助于增进彼此的沟通，建立和维护良好的人际关系。

（一）重视第一印象

第一印象是指知觉主体与陌生人在第一次接触后所得的印象，它像人的门面一样，对人们总体印象的形成具有很大影响，并且它也会成为人们决定是否继续与之交往的重要依据，这也是人们常说的“先入为主”。如果一个人给别人留下了不好的第一印象，那么他想在之后的交往中挽回形象就有相当的难度。因此，在与别人初次接触时，应注重良好的第一印象的形成，多争取印象分。尤其是当人来到一个全新的环境中，树立良好的第一印象能有效消除陌生带来的紧张感，帮助个体与他人实现有效交往。要想给他人留下好印象，可以从以下五个方面入手：

1. 发挥长处

每个人都有自己的优势和劣势，如果能充分展现自己的优势所在，便会更容易获得别人交往与合作的意愿。与人交往要充满自信，可以制造适宜的时机充分展现自己，发挥自己的长处，激发他人的交往热情。

2. 适应场合

与人交往的环境并不是一成不变的，因此，人们也应针对不同场合调整自己的表现，以避免展现出一成不变或不得体的状态。需要注意的是，变化要自然、不做作，人们要在言行一致的前提下，因时因地地展现出不同的自己。

3. 放松心情

放松是与人交往中十分重要的一点，让自己放松下来，面带微笑，落落大方，能够使交往对象也感到轻松。和谐的沟通通常出现在轻松的氛围之中，因此，与人交往要由内而外放松自己，不要过于紧张和严肃，尽量使用轻松幽默的语调，避免苦闷生硬的交流。

4. 运用眼神

眼神交流是人与人之间沟通的重要组成部分。尤其是在进行一对一的沟通交流时，眼睛可以望着对方，使自己看起来真诚且尊重对方；面对众多对象时，则可以自然地环顾四周，眼神落到每一个人身上，让自己看起来友善而从容。

5. 常常微笑

让别人接纳并喜欢自己，最简便易行的方法就是常常微笑。对人微笑是一种有礼貌的表现，它展现出一种力量、涵养。笑容代表一种希望，喜欢微笑的人具有一种温暖的力量。微笑可以感染愁云密布的人，可以温暖身心俱疲、压力重重的人，可以向周围需要帮助的人传递光明与快乐，还可以使自己成为一个更受欢迎的人。人际交往是一个互动的过程，情绪是可以相互“感染”的。与人交流的时候，微笑作为一种特殊的“情绪语言”，加之语言及行动的配合，能使对方也不自觉地被感染，回馈同样的好状态。这样，双方的心情都变得愉悦起来，印象得到优化，关系也能得到进一步的推进。

（二）自我表露

人们可以从交往中获得美好的感受，很大程度是因为在关系中，尤其是在亲密关系中可以进行自我表露，展现自己、表达自己，不需要承受因坦承信息而担心失去友情或爱情的焦虑感。自我表露的程度会随着相互关系的深入和发展而增加，同时越来越多的自我表露又可以促进双方了解彼此。自我表露能有效拉进交往双方的关系，表露的层次和程度能反映出关系的性质和发展进程。

大多数人都喜欢能够彼此表露的人际关系。一方面人们对于自己的表露能被倾听和接受而感到开心；另一方面会因为自己被表达者信任而感到开心。在生活中，如果自我表露的机会不多，未能发展可以彼此进行表露的人际关系，则会产生深深的孤独感。

当人们受到挫折或感受到沮丧、生气、焦虑等消极情绪时，通常会进行更多的自我表露；对于生活中那些期待与之有更多交往的人，人们也会进行更多的自我表露；安全型依恋的人相较于其他类型的人会进行更多的自我表露。关于人们的自我表露，存在一种相互促进效应：一个人的自我表露会引发对方的自我表露。

自我表露可以使人们卸下伪装，表现出真实的自我；对他人敞开心扉，并充分享受他人的自我表露带来的信任感；可以使人与人之间的交往更加顺畅、愉悦。

（三）倾听

在一般认知中，人们会认为能说会道、八面玲珑的人才是善于交际、更受欢迎的人。其实不然，真正为人们所喜爱的是善于聆听的人，真正为人们所接受的是表露与倾听的交际方式。人际交往中的交谈不仅要会谈，而且要会听。倾听不仅是一种技巧，而且体现了一种个人修养，表现出一个人的综合素质。“倾听别人诉说时要保持心理平和，将注意力集中在对方倾谈的重点。要学会站在对方的立场多为他人考虑，不要用自己的价值观去指责或批判别人的想法。”① 每个人都可以通过练习来发展以下技能：

1. 要有耐心

倾听时，要有足够的耐心，不要轻易打断对方，尤其是当对方的思维观点不是那么清晰或逻辑性不太强时，鼓励对方把话说完再去理解，发表意见。

---

① 郑华．当代大学生人际关系优化研究．信阳师范学院硕士学位论文，2014：21.

感受对方的情绪和心理变化，同时要做出适当的反应，集中精神，表情自然，经常与对方进行目光交流，适当地点头或用微笑来表示很乐意倾听，真诚地与对方进行情感交流，这样，对方才会更有兴致继续说下去。

2. 保持专注

开小差、随意打断、借机把谈话引到自己感兴趣的主题上、任意加入自己的评论、随意评价都是不尊重对方的表现，比不进行谈话的效果更加负面。因此，保持专注，温和注视对方的面部，关注对方说话的内容并有效捕捉话语背后的讯息尤为重要。

3. 适时反馈

适时运用表情、动作等肢体语言，或准确地反馈“你刚才说的是……的意思”“听起来你好像感觉……”会鼓励谈话人继续倾诉或要求对方倾听你的发言。如果不赞同对方的观点，也不要指责对方，可以委婉地表达自己的想法“我认为……你觉得呢?”

（四）拥有同理心

同理心是站在对方的立场设身处地进行思考的一种方式，又被称为换位思考、神入、共情。在人际交往过程中，同理心可以使人理解他人的想法，感受到他人的感受，从而体会到他人的情绪，并站在对方的立场上分析和看待问题。在情商范畴内，如倾听能力、表达尊重以及情绪自控的能力等都与同理心相关。

需要注意的是，同理心并不是同情心。同情心是从自己的角度出发，用自己的认识和观点去理解别人的困扰，并产生怜悯之情；同理心则是从对方的感受出发，站在对方的立场思考问题，不加评论和评判地接纳他人的真实情感。

人是独立的个体，人与人之间的思想差异巨大，想要实现绝对的同理不太现实。但人们仍然可以通过学习增强同理心，提升感受力，培养通过别人的眼睛看世界的能力。

（五）感同身受

人们通常会更加喜欢那些喜欢自己的人。当谈话者感觉到来自倾听者的兴趣与理解，特别是无论他说的内容多么荒诞离奇，倾听者仍然表现出关注时，谈话者会产生心理安全感，能够更加放松、坦率地表露自己。因此，以诚恳和接纳的态度与别人交流，运用自己的心理情感区域去感受对方的情绪情感，能够促进对方自由地表达，这就是同感。同感可以营造良好的交流氛围，使双方的感想或感受相同或相似，进而能够无拘无束地探索自我、表达自我，增进彼此的沟通，促进彼此的感情。

对感同身受的应用可以从以下两个方面进行阐述：

1. 理解非言语行为

人类的非言语行为，如姿态、表情、语气、目光等，在人与人的交流过程中发挥着巨大作用。当言语词汇与非言语信息表达不一致时，首先应遵循的信息通常为表情，其次是音调，最后才是言语本身。因此，善于交流的人通常具有多方面沟通的能力，他们不会局限于言语，还会通过表情、姿态、目光、语调等非言语行为来表达对对方的理解与关注。同时，善于交流的人也能够敏感地捕捉到对方传递出的非言语行为，并有效解读出其中传递的信息，理解其中传递出的情绪与感受。

2. 解读言语中的情感信号

言语交流是人与人之间交流的主要方式，是沟通信息与情感的重要渠道。在交谈中做到感同身受，不仅要理解谈话者言语中的客观信息，还要解读到言语中流露出的情绪与情感。与别人进行言语交流有一些技巧，如可以通过重复别人的话语来表达自身注意力的集中；通过鼓励别人进一步表达自己对谈话的兴趣；适时说一些支持的言语，对对方所表达的内容进行反馈；恰当地运用沉默等。其中最为关键的是，不能将自己的观点带人交流过程，不能站在自己的观点立场上对对方进行指责或批评，而应该充分理解对方的情感体验，通过想象在自己和他人的体验间建立一种联系，更多地去喜欢、接受、帮助对方，促进双方共同的积极代人，这可以使彼此的情感产生一种相互作用，从而有效地沟通信息、增进友情。

（六）主动交往

多数人的交往愿望很强烈，但是能够主动发起交往活动的人却不多，很多人不是主动去接纳别人，而是在等待别人来接纳自己，因此错过了很多机会。许多交际成功的人往往是主动交往的人，而非被动地等别人来结交自己。要想得到朋友，就应该主动，包括主动与人打招呼，主动关心、帮助他人，主动接纳他人，主动化解冲突和不快等。

热情是最能打动人和吸引人的特质之一。一个充满热情的人很容易用自己的积极情绪感染到别人，主动和人打招呼、微笑，让人感受到被尊重、被接纳的愉悦和轻松，从而喜欢和他交往。

主动关心、帮助他人可建立良好的第一印象，缩短彼此的心理距离，快速建立起密切的关系。这种关心、帮助并非简单地指物质方面的帮助，更重要的是出于真心的感情上的交流、精神上的慰藉，以及对痛苦的分担和对困难的解决。因此，日常生活中的“雪中送炭”“患难之交”往往能使人们建立起深厚的友谊。而当遇到人际冲突或矛盾时，主动交往的人常常能首先伸出橄榄枝，积极地想办法化解矛盾，及时消除隔阂，使人际关系得以维护和发展。

在生活中很多时候，帮助别人其实就是帮助自己。在心与心之间架起一座桥，让对方先行，自己也会行得顺畅。帮助别人，总有一种快乐盈满心间，因此而收获快乐的利息；帮助别人，总有一种感恩寄存在别人的心间，因此将收获感恩的利息；帮助别人，总有一种善念以循环的形式出现，让别人再去帮助别人，因此将收获回报的利息。

（七）学会欣赏他人

渴望得到别人的赞扬和肯定是人的一种自然天性，赞扬和肯定可以激励人们积极进取，是生活中重要的精神食粮。学会用欣赏的眼光看待他人，多多赞美与肯定，既可以满足他人被欣赏的需要，也可以使自身收获好人缘。在与其他学生相处的过程中，把握恰当的时机赞美他人，被赞美者会感到高兴和感激，赞美是一种既激励别人也愉悦自己的人际协调技术。相处中因赞美而使大家更加自信、充满快乐，因赞美而化解心中的积怨与矛盾，因赞美而给人以希望、信心和继续生活的勇气。赞美是人际交往中最能打动人心的语言，有着不可思议的润滑作用和推动力量。赞美他人时要注意以下几点：

1. 赞美要真诚、适度

赞美一定要真诚、适度。如果不分时间、地点、场合，随意赞美别人，或夸奖的内容是对方所不具备的，会令人感觉言不由衷、不真诚，反而会阻碍彼此之间的交往。

2. 赞美要具体，有据可依

赞美应从具体的事情入手，善于发现别人哪怕是微小的长处。用语越具体，有据可依，越说明对他的了解、对他的长处的看重，也越能让对方感到真挚、亲切和可信，彼此的人际距离也会越来越近。

3. 赞美要在意料之外，又在情理之中

赞美他人身上并非显而易见的特点、优点，最好是在意料之外，又在情理之中。如果能设法赞美连他本人都未意识到的优点，这份独特的重视就足以打动他。当然，一定要在情理之中。只要用心感受，留意寻找，就能发现每个人都有其特点和优点。

（八）善用批评方式

对朋友在其得意忘形时的劝告，与对他在悲痛失望时的鼓励一样可贵。尽管人都不喜欢受到批评和指责，但批评又是一剂推动成长的良药。要使批评有效，须注意以下方面：

1. 注意场合

批评应尽量在只有双方在场的情况下单独进行。当着旁人批评他人，对方很可能首先意识到自己的形象和自尊受损，而不能理性地思考自己所犯的错误，使得批评只会增加对方的反感和抵触。

2. 对事不对人

不要将事情和对方的人格、能力牵扯到一起。因为针对人格、能力的批评容易造成混乱和迷失。在肯定对方人品、能力的前提下针对具体的事件以提出希望的形式让对方知道应改正的缺点。

3. 不翻旧账，理性批评

在批评别人的时候，有的人爱翻旧账，令人无法心平气和地接受。理性批评应该针对现在、此情此景、就事论事，公正合理地指出他的好与不好，方能使被批评的人接受。

4. 批评他人前，先反思自己

人们往往容易原谅自己的缺点，而对他人苛刻。个体不妨反思自己使别人不满之处，不要试图去改变他人，先改变自己，自己先做好，可促使对方意识到自己的问题而自我改进。

人际交往中，总体原则应该是多赞扬、少批评。批评要有建设性，最好能以讨论问题的方式展开，这样既能解决问题，又对双方的发展有利。

（九）合理对待分歧

互相讨论对于思想交流十分有益，但讨论与争论具有本质上的差异。争论的重点在“输赢”，双方都力图改变对方的观点，证明自己是对的而对方是错的；而讨论的重点在于交流，双方的目的是通过思想碰撞找到更加合理有效的方法，实现双赢。当自己的观点与他人出现分歧时，大学生可以以下原则为指导解决分歧、增进沟通：

1. 平和对待分歧

人们要以平和的心态看待不同的观点，因为不同观点的出现很可能是使自己避免犯错、更加完善的好机会。因此，对于别人提出的合理观点应吸收为自身所用，并对别人表示感谢，要抱着“有则改之，无则加勉”的态度对待分歧。

2. 不要急于辩护

人们遇到分歧时，第一反应通常是为自己辩护，但是，情急之下的辩护一般是强辩，且难以改变对方的观点和认识。这样不仅容易破坏关系，还会使自己丧失受益的好机会。因此，遇到分歧时，人们要保持冷静，不要被急躁情绪操控，不要急于做出第一反应。

3. 控制愤怒情绪

愤怒会阻碍思想交流。而愤怒具有短暂的特点，只要稍加安抚，等愤怒过后再交流，矛盾就容易得到圆满解决。因此，当听到自己不能接受的想法时，人们不如选择沉默，先倾听，也给予对方平和讨论的暗示，这样有利于缓解自身和对方的愤怒情绪。

4. 先听对方意见

在交流中，要给对方发表意见的机会，不要打断对方，也不要急于表达自己的不同意见，否则只会对思想交流造成障碍。

5. 寻找共同之处

在对方发表完看法之后，先从中找到共同点，这样能在双方之间建立友好的关系，为后续交流并解决问题奠定基础。总而言之，在原则问题上要坚持自己的立场，但在细节上要做到灵活处理。

6. 勇于承认错误

如果在交流中发现自己确有错误，不妨大方地承认。这样做能够营造良好的交流氛围，使双方不站在对立面上，而是可以共同找到对双方都有利的解决办法。

7. 反复研究观点

对对方的观点认真聆听、仔细思考，不要一开始就抱着否定的态度。经过反复思考后，如果对方是对的，便积极听取；如果是错的，不理会即可。

8. 真诚地感谢对方，对问题表现出兴趣

把对方设想成一个真心实意给予帮助的人，感谢对方对这个问题感兴趣，那么通常对方会愿意花时间表达不同意见，最后还很有可能会成为好朋友。

9. 暂缓行动时间

当出现不同意见时，人们应该给自己和对方充足的考虑时间，可以在进行二次讨论后再做决定，以便将问题处理得周全而合理。

（十）换位思考

换位思考对沟通起着非常重要的作用，是人际关系中非常重要的沟通技能。如果经常站在对方的立场和角度去理解问题、处理问题，也能得到更多的协调合作，一切就会变得简单多了。善于交往的人往往都是能更好地理解彼此需求的人，善于发现他人的价值，懂得尊重并信任他人，对人宽容，能容忍他人有不同的观点和行为，而不是仅以自己的标准要求他人。因此，在人际交往中，尤其是彼此间发生冲突或不协调时，学会设身处地为他人着想，相互谅解，彼此适应，尝试将各人的意图进行糅合组织，在最大的能力范围内理解他人、帮助他人，从而赢得更多人的尊重与认同。进行换位思考应做到：

1. 把握共性

人类其实在本质上都是类似的，如对情感联结的期待与渴望，对未来生活的担忧与彷徨，对幸福美好的向往和追求等内在需求，从某种意义上来说都是相对一致的。这种一致性使得我们能够一定程度地感受他人的内心世界，能够与他人建立亲密的关系，不再孤单，而是可以相互依偎相互取暖，从而也深知关心他人，其实就是关心自己。

2. 尊重特性

当我们能够与他人进行换位思考，其实也意味着我们心中能容纳与自己不一样的立场和解决问题的方式。这给我们带来了更多的可能性，我们可以从自我的世界中跳出来，观察自己，观察他人，观察社会，从而有了更深更智慧的思考与理解。在这种思考与理解的塑造下，我们也能创造出更多维更丰富的自我世界。

在大学生活中，大学生只有勇于在社交中锻炼，将人际交往艺术运用于实践中，个人交际能力才能不断得到提高，建立友好的人际关系，互通有无，不断提高，追求进步，在人与人的和睦相处中获得更多的快乐和自我的成长。

第二节
大学生人际交往中的心理调适

在大学校园内，许多大学生常常因为同学关系、师生关系、朋友关系等处理不当而产生很多烦恼，或者因为与职场人士的关系处理不当而失去一些工作的机会。了解大学生在人际交往中常见的问题和调适方法，有助于大学生不断完善自我，建立和维护良好的人际关系。

一、 大学生人际关系中认知心理的调适

人际交往中的认知因素包括对自己的认知、对他人的认知、对交往本身的认知。人际交往的认知偏差会对交往过程中人的情绪、情感、行为产生不良的影响，从而导致人际关系不良。

（一）人际关系中猜疑心理的调适

人际关系中猜疑心理产生的主要原因是过分关心自己、常以自己的利益为中心、个性中缺乏自信以及错误的思维定式。猜疑者大多在人际交往中遭受过伤害，于是凡事都先考虑别人是否会伤害自己。每个人都有多疑的时候，疑心是人在社会生活中的一种自我保护反应，但过于疑心和敏感则是不正常的表现。多疑心理如果长期持续下去可能会导致心态扭曲，会产生严重的心理问题，危害大学生的健康成长。因此，要对此给予重视并积极调适，主要可以从以下三方面进行：

1. 减少对人、对己的关注程度

多疑大多与对人、对己的关注过度有关，过分关注就会想得多，容易凭想象下结论。当发现自己开始怀疑别人时，应提醒自己减少对人、对己的关注，并将注意力转移到学习、工作或兴趣爱好上，努力学习，勤奋工作，积极参与各种有益的活动，使自己真正充实起来。

2. 从实际出发，尊重事实

在生活中，大学生的思维较为活跃，遇到事情容易急躁，主观意识较浓。应加强自身修养，养成冷静、客观分析事实的习惯，主动、及时与别人沟通，进行开诚布公的交谈，消除误会和隔阂。

3. 培养自信心

多疑大多是由于缺乏自信心引起的。每个人都应当客观地认识自己，看到自己的长处，接纳自己的不足，方能在与人交往的过程中不卑不亢。价值在于自身，并不随别人的评价而改变。当个体满怀信心地学习和生活时，就不会担心自己的行为会受到别人的负面评价，而是在即使面对负面评价时依然能坦然接受。

（二）人际关系中自卑心理的调适

自卑心理是影响个体人际交往的重要因素。自卑是由于过低的自我评价而产生的消极情绪体验。浅层感受是别人看不起自己，而深层的理解是自己看不起自己，即缺乏自信。

在人际交往中，自卑心理的外在表现为：一方面认为自己样样不如别人，从而失去进取心和竞争意识，导致情绪消沉；另一方面认为别人会看不起自己，过于自尊、敏感，不轻易与人交往，逃避集体活动，用极强的自尊心掩盖极度的自卑，使自己的交际圈变小。长期的自卑情绪会严重影响大学生的身心健康，同时也会对大学生的学习和工作造成不良影响。因此，自卑心理需要及时进行调适，主要可以从以下两方面努力：

1. 正确认识自我，提高自我评价

自卑心理的形成主要源于社交中不能正确认识自己和对待自己。要改变自己，必须改变原有的认识，正确地评价自己。挖掘自己的优势，敢于正视自己的不足，接纳不完美的自己与不完美的生活。辩证地看待自己的优点和不足，取长补短，不断完善自我，提升自我。

2. 改变心态，积极与他人交往

一个人的接触面越广，越能促进其对自身的了解。通过与他人交往，人们能多方位地认识他人和自己。通过比较，正确认识自己，由此调整自我评价，提升自信心。同时，在积极交往的过程中，人们能够获得友谊和集体的温暖，体验到成功的喜悦，发现自己的优势和潜力，从而增强信心，有助于战胜自己的自卑心理。另外，自卑的学生在交往中一般都具有谦虚、善于体谅人、做事小心谨慎、稳妥细致等优点，因而容易取得别人的信任。所以，自卑的学生要看到自己在交往中的长处，增强自信心，为消除自卑心理奠定基础。

（三）人际关系中孤独心理的调适

孤独是一种主观的心理感受，主要表现为沉默寡言，缺少知心朋友，在新的生活环境中难以适应；敏感多疑，不喜欢参加集体活动，在集体中找不到自己的位置；感情脆弱，自卑感强，抗挫折能力差，不善言辞，遇事容易妥协退让或冲动发怒等；孤独也会导致交往障碍，不合群，待人不随和。孤独产生的原因很复杂，主要源于个人的自我感觉和评价。要克服孤独的危害，可从以下方面着手：

1. 开放自我，积极主动与人交往

独自生活并不意味着与世隔绝，虽然客观上与外界交流困难，但仍然可以通过某些方式达到交流的目的，如主动亲近别人，关心别人，发现、欣赏别人的优点，真诚待人；当看到别人有困难时，主动伸出援助之手。助人和被助都是快乐的，可以从中赢得友情，摆脱孤独。

2. 正确评价自己，克服自卑情绪

人的自我评价与孤独存在因果关系，由于自卑而逃避与他人交往，会造成孤独状态，孤独又会进一步使自卑感增强，形成恶性循环。如果不冲破自卑，就难以走出孤独。孤独者应对自己进行一番冷静、客观、合理地分析，特别要找出自己的长处和特点，以增强自信心。

3. 培养广泛的兴趣、爱好

一个人活着如果有所爱、有追求，就不会感到寂寞和孤独。因此，要为自己安排丰富多彩且有意义的业余文化生活，享受生活带来的乐趣。

4. 大胆交往，不怕挫折

善于在交往和挫折中总结经验，吸取教训，改进方法，增强交往能力。

（四）人际关系中自我中心心理的调适

自我中心是指大学生考虑问题、处理事情习惯以自我为中心，将自我作为思考问题的出发点和立足点，表现为凡事从自我的喜好和利益出发，只关心自己，不顾及他人的感受和需要，因而不能赢得别人的好感和信任，人际关系紧张，做事很难得到别人的帮助，易遭受挫折。想要改善人际关系，自我中心者可从以下四方面进行调适：

1. 正确评价自己

摆正自己的位置，实事求是地评价自己，既不妄自菲薄，也不盲目自大；既要看到自己的长处和优点，也要找到自己的缺点和不足。

2. 走出自己的小天地

自我中心者必须学会将自己与他人、自我与社会、个人利益与集体利益统筹考虑，从狭隘的小天地走出来。自我是自己的中心，而不是别人的中心。人际交往是相互的，要学会站在他人或社会的角度去思考问题、处理问题。

3. 尊重自己，尊重别人

重视自己，更应尊重别人，只有互相尊重、互谅互让、以诚相见，才能形成良好的人际交往。

4. 主动与人交往

缺少与人交往的生活经验是自我中心形成的根本原因。人们只有在社会角色互动中，才能促进相互理解，逐渐改变以自我为中心的倾向，积极主动地与他人进行交往，在交往中相互学习，形成正确的自我评价能力和客观评价他人的能力，共同进步。大学生要学会积极与人交往，只有在与人交往中，才能学会理解他人、尊重他人，才能体会到他人的存在、感受、需求和利益，心中有他人，才能逐渐克服自我中心倾向，找到自己的位置。

二、 大学生人际关系中情绪的调适

情绪在人际沟通中起着非常重要的信息传递和调节作用，像微笑、热情、喜悦、宽容、善意的情绪表达会促进人际的沟通和理解，而冷漠、排斥、冲动、嫉妒等情绪反应则会构成人际交往的障碍。

大学生感情丰富，情绪变化较快，容易受他人观点的左右，过于敏感，凭一时好恶决定对人对事的看法，并因此产生消极情绪和行为，导致人际交往障碍。人际交往中常见的情绪情感问题有恐惧、冲动、嫉妒等。

(一) 人际关系中社交恐惧心理的调适

在众人面前说话、与陌生人交往等场合中感到紧张是一种人类普遍存在的正常体验。但是如果反应与情境明显不相称或过度，持续了很长一段时间未能缓解，并且导致了回避、退缩行为，损害了人际沟通和正常的学习、生活，就会成为一种心理障碍。

大学生在入学时需要自我介绍、与陌生人交谈，在课堂上或参加集体活动时需要作报告、当众发言、小组讨论、表现自我，日常社交活动中需要见老师、见同学、与异性交往，毕业时需要参加答辩、面试，等等。有社交恐惧的大学生往往在预见到这些情境将要发生时就表现出明显的焦虑，由于担心在社交场合中表现不力，他们会尽可能地回避这样的场合，如果非去不可则会异常紧张或者恐惧，具体表现包括跟别人讲话不敢直视对方的眼睛、紧张难安、手足无措、脸红心悸、语无伦次、不停出汗等，严重的还会感到呼吸困难、恶心呕吐、全身颤抖。青春期是社交恐惧的高发期，约 80%的社交恐惧发生在 20 岁之前。如果得不到及时的矫正或改善，相关症状会持续影响到成年期的心理健康，发展为严重的社交恐惧障碍，给个人的学业、事业、人际关系、家庭生活等都带来负面影响。

歪曲的、不合理的认知是社交恐惧的核心特征。要克服社交恐惧心理，先要注意调整好自己的心态，树立正确的观念：一是不要过高估计他人对自己的关注程度，对他人传递的负面或中性的信息线索不要过于敏感；二是接纳自己、树立自信，放弃追求完美的想法，不对自己要求过高；三是不要太在意自己的身体反应；四是不要夸大一些小错误给自己带来的影响，勇敢地面对社交。有了以上的认知调整之后，再结合一些心理方法和技巧，将改变付诸行动：

1. 积极的自我暗示

人的行为和力量很大程度都依靠自身的意识，不同的意识与心态会对自我形成不同的心理暗示，而积极的自我暗示也可以激发出积极、主动、自信的心态与意识。因此，我们可以通过主观想象、不断重复进行持续的自我暗示，接纳自己，相信自己，从而达到改变行为和主观经验的目的。每天坚持至少 10 分钟有效的积极暗示，如“我越来越自信”“我越来越快乐”等，可以默不作声地进行，也可以对着镜子里的自己大声地说出来，还可以在纸上写下来，更可以歌唱或吟诵，通过不断地扩展肯定的语言和概念，可以矫正消极的思想意识和习惯。我们越经常性有意识地选择积极，就越能够创造出一个积极的自我和现实。

2. 冥想放松训练

找一个安静、没有人打扰的地方，坐卧皆可，只要能保持舒适、清醒即可。闭上眼睛，想象自己来到一个青山环绕、绿树成荫的幽静地方，心境会变得平和。然后开始从头到脚或者从脚到头，意识依次停留在身体的各个部位，放松，想象它们变松变软，触觉变得模糊，感到放松的部位“消失”了，与空间融为一体，直至全身放松，融入环境之中。每天至少一次 15 分钟左右的练习，可以帮助个体控制自己的身体节律，有助于克服紧张焦虑的情绪。

3. 系统脱敏训练

改变是一个渐进的过程，不可能一蹴而就。大学生要战胜自己的紧张心理，首先，根据自己的实际情况，列出若干个会使自己感觉到紧张的社交场合，按由易到难的顺序排列。其次，按由易到难的顺序一项一项地进行社交实践训练。当感觉前一项较容易的已经比较轻松自如时，便可进入下一项较难的继续实践训练。

4. 学习人际交往技巧

学习一些人际交往和口才培养与锻炼的知识、技能，如怎样发起谈话、如何建立友谊、如何与异性交往等，用实用的知识、技能来武装自己，提高社交能力，增强自己在人际交往中的信心。

（二）人际关系中冲动心理的调适

冲动是伴随强烈不满，理性控制薄弱，敌对的情绪情感必须马上发泄出来的一种情绪心理状态。当人际交往中出现矛盾和冲突时，强烈的不满很容易暴发出来，人在冲动状态下，意识范围变小，考虑问题偏激且主观，自控力下降，容易做出不明智举动和攻击性行为。因为冲动带有一种强烈的、不可抗拒的欲望，以及不稳定、难以调控的行为倾向，所以冲动的情绪状态往往导致冲动的行为发生，是一种极具破坏性的情绪。很多人都会因为一时冲动做出一些令自己懊悔不已的事情，造成难以挽回的后果。因此，应该采取一些积极有效的措施来控制自己的冲动情绪，在暴怒前避免情绪决堤。

1. 充分认识冲动的危害

（1）破坏人际关系。情绪容易冲动的人往往脾气比较暴躁，与他人交往容易发生矛盾，伤害对方的自尊心，不仅不能解决问题，还会影响人际关系。不尊重他人的人不仅得不到周围同学的尊敬和理解，还会遭到他人的轻视或回避，失去真正的朋友和友谊，以致感到孤独和寂寞。

（2）有损身心健康。对人不信任、心胸狭隘、情绪急躁、爱发脾气等行为习惯，对人的身心健康危害极大。冲动会引起精神的高度紧张，引发生理紊乱，长期下来会造成心脑血管、消化系统、内分泌系统等生理机能功能失调，严重影响身体健康和正常生活。

（3）容易造成违法犯罪。冲动的情绪容易使人反应过激，导致攻击性行为和暴力事件，伤害他人，做出违法犯罪行为。例如，激情凶杀、家庭暴力、打架斗殴，甚至一些自杀事件等，都是人们对冲动缺乏有效控制的表现，为此付出的沉痛代价，令人悔恨不已。

2. 增强自我控制能力

当感到无法控制自己的冲动情绪时，应当即叫停，让自己先缓一缓，可以连续做三次深呼吸，把注意力放在呼吸的过程中，感受身体的变化。可以及时地进行自我暗示，反复默念“冷静”“放松”等有助于自己反思、觉察、冷静的字句，努力使自己熄灭怒火，克制冲动。可以迅速离开现场，转移注意力，去做一些别的事情，不让环境的刺激继续“火上浇油”。学会先处理情绪，再处理问题。

3. 适当转移和宣泄

一个人的冲动情绪最终都要通过不同的方式来加以释放和排解，一味地压抑、克制不仅会危害身体健康，而且随着日积月累，终有一天暴发会酿成更大的恶果。适当的转移和宣泄，是指通过倾诉、运动、旅游、高歌、呐喊等合理的方式，将体内因不快聚结起来的能量向外界释放。

愤怒、焦虑、痛苦所带来的暴躁和冲动需要被克制，而情绪本身却是需要被看到和释放的。可以和亲朋好友谈一谈、说一说，把心中的不快都讲出来，这不仅能有效缓解紧张、不快的情绪，还能梳理自己的思路和认知。让自己尽情大笑，放声高歌，也可以缓解紧张、激动的情绪。做一些体力活、到操场上跑几圈，把不满、愤怒产生的能量释放出来，当身体感到筋疲力尽时，怒火也会随之得到消耗，逐渐回复平和。

4. 加强思想品德修养

加强自我思想品德和文化知识的修养，做一个有素质的人，通情达理，包容宽厚，遇事多反省自己的问题，修炼自己的心态。一方面加强学习，能分辨是非好坏；另一方面注重在日常生活中培养冷静思考的良好行为习惯。修身养性并非一日之功，需要从一点一滴做起。只有这样，才能逐步培养良好的个人素质和品德修养，遇事能选择更有智慧的策略和符合自身价值的行动去应对。

5. 陶冶性情

当心中十分暴躁、恼火，无法安静下来时，可以到鸟语花香的公园、绿树成荫的大道上走走，让蓬勃自然的生机开阔心胸、愉悦身心；也可以赏花种草，河畔垂钓，或抬起头细细观察天空中千变万化的云，这些安静的态度和行为能以以静制动的独特方式平息躁动和怒气，陶冶性情，缓解压抑的情绪；还可以进行一些有针对性的训练，培养自己的耐性。可以结合自己的业余兴趣爱好，选择几项有助于静心和培养耐心的事情来做，如练字、听轻音乐、诵读诗词、制作精细的手工艺品等，不仅可以消除精神上的紧张和压抑感，还能陶冶性情，丰富业余生活。

（三）人际关系中嫉妒心理的调适

嫉妒是个体在人际交往中为竞争一定的权益，对才能、名誉、地位、境遇或运气等方面优于自己的人所产生的敌视、排斥、忌恨、厌恶的一种复杂心理状态。就大学生而言，嫉妒心理主要表现在对他人的成绩和长处不服气，报以嫉恨。

嫉妒是一种消极情绪，它扭曲人的心灵，妨碍人与人之间的真诚交往。嫉妒心强的人不仅人际关系不好，自己的内心也会因为遭受到对他人报以恶意的心理折磨而感到痛苦。长期处于敌视、怨恨的情绪中，还会损害身心健康。克服嫉妒心理可以参考以下方法：

1. 认清嫉妒的危害

嫉妒就内在感受来讲，前期依次表现为由攀比到失望的压力感；中期则表现为由羞愧到屈辱的心理挫折感；后期则表现为由不服不满到怨恨憎恨的发泄行为。嫉妒既打击别人，也贻误自己。嫉妒别人的人沉溺在压力感、挫折感与怨恨、憎恨中，没有充沛的精力去思考如何提高自己，不能专心地去做自己的事情，贻误了自己的前途，也影响自己的身心健康。

2. 客观地评价自己和别人

别人的成功并不等于自己的失败，有时候也可以在竞争中达到共同的成功与进步，实现双赢。强烈的进取心是获得成功的巨大动力，但冠军只有一个，不要太执着于所谓的“最厉害”。一个人只要客观地认识自己的优势和劣势，现实地衡量自己，为自己找到一个恰当的位置，就可以避免嫉妒心理的产生。

3. 克服自私心理

要克服嫉妒心理，先要根除嫉妒心理的“根本”——自私。只有祛除私心杂念，拓宽自己的心胸，才能正确看待别人，接纳自己。

4. 树立目标，积极上进

在树立目标的同时制订计划，化嫉妒为羡慕和上进心，通过觉察他人的优势来鞭策自己，从而产生新的追求和动力，积极努力，把心智集中在改善自身的处境上，以正当的手段赶上或超过对方，即使不如别人，心态也是积极健康的。为了实现自己的人生计划、目标去努力充实自己，完善自己。

5. 开阔心胸，完善个性

但凡嫉妒心理极强的人，往往是心胸狭窄、多疑多虑、自卑、交往时以自我为中心、情绪不稳定、易受外界影响、心理素质不高的人。因此，要努力完善自己的个性因素，提高自己的心理素质。作为新时代的大学生，应该树立达观的人生态度和正确的竞争观念，开阔心胸，扩大视野，学习并欣赏他人的优点、长处，平静、客观地面对现实。同时，正确评价自己和他人，既要看到自己的长处，又要正视自己的不足，化嫉妒心理为心理动力，把别人的成功变成激励自己的机制，从而增强协作精神，在良好的人际互动中不断完善个性。

三、 大学生人际关系中人格影响因素的调适

人格是人际关系中的重要因素。人格不健全的人或因为偏执而难以与人平等沟通，或因为反社会人格充满敌意和自私自利而令人反感，或因为脾气暴躁、性格孤僻而冷漠无情等，这些都会影响与他人之间的正常交往。

个别大学生可能有异常人格的某些特征，但是这种人格问题一般不属于典型的人格障碍，可称为人格偏差或性格偏差。大学生年龄多数是 18~22 岁，出现人格偏差是发展过程中的问题，其人格尚未完全定型，可塑性较强，可以矫正。

完善人格是改善人际关系的重要内在因素。大学生应不断克服自身弱点，在实践中完善自己的人格，努力培养有助于人际交往的人格特征，如尊重人、理解人、关心人、富有同情心、宽容、真诚等，逐步形成健全、完善的人格，为建立良好的人际关系打下基础。

第三节

大学生恋爱心理及其特征

一、 爱情的内涵

爱情指个体基于亲密依赖需求对特定他人所持有的爱慕和帮助倾向，具有排他性、专一性和占有性，是由亲密、激情和承诺三种成分构成的人类社会情感的高级形式。爱情的精髓体现为两个自我既保持其个性和独立完整性，又高度关联、互相吸引、互相认同，共享很多活动，对彼此持有强烈、稳定、专一的情感认同，从而形成恋爱和性的关系。爱情是人的生物属性和社会属性的统一，是个体自我意识和性心理发展到相对成熟时自然而然产生的社会感情，受到法律和道德的制约。男女双方彼此尊重是爱情的基础，忠诚和信任是爱情的保证，专一性或排他性是爱情的核心。

（一）爱情的生物性

爱情中人类性爱情感的欲望和体验，是人类生物性的自然表现，也是爱情生物属性的现实特征。

性吸引、性欲望、性行为，是具有生物属性的人内在本能的、简单的、原始的生命冲动。因此，爱情的生物属性基于人的生物学基础，是一种强大的力量，是爱情中不可忽视的成分。

（二）爱情的社会性

人是社会关系的总和，具有社会性，有复杂的社会分工和社会活动。所以，人类的爱情作为一种社会现象，包含理性而有目的的交往，表现为能够根据一定的原则和准则，如道德意识、善恶观、是非观、审美等，权衡和调控自己的行为。爱情中不是仅有生物反射，更是有意识的社会性活动，个体在追求爱情的过程中满足自己的心理需要，是个体情感资源的社会互动过程。爱情中可以体现出尊重、珍惜、鉴赏、归属、追求永恒、富于奉献和自我牺牲的巨大道德及精神力量，也会体现出如社会地位、经济基础、受教育程度、道德水平、志向、志趣等社会评价内容。

二、 大学生恋爱心理的特征

（一）大学生恋爱心理的一般特征

1. 阶段特征

单从年龄上看，大学生虽然已经成年，但心理成熟尚属初级阶段。多数大学生基于个人经历及社会文化背景，对爱的真谛、爱的责任、爱的表达等方面尚不能够全面地了解和把握，其在恋爱心理发展过程中处于发展阶段。

2. 年级特征

随着年级的升高，大学生恋爱需求的总趋势是越来越迫切，加之异性间接触机会的增多，周围环境对恋爱的干涉减少，实际“在谈恋爱”或“谈过恋爱”的学生比例不断增加。

3. 性别特征

男女青年在恋爱心理上存在一些差异，这些差异在大学生恋爱上也有所表现，主要包括：男子比女子更易一见钟情；男子比女子更积极主动；女子的戒备心理比男子强；女子比男子更看重爱情在生活中的位置；女子比男子更看重情爱，男子比女子更看重性爱；男子比女子的爱表现得更为主动和强烈，而女子比男子的爱表现得更为隐秘和持久。

（二）大学生恋爱心理的时代特征

随着社会环境的变化，大学生的恋爱呈现出明显的时代特征：

1. 恋爱普遍化与公开化

目前，社会和高校对大学生恋爱已经逐渐走向开明和尊重。大学生已经是成年人，恋爱是正常现象，无须指责。高校里大学生恋爱现象越来越普遍。目前大学生恋爱也越来越公开化，他们更倾向于大方地表达爱恋。

2. 恋爱动机的多样化

现代大学生的恋爱有着多种不同的心理需求。有的大学生谈恋爱，因为觉得自己遇到了真爱；有的大学生坠入爱河，是为了安抚自己心灵上的孤独，希望能够通过谈恋爱获得精神安慰；有的大学生觉得谈恋爱能够满足自己的虚荣心，等等。总的来说，大学生的恋爱动机多种多样，大部分大学生谈恋爱是想要追求美好的爱情。

3. 更加注重恋爱过程

学生时代的爱情很难步入婚姻殿堂，因为学生还未进入社会，他们的未来还不确定，影响了爱情的长久性。在谈恋爱时，很多大学生都清楚地意识到了这一点，所以比起未来结果如何，他们更加关注爱情的过程。有的大学生认为谈恋爱是一种学习，如果一段爱情最后结束了，但是在这一过程中他们也学会了如何和恋人相处，对他们未来的婚姻有帮助；还有的大学生认为在恋爱过程中会产生很多美好回忆，对人生有意义。

（三）大学生恋爱的心理行为特征

概括而言，大学生在恋爱的态度、行为和方式上具有以下心理特征：

1. 源于强烈的归属和爱的需要

与他人建立持续而亲密的需要，是大学生较为普遍的情感需要。如果有一个能提供精神支持、可以互相信赖的伴侣，个体就会感到被接纳和被赞许，体会到愉悦。正是因为大学生渴望体验到被接纳和被爱，才会在恋爱中投入时间、精力和情感。

2. 只追求浪漫与亲密

大学生恋爱的情感纯度更高，由于大学生还没有现实生活的压力，恋爱中可以不谈经济、结婚、家庭等具体问题，只需要单纯地、认认真真地谈人生、谈理想、谈爱慕之情。大学生在恋人的选择上，更重视精神及心理层面上的相互认同、相互依赖。这种浓厚的浪漫色彩，掩盖了理想与现实之间有可能存在的矛盾，而爱情永远离不开必要的现实基础，脱离现实生活的爱情一旦遇到问题和挫折磨炼通常比较脆弱，容易破裂。

3. 自控力与耐挫力较弱

由于传统道德观念淡化，加之网络文学的盛行和渲染，当代大学生对于爱情的观念趋于大胆和开放。在激情的影响下，一些大学生甚至在公共场合做出过分亲密的举动，或只愿享受爱情的甜蜜而忽略其背后的责任，由此引发一系列问题。而且大学生一旦陷入热恋，往往不善于控制自己的情感，缺乏妥善处理情感纠葛的能力，对恋爱对象过于依赖同时又很自我中心，对感情百分百投入却缺乏理性控制的能力，任感情肆意放纵，稍有波折就痛苦万分。一旦恋爱受挫，容易情绪失控，无法自拔，对学习和生活造成严重影响。

4. 具有不成熟性与不稳定性

很多大学生由于社会阅历浅，思想单纯，对自己的人生目标和需要还未形成清晰的认识，感情和思想处于易变阶段，因此在恋爱对象的选择上，往往重外表、轻内在，或漂泊不定、犹疑不明，在行为表达上，往往重形式、轻内容，重过程、轻结果。这种在对待恋爱问题上的简单、幼稚和不成熟性，加之他们就学期间尚未经济独立，又面临自身发展的诸多不确定性，如考研、就业、人际关系等，对恋爱双方都会形成巨大的心理考验与现实考验，处置不当则极易造成恋爱的中断、失败。

第四节
培养大学生健康的恋爱心理与行为

随着年龄的增长，大学生在生理和心理上日趋成熟，恋爱是顺其自然的事。然而什么是真正的爱情，大学生又应如何对待爱情、追求爱情，是每个大学生需要认真思考的问题。正确的恋爱观，文明的恋爱行为，不但有助于大学生生理和心理的健康成长，而且爱情作为人的全面发展的催化剂、“核动力”，会使大学生生机勃勃，产生远大的理想和高昂的斗志。作为有理想、有思想、有道德、有社会责任感的大学生群体，更应理解爱情的含义，认识爱情的本质，树立正确的恋爱观。

大学阶段是大学生由单纯走向成熟，由学习至上走向全面发展的关键时期。很多大学生由于刚走出家门，涉世未深，在恋爱及学习、生活的过程中，会表现出不同程度的情感心理问题。对大学生进行有针对性地疏导和教育，对高等学校更好地贯彻“以人为本”的教育理念、引导和帮助学生顺利完成学业、健康成长成才具有重要意义，对校园的精神文明建设及和谐校园的构建也有着重要意义。

一、 培养恋爱道德意识

（一）树立彼此平等、相互尊重、共同奋斗的爱情观

每一份爱情中，都包含着期待，双方都在渴望向着彼此喜欢的方向发展。但恋爱不是按照对方的要求塑造自己，也不是将所爱的人塑造成自己所期待的样子。重视双方的平等，尊重对方的独立性，让对方在爱的港湾中自由发展，以对方期望的方式自由地发展自我，获得自我成长，从而自愿为彼此的共同发展承担起责任。因此，积极的恋爱通过关怀、尊重、了解、包容、责任心等使个体潜在的心理能量得以释放，内在创造力得以激发，推动着相爱的两个人更加努力地完善自我，互相支持，互相帮助，将爱情引向积极的有利于未来发展的方向，共同创造美好，奋斗进取，鼓舞创新，追求双方共同的发展和幸福。

（二）端正恋爱动机

大学时期的感情纯洁、真挚，这也是未来幸福生活的基础。但是，有些大学生的恋爱动机不是出于爱情本身，而是片面、功利性地对待爱情。有的学生因为从众，受到他人恋爱所激发的关系变化、情感卷入以及话题转移造成的影响，成为自己恋爱行为的触发器；有的学生把爱情当作一场游戏，既不珍惜自己的感情，也不尊重他人的感情，肆意放纵，用青春赌明天，只为满足自己的私欲，这些都是不道德的。

（三）规范恋爱行为

大学生在恋爱期间，首先要正确认识恋爱的道德责任，恪守恋爱中的道德规范。其次语言要文明，相互尊重，彼此欣赏。最后恋爱行为要文明。

恋爱双方因相互爱慕而产生的亲近亲昵应举止得体、文明、高雅，相互尊重，把握尺度。文明的恋爱行为，有助于大学生在生理和心理方面的健康成长，使大学生产生远大的理想，这对于校园精神文明建设及和谐校园的构建有着重要意义。

二、培养爱的能力

个人的成长、生活的幸福以及自由的追求都是以爱的能力为基础的。爱的能力不是与生俱来的，也非随着年龄增长而自然形成，而是在社会生活、人际互动，尤其是在亲密关系的互动中逐渐成长培育形成的。它包括：

（一）展现真实自我的能力

在他人面前展现真实的自我，既是一种人品，也是一种能力，这取决于自己能否积极悦纳自我。能够完全接纳自己的人本来就很少，还要相信别人也能接纳真实的自己，这就更难了。不是不愿意真诚，而是不敢交出真心，害怕暴露脆弱。例如，“我不在乎”“我只想玩玩”的潜台词其实是“我害怕受伤”“我不敢认真”。因此，有些人即使再熟悉，也很难亲近，为此我们会产生孤独感，难以进入亲密关系。只有相信自己、认可自己，才有勇气展现真实的自己，才有可能被他人接纳，良性互动，获得真正的爱。

（二）理解和沟通的能力

每个人都是不同的个体，爱情使双方能够共享彼此的世界，见你所见，想你所想，从而增进彼此的理解。每个人都有被理解的需要，它能激发人的活力与自信。爱情中双方的彼此理解需要通过表达、分享和沟通去完成，打破屏障，消除隔阂。爱的表达是爱的能力中最能滋养关系的能力。这要求我们用不伤害关系的方式去表达自己的需求、想法和感受，而非用隐忍、抱怨、指责等方式去表达和沟通。

（三）尊重个人自由的能力

在感情里很多人似乎要通过绝对的“掌控”才能有足够的安全感。但在恋爱中的两个人要知道彼此是独立的，优先考虑对方的舒适感而不是自己的需求感，给对方足够的空间，尊重个人自由，才能让彼此和这段关系更加健康地发展。这意味着，彼此要有在生活上和精神上相对独立的能力，才能避免将自己或他人束缚、禁锢在两个人的世界里。积极的恋爱能够让人更加懂得体会和照顾他人的感受，不断地适应彼此，尊重对方的感情和独立的空间，充满爱意让对方享有个人自由的权利，从而使关系能够在更大的空间里被滋养，由爱一人而爱他人，爱生活，爱社会，更好地适应集体、适应环境，发展自我。

（四）焕发活力和新鲜感的能力

感情的保鲜需要仪式感和新鲜感。与其说感情需要仪式感和新鲜感，不如说是生活需要，生命需要。仪式感和新鲜感能为日复一日的枯燥生活注入活力和养分，感情也因此而历久弥新。一成不变的生活固然稳定，却也常常让人觉得压抑和窒息。仪式感可以把同样的日子过得有不一样的体验和温度，让爱情中的双方感受到被重视和滋养，进而有更多的情绪情感流动，可以化解很多不必要的指责、怨怼，让爱更加温和、温存和放松。而新鲜感的制造要求我们不断地学习爱的艺术，要善于在常规中寻求变化和改善，对新鲜感的追求并不意味和不同的人做同一件事，而是可以和同一个人做不同的事。走出各自的舒适区，不断提升自己，或做一些新的尝试。这样的激情可以使快乐渗透，让关系持续保持活力，产生更加强烈而亲密的联结。

（五）处理冲突的能力

不同的两个人自然有不同的想法、愿望和需求，当彼此出现矛盾和分歧时往往不是争论对错和是非黑白的时候，而是需要意识到彼此不同的想法、愿望和需求。几乎所有的关系发展到一定阶段都会出现不一致、不协调，面临磨合，达成彼此关于权利和公平的共识是冲突处理的关键所在。这个过程需要带着善意和真诚去沟通，而不是把怨恨埋在心底或冷暴力式地对待，这对关系的损害极大，会滋生伤心、愤怒、失望和倦怠。有话直说不藏在心里，事后不心存怨怼，必要的时候需要包容、谅解甚至妥协、让步，以缓和矛盾，平衡关系，让爱更加长久和稳固。

（六）付出和奉献的能力

恋人之间常常会觉得对方不够爱自己，或者对自己不够好，由此引发不满和冲突。然而爱不是用来考验和索取的，爱的真谛是给予而不是得到。不计回报的付出是忘我的。只有发自内心地去爱一个人，才能做到真正的无私，把对方与自己视为一体，支持和帮助对方不断自我完善。这样的爱亦师亦友，是“无条件的爱”。慷慨投入地付出和奉献是一种积极的精神力量，不仅能给予对方，也可以推动自己开创一个全新的自我，找到人生的目标，创造生命的奇迹。

（七）承诺未来的能力

好的爱情应包含一份神圣的责任和对未来的期许，这不是外界强加的，而是内心的自觉，是爱情能给人带来安全感的重要条件。承诺未来，需要有坚持不懈为这段感情而奋斗的意志，很多人都会在磨合期不顺的时候产生放弃的想法，用“我们不合适”“他不够爱我”等理由来搪塞，其实是缺乏坚持的意志力去构建一段更高质量的感情生活。承诺未来，还需要有兑现承诺的能力，虽然爱可以发生在一瞬间，但是找到维持爱的平衡和关系的和谐却需要长久的有意识的努力，坚定自己的选择，为所爱之人挡风遮雨，而不仅仅是感官上的愉悦与寂寞时的陪伴。爱一个人也是爱一份生活。对于感情的坚守和对未来的承诺需要有深厚的感情基础和强烈的责任感，才有足够的能量去抵御未来许多的未知和风险。不考虑未来的人，恋爱注定没有结果，而缺乏责任感的爱情如同没有坚实土壤的树木不可能枝繁叶茂。

三、 正确对待失恋

恋爱时有多美好甜蜜，失恋后就有多失落悲伤。失恋的过程往往伴随委屈、低落、自卑、自责等各种消极情绪，甚至令人无法自拔，深陷痛苦与煎熬之中。然而，一直被困在失恋的阴影中，总是纠结于过去，沉溺于悲伤，却是无益的。

（一）接纳并容许自己悲伤

失去了心爱的玩具都会悲伤，更何况是失去了一段感情呢？爱情的成本是个体情感成本中最高的。因为在恋爱中，彼此会相互占据很多时间，较深地涉入对方的生活。一旦失恋，随着恋人的离开，过往一起经历的一切似乎也都丢失了。因此失恋之后悲伤是非常正常的，悲伤是对这段关系和这段经历的尊重。对失恋后的悲伤心存抗拒，一味地压抑悲伤，否定悲伤，伪装坚强，自我欺骗状态良好，并不能带来任何情绪上的缓解，只会让内心更加空虚与矛盾，时间长了甚至会迷失自我。失恋既然是一件悲伤的事情，想哭就哭出来，给自己留出时间和空间，去接纳悲伤，释放情绪。直面和接纳可以帮助我们有尊严地度过艰难时期。

（二）不错置爱情的地位

爱情是人类高尚的精神体验，是恋爱双方心与心的沟通与交流，也是个体内在独特的心灵历程。但是，爱情并不是生活的全部或唯一重要的内容。青年人只有在追求理想、成就自我的过程中，爱情和生活才能常新常美。大学生要本着对自己负责的态度，处理好恋爱与学业的关系、恋爱与择业的关系、恋爱与集体的关系、恋爱与未来发展的关系，才不至于在不知不觉中变得“儿女情长，英雄气短”，让爱情成为生活的唯一主题，无法正确对待恋爱中的矛盾或挫折，为了盲目的爱，将别的人生要义全盘疏忽丢失了。

（三）在爱他人之前先爱自己

所有的情感都是自己的需要向外界的投射，都是有原因的。亲密关系最能反映我们内心的期待、缺失或恐惧，所以失恋是最好的成长机会，它能帮助我们看到自己内心最真实的状态。失恋的痛苦往往不是源于有多么爱对方，离不开对方，而是源于自己需要被重视的感觉，需要证明自己对他人而言是至关重要、不可或缺的自信与自尊，当这些内在的需要被击溃时，痛苦不言而喻。然而，需要的满足归根到底是自己的事，安全感是一种相信自己的力量，而非诉诸他人。在恋爱中更加负责地生活，控制爱情的温度，重视自我的成长与发展，个人生活更加严谨，都是爱自己、对自己负责的态度与做法。一个人要先能够对自己负责，在爱他人之前先爱自己，才能够既有爱的能力，也有不爱的底气，即使面对失恋，也不至失去自我。

（四）自我反思与完善

爱的过程是培养爱的能力的过程，是人格完善的过程。经历了一段失败的关系，在进行情绪释放、态度调整之后，如果能够冷静下来，静心思考失恋的原因，分析问题背后的根源，从中吸取一些经验教训，认识到自己的不足并获得进一步的成长完善，那么失败的经历也是有意义的。我们都是在体验爱的甜蜜和痛苦的过程中一步步学会爱自己和爱他人的。自我反思就像一面镜子，让人能看到自己，想到他人，回顾过去，面对未来。但值得注意的是，这种反思不是去论证感情中的是非对错，而是理智地面对自己这段无法维持下去的感情的终结，冷静地分析，将导致问题的因素找出来，看看哪些是可以调整改善的，哪些是不能妥协退让的，今后当新的恋情到来时，才能找到更适合自己的对象。

心理测试及解析

孤独量表（UCLA）

说明：该量表主要用于评价由对社会交往的渴望与实际状况之间的差距而产生的孤独感。量表共20个条目，分别列举了人们有时会出现的一些感受。对每项描述，按自己的实际情况在适当的方格里画√。

题目	从未	很少	有时	一直
1. 你常感到与周围人的关系和谐吗？	4	3	2	1
2. 你常感到缺少伙伴吗？	1	2	3	4
3. 你常感到没人可以信赖吗？	1	2	3	4
4. 你常感到寂寞吗？	1	2	3	4
5. 你常感到属于朋友中的一员吗？	4	3	2	1
6. 你常感到与周围的人有许多共同点吗？	4	3	2	1

续表

题目	从未	很少	有时	一直
7. 你常感到与任何人都不亲密了吗？	1	2	3	4
8. 你常感到你的兴趣和想法与周围的人不一样吗？	1	2	3	4
9. 你常感到想要与人来往、结交朋友吗？	4	3	2	1
10. 你常感到与人亲近吗？	4	3	2	4
11. 你常感到被人冷落吗？	1	2	3	4
12. 你常感到你与别人来往毫无意义吗？	1	2	3	4
13. 你常感到没有人很了解你吗？	1	2	3	4
14. 你常感到与别人隔开了吗？	1	2	3	4
15. 你常感到当你愿意时就能找到伙伴吗？	4	3	2	1
16. 你常感到有人真正了解你吗？	4	3	2	1
17. 你常感到羞怯吗？	1	2	3	4
18. 你常感到人们围着你但并不关心你吗？	1	2	3	4
19. 你常感到有人愿意与你交谈吗？	4	3	2	1
20. 你常感到有人值得你信赖吗？	4	3	2	1

评分方法及结果解释：

每个条目分相加。44 分以上，孤独程度高；43～29，中间水平；28 分以下，没有明显的孤独感。

第七章

大学生心理健康教育的多元发展

第一节 大学生网络心理的调适

随着网络技术的提高和互联网的普及，网络已成为大学生学习生活的重要组成部分。网络既对大学生的心理、行为及日常生活产生积极的影响，也常常引发各种问题，如网络成瘾。大学生应防微杜渐，注意培养选择和辨识的能力，科学、规范参与网络行为，及时调整不良心态，保持虚拟网络与现实环境中的人格统一。

一、 进行自我心理的调适

（一）树立正确的道德观念与是非标准

网络能够提高人们信息获取的效率，丰富彼此交流沟通的形式，增加休闲娱乐的方式，但纷繁复杂的信息，对大学生的接受能力和判断能力提出了考验与挑战，容易造成大学生的思维混乱和观念模糊，干扰大学生的价值判断和价值取向。大学生需要坚定理想信念，制定正确的奋斗目标，树立正确的人生观、价值观、世界观，掌握分析问题和解决问题的科学方法，明辨是非，分清善恶，不断增强自身抵御网络环境负面影响的能力。

（二）养成科学正确的用网行为

大学生要对自己的行为负责，防止沉迷网络，上网要有目的性和节制性，切忌盲目性和随意性。从网上汲取知识是大学生活的重要组成部分，是顺应时代发展和社会进步的必然要求，但关键是要根据学习要求和作息规律合理地安排上网时间，养成有计划、有目的、有节制上网的好习惯。当代大学生要有高尚的情趣，以学业为主。上网应该是为了更好地学习科学文化知识，而不是把上网作为逃避现实生活问题或自身消极情绪的工具。大学生的课余活动应以提高自身身体素质和心理素质为方向。理想是青年人的脊梁，对理想的追求应具体体现在现实活动中，而不是体现在虚拟的网络世界中。大学生应将个人奋斗与社会的发展相结合，并具体落实到学习和生活中去。大学生只有树立了对网络正确的认识，养成科学正确的用网习惯，才能正确地使用网络，通过网络获取自己需要的资源，准确地把握自我，规划属于自己的未来。

（三）加强自控力的培养

对个人而言，只有自律才能充分体现自信、自尊，才能充分享有自由、自主。在如今这个网络时代，由于信息量巨大，各种文化与价值理念交织纷纭，各种诱惑比比皆是。网络虚拟空间是一个充满自由的多彩世界，在缺乏较强他律，甚至几乎感受不到直接、明显的他律影响力的网络虚拟社会，大学生会因认知偏差或侥幸心理而产生心理困惑与矛盾，这时自律就显得尤为重要了。基于此，大学生应当更理性地对待生活中的一切困难，而不是任性地放纵自己、回避问题、逃避困难，要加强对自身心理控制力的培养，以道德化的网络正常运用取代肆意滥用网络的行为，做一个具有良好心理品质和自我控制力的优秀大学生，养成良好的慎独习惯。

（四）积极参加社会活动，逐步摆脱对网络的依赖

大学生大多时间都是在教室中上课，活动范围也是在校园中，与社会接触不多，导致大学生缺乏对社会生活的感知。在大学时期，学生除了学习文化知识，还要学会与人交往，学会培养自己的人际交往能力。大学生会通过

网络和他人建立交往，但是网络交往停留在虚拟空间，在此种情况下建立的人际交往关系既薄弱又缺少真实性，难以和现实交往相比。因此，大学生在热衷网络交友的同时，也要提醒自己不要忽略实际生活中与朋友相处的时间，学会区分虚拟社会与现实社会的不同，积极地投入到现实学习生活中去。要勇敢地面对现实世界，积极参加各种丰富多彩的课余活动，积极参加增强人际关系沟通技巧的课程或活动，提高自己的沟通能力，并增进自身在人际沟通方面的自信，多方面拓展人际关系圈，形成健康的人际关系。要学会在现实中寻找帮助和支持，调整自己，保持网络世界和现实的平衡，充分体会现实世界的美好，多参加实际活动，在活动中陶冶情操，并从中得到支持和帮助。

（五）主动寻求心理咨询机构的帮助

很多有网络成瘾倾向的大学生觉得自己心理负担太重，容易敏感、退缩和逃避，往往不愿意主动寻求他人或心理咨询机构的帮助。因此，大多数网络成瘾的大学生是被教师和身边的同学发现后，才到心理辅导中心接受咨询的。事实上，有网络成瘾倾向的大学生从心理咨询机构获得帮助是克服网络成瘾的有效途径。因为心理咨询人员会根据他们的成瘾程度，从专业角度有针对性地采取必要的心理咨询和治疗措施。例如，对求助者开展认知行为训练，或者采用现实疗法等一系列方式，使求助者面对现实，从而学会如何逐步解决自身的困扰。因此，有网络成瘾倾向的大学生不要逃避，要勇敢、积极、主动地面对自己的问题，做自己的主人。

当然，除了大学生本人之外，家庭、学校、社会也应该加大力度为大学生创造良好的信息网络环境，让网络为大学生的成长助力。除了营造健康的校园网络文化以外，还要引导大学生树立正确的网络意识。面对复杂的网络信息，使其能够有能力自主选择对自己有益的信息，拒绝不良的网络信息，不仅对校园网络文化有利，也对整个社会的网络氛围有利。

二、 重视家庭教育

家庭是孩子的第一所学校，父母是孩子的第一任老师。家庭教育是影响大学生网络心理的一个重要因素。家庭教育是一切教育的基础，其不仅是学校教育的基础，更是学校教育的补充，但现实中我们的教育往往重视学校教育而忽视家庭教育。大学生的网络心理教育也应该重视家庭教育，使其成为学校教育和社会教育的延伸和有益补充。

（一）创设情感丰富的家庭环境

父母对子女的影响是终身的，父母不仅要给予子女物质上的保障，更要给予精神上的引导及情感上的支持，避免由于家庭不和谐等给子女带来心理上的压力。学生进入大学后，突然脱离家庭环境，情感上与父母一时难以割舍，所以，父母要充分利用和孩子相处的时间去了解孩子的真正需求，尊重他们的个人选择，采取民主的沟通方式，做到理解而不溺爱、民主而不放任、疏导而不压制，争取和孩子做朋友，和孩子谈心，给孩子树立一个乐观、积极的榜样。

（二）建立有效的家校互动机制

家庭教育是基础，学校教育是重点，因此，在对孩子的教育上，要加强家庭和学校的沟通。此时，学校就可以利用自身的网络平台与家长进行沟通。学校理应让家长了解学校的发展变化，参与学校的建设，将大学生在校的思想、学习、生活等情况告知家人；家长也应把孩子在家的表现、动向及时向学校反馈。这样可以促进学校和家庭更加充分地了解和把握大学生的思想动态，从而有针对性地调整教育的内容、方法和手段。

学校应主动建立有效的家校互动机制。学校有着独特的教育属性，计划性和制度性很强，而家庭教育则与之不同，相比学校教育，其亲密性更强，自由性更高。学校可以组织相关活动，邀请大学生家长入校了解学生的情况。开展家庭教育讲座，聘请有经验的家长，解答其他家长与孩子相处的困惑，让孩子有更好的家庭关系。每个大学生的成长环境各不相同，父母的文化水平也不同，教育方式更是千差万别，学校可以根据不同的实际情况来开展多种类型的教育项目。例如，以家庭为单位成立互动讨论组，定期开展主题活动，结合有讨论价值的家庭教育及互动关系问题，让家长和学生在小组活动中交换观点，促进彼此了解，从而引导和培养学生形成正确的人生观、价值观，促进家长更进一步理解学生。

（三）提升大学生的实践能力

家庭教育除了教孩子知识以外，更重要的是教他们如何与人相处，在面对问题时应该如何处理，如何更好地生活。大学生有着独特的性格特点、生活方式和爱好，家长应该鼓励大学生勇敢、大胆地实践，经过实操使其自身能力得到锻炼。只有这样，在他们面对困难和逆境时，才能够妥善处理，培养独立自主的精神。教育活动能够提高学生的实践能力，设立多种主题的教育活动，大学生可以和家人一起参加。在活动中，运用自己所学知识，积极融入主动与人交流，在实践中提高自身的适应能力、组织能力、人际交往能力和社会活动能力。

三、 优化高校教育环境

当前由应试教育向素质教育转轨的过程中，心理健康教育占据着极其重要的地位。家庭教育固然重要，但当学生步入校园后，学校教育则在大学生心理健康教育中起着重要作用。学校应从课程设置、师资队伍、校园文化环境等各个方面有针对性地开展大学生心理健康教育。

（一）建立高素质网络心理健康教育工作队伍

建立一支素质较高的网络心理健康教育工作队伍是提高网络心理健康教育实效性的人员保证。网络心理健康教育工作队伍应该熟悉和掌握大学生心理健康的现状和发展规律，要有较高的心理健康教育理论水平，此外，还需要及时跟踪网络资讯，了解网络发展的实际情况，熟悉网络技术，确保网络心理健康教育能够在高校有效开展。因此，可以培育一支优秀的心理健康教育队伍，从大学生心理健康的特点入手，利用网络技术以及学生们感兴趣的网络文化，让大学生能够接受心理健康教育。除了传统心理健康教育外，利用互联网进行学生心理教育也是实现心理健康教育的有效途径。

（二）成立网络心理健康教育管理和领导小组

高校的一些职能部门参与网络心理健康教育管理工作，成立网络心理健康教育小组，是提高网络心理健康教育实效性的组织保证。高校开展网络心理健康教育要设相应的网络心理健康教育管理的职能部门，成立网络心理健康教育管理和领导小组，加强在线心理健康教育的推进。除此以外，必须指派专职人员参与学习和培训，建立对应的学习管理制度。同时，要扩大资金投入，开设网上学习场所，提高网上心理辅导，贴近学生生活，努力提高网络心理健康教育的成效，发展好新背景下高校心理健康教育。

（三）健全校园信息网，对学生进行正确引导

建设和完善校园信息网络，正确引导青年大学生上网，使其获得有价值的学习资源。搭建一个符合学生需求的网站，安装大学生可以下载使用的最新软件。在网页上，可以上传学校的宣传内容，不仅可以让更多的学生看到，还可以获得良好的宣传效果。除此之外，还可以考察其他网站，对于优秀网站，可以推荐给学生，帮助大学生正确上网。与此同时，为了增加学生们的专业学习资源，可以在校园网中搭建更权威的专业学术网站，向学生推荐内容实用的学术知识，有利于学生学习专业知识。不仅如此，还应该加快教育软件的开发，加强网络技术对教育的应用，以网络培训代替部分课程，创新教学方式，提高学习效果。学校的教师要积极使用在线教育，让教师了解在线教育的有效性，并通过在线学习的方式为学生提供更多有价值的学习信息。例如，教师可以在互联网上发布教育讲义，利用互联网的特点加强师生之间的联系，这样既可以加强师生的情感交流，又可以提高大学生的学习兴趣，一举两得。

（四）重视网络新技术，为大学生心理健康教育服务

在信息迅速发展的时代，网络技术对于网络心理健康教育的发展非常重要，在网络心理健康教育发展的道路上，网络技术是支持其发展的运行机制。不容忽视的是，网络技术的进步也给在线心理健康教育带来了新的挑战。因此，高校心理健康教育工作者必须直面这一挑战，主动学习，加强自身对网络技能的学习，熟悉网络知识。开展形式多样、生动活泼的心理健康教育活动。在此基础上，心理健康教育工作者要善于利用新技术为大学生网络心理健康教育服务。各种信息软件的普及，如微博、微信等，使每一个心理健康

教育工作者都具备了在网上建设教育基地的能力。网络技术一直在不断发展，各种网络心理健康教育活动都依赖于网络技术才得以开展。由于各种技术手段的概念不同，对大学生发挥的作用也不尽相同。因此有必要根据大学生成长的需要，加强研究，深入发展网络技术的相关概念，为大学生网络心理健康教育提供技术保障。

第二节
大学生心理健康教育中的就业辅导

一、大学生就业心理与职业发展规划

（一）分析与调适大学生就业心理

1. 分析大学生就业心理

大学毕业生就业的成功与否，不仅取决于其专业能力、道德素养、文化素养等方面，也取决于毕业生的就业心理状况和心理调适能力。

（1）影响大学生就业心理的因素。大学生就业心理指的是毕业之前以及毕业之后大学生因就业问题而产生的一系列心理活动，大学生就业心理主要受到主观因素和客观因素的综合影响。

①主观因素。

第一，大学生的生理状态和心理发展。大部分大学生在23岁左右毕业，这一时期大学生的身体已发育成熟，但心理状态并未达到成熟水平。在生理上，雇佣机构对招聘职员的工作时间所对应的职员性别、身高、健康状态等有某种程度的要求，职业所具备的一些特性也或多或少地对就业者的生理条件有所限制。因此，生理因素在很大程度上影响着就业，也会对求职者的心理产生影响。

从心理发展水平看，评定一个人的心理发展水平，可以从认知、情感、意志三个方面入手，如记忆力、分析能力、逻辑思考力、情绪调节能力、意志品质等。心理发展水平将会对个人的业务能力和业务效果产生最直接的影响，因此受到雇佣机构的高度关注。一些雇佣机构还会对应聘者进行心理测试，以此来选择满足岗位要求的就业者，由此反映了就业心理的发展水平。2020 年，高校毕业生数量创历史新高，达到 874 万，就业任务很重，并且受疫情影响，毕业生求职面临不少困难和不便，一些尚未落实工作的毕业生更是焦虑重重。

第二，大学生的人格特征。人格特征即个性，在生活、实践中往往能体现出来，在他人看来是稳定的，具有一定方向确定性的个人的心理特征的总和，具有与他人不同的独特心理状态和心理特征。人格贯穿人的一生，影响人的一生，永远不会消失。正是人的个性所产生的需求、动机、理想、信念、世界观和兴趣引导着人们生活的方向和道路。不同的人格特征和个性气质、性格和能力影响和决定了人生的风格、事业和命运。不同的人格特征决定了不同的职业偏好。因为毕业生的择业心理和行为表现多种多样，有的毕业生想过稳定的日子，找稳定的工作，而有的毕业生则更愿意赌上金钱和时间进行创业。

第三，知识结构。知识结构是指求职人员的知识系统与求职人员自身之间的关系。知识结构在个人能力的形成影响是最大的，如果知识结构不同，那么该求职者就会具有不同领域的能力。如今社会越来越智能化，技术迅猛发展，很多产业都逐渐实现了一体化，因此职业需求大多指向综合性人才。换言之，从业人员应该了解更多领域的知识，让知识结构更加宽广，层次更加丰富。

大学生在学习过程中，除了要了解、学习与本专业相关的知识和技能，还要掌握一些本专业之外的知识和技能。才能应对当今高速发展的社会和多变的人才需求。丰富的知识能力、过硬的动手能力和合理的知识结构能够帮助毕业生顺利就业，同时这也是毕业生确认自己是否能够存活于就业市场的基础。由此可见，大学生的知识结构会直接影响毕业生就业，是就业能否成功的关键因素。

②客观因素。

第一，社会环境的影响。人在社会中或多或少都会受到社会环境的影响。不同社会环境会对人造成不同的影响，而影响社会环境的因素有社会风气、社会经济发展等，就业形势和就业政策也会影响人的就业心理。当今就业制度发生了改变，市场竞争也更加激烈，这既是挑战也是契机，为毕业生提供了更广阔的选择空间，更有利于毕业生就业。从某种程度上讲这更加公平、公正、公开和自主。近些年毕业生人数呈直线上升趋势，经济的发展促使不同行业产生了不同的人才需求，大学生要客观理性地看待，积极应对，但也不能放松警惕或太过紧张。要保持健康的心理，充分地了解、分析社会，面对不同的情况要积极采取措施，以达到适应不同环境、成功就业的目的。

第二，学校教育的原因。人对教育的理解越来越深入和透彻，大学不仅重视职业教育，还提供全面、高质量的社会化教育。学校负责使学生在大学课程中得到社会化的教育和培养。学生在此过程中获得生活经验，并在自己的学习和理解下进行社会生活与实践。在这个过程中，学校的校风以及教学模式对大学生有很大的影响，对毕业生的就业心理也会产生微妙的影响。

第三，家庭教育的原因。家庭是社会的基本单位，父母是孩子的第一任老师。家庭的教育方式和父母的价值观都会直接影响学生的心理状况和发展。当毕业生被雇用时，就业情绪很可能受到家庭因素影响。此外，父母对待儿女就业的态度也会影响毕业生的就业态度，父母的态度对毕业生的工作态度也有显著影响。例如，一些父母希望孩子和他们在一起，但是又不希望孩子在私营企业工作。父母的态度或多或少会影响大学生的就业态度，也会影响毕业生的就业情绪。

（2）大学生的就业动机分析。工作动机能够影响个人对工作的选择，如果一个人选择了一份工作而没有选择其他工作，或者一个人选择了在这个城市工作而没有去其他城市工作，那么致使个人做出这种选择的最大原因就是个人的就业动机，所以对于就业心理来讲，最核心的问题就是就业动机。一般而言，影响个人求职动机的原因主要是工作本身是否具有社会重要性、工作的经济报酬、工作地点、工作强度以及个人和工作之间的匹配程度，具体而言，体现在以下方面：

①寻找专业对口的职业。大多数毕业生在选择职业时，第一选择都是与

自己专业相关的职业，能够运用所学的知识是毕业生的普遍心理。在他们看来，与专业相关的职业可以缩短调整时间，充分发展自己的才能，并促进自己成长，这就是为什么许多毕业生不选择条件更好的工作，而选择相对困难但有发展前途的工作。

②找一份社会地位高的工作。工作具有社会意义，从事社会地位高的工作容易使人受到尊重。所以，毕业生更愿意找一份社会地位高的工作。这是一种普遍的就业心理动机，高的社会地位主要是指威望和经济实力。

③找一份稳定的工作。传统的劳动管理制度影响了人们对就业的态度，没有稳定性就没有安全感，所以一些大学毕业生放弃了一些较好的就业机会，而是选择了报考公务员、事业单位或大中型企业。当然，随着社会的发展和人们观念的改变，一些大学生首先会选择与自己的发展有关的职业。

④去经济发达地区。经济发达的地区工作机会较多，工资相对较高，就业市场相对规范。因此，许多大学生的就业目标地点是较为发达的地区。

⑤注重经济待遇。在市场经济环境下长大的大学生对经济问题很敏感。大学生属于刚刚脱离父母的群体，面对需要自己生活这一问题时还较为懵懂。如果大学生没有一定的经济基础，就无法在社会上更好地生活，因此，大学毕业生在选择工作时会着重考虑经济待遇。

⑥奉献社会，培养自己。一些大学毕业生在面临职业选择时，放弃了良好的工作环境和职业生活，选择去支持西部建设，或在基层、生产的前沿作出贡献。这些毕业生就业的动机是为国家服务、为社会做贡献，他们是大学毕业生的榜样，展示了新的精神面貌。

2. 大学生就业心理表现

大学毕业生的就业心理表现形式各不相同，是由于他们的就业动机多种多样，动机又与他们自身的实际情况相联系。大学生需要积极的就业心理，主要体现在以下方面：

（1）乐观自信。有些学生能够客观地认识和评价自己，有明确的就业需求目标，这是准确分析和支持社会就业形势和社会需求的最有效途径，这类学生能够有效避免自身缺点，发挥优点，碰壁时不气馁，并且能积极收集就业信息，找到最满意的工作。

（2）有竞争的勇气和风险意识。一些毕业生可以适应刚毕业时的就业形势，并明白就业市场的竞争是不可避免的；要提高自身的工作竞争力，就应不断丰富和完善自己在各个领域的能力，并积极参与社会活动和学校文化活动。其中相当数量的毕业生既具有竞争力又具有冒险精神，他们不认为稳定是最好的选择，希望获得具有充分竞争力的专业职位。这些职业虽有一定风险，但很容易发展，也很容易体现自己的价值观，因此很受毕业生的喜爱。除了事业单位和大型国有企业外，毕业生也倾向于选择具有充分竞争力的行业来自主创业。

现如今人才竞争十分激烈，毕业生必须满足社会发展的需求。千万不能脱离现实，要与时俱进，寻求独立，有强烈的自信，不能自卑，要发挥自己的优势，来满足社会的需要。面对自己的缺点，要接受而不能逃避，通过“双向选择”追求理想的工作和生活。

3. 大学生就业心理准备

就业作为大学生从学校到社会的转折点至关重要。面对就业，应届毕业生应积极做好就业准备，包括专业知识和专业能力的准备、职业道德责任感的准备以及心理准备。此外，要以积极的心态面对就业挑战，应届毕业生在就业时需要在众多的工作岗位中选择适合自己的，能够满足自我发展、提升自我价值的岗位。

当今时代发展迅速，大学生经过四年的大学学习，入学前的专业就业形势和毕业时可能会有不同，专业可能由热门变冷门或者由短线变长线等，这些原因都可能导致求职信心受挫。因此，毕业生要有相应的心理准备，冷静思考，正确分析自己的求职地位，主动改变自身想法，积极贴合社会需求，及时调整心态，寻求适合自己的职位，顺利就业。

应届毕业生就业时缺乏相关就业经验，而且就业市场竞争非常激烈，这导致许多大学生在就业求职的过程中，感觉压力巨大、情绪波动起伏、焦虑，就业给他们的生活以及学习带来了困扰。为了使大学生积极正常地度过就业转折点，应该帮助大学生进行心理建设。应届毕业生的心理建设应该从以下方面入手：

（1）做好角色转换的心理准备。就业对于大学生而言是一场角色转换，是由单纯的学生身份向社会职员角色的转换。学生时代生活相对规律、状态相对稳定、生活也有保障，学生时代中稳定从容的环境容易带给大学生美好浪漫的错觉。然而，社会是残酷的，尤其是当代大学生就业竞争大，面对生活环境的突然转变，如果大学生继续沉浸在大学生活的美好幻想中，很难应对就业的激烈竞争，所以大学生需要做好角色转换的心理准备，在毕业的转折点上及时调整心理认知，保持清醒的头脑，认清社会就业现状，并且运用学生时代所学的专业知识与技能，满足相应的社会需求，找寻适合自己的职位。在大学时期，学校应该传授给学生清楚明确的观点，提前对大学生进行心理预设，让他们知道大学生也是社会上的普通一员，大学是为了积累知识、储备技能，是为了满足将来社会工作的需要，这样有助于大学生在毕业时及时做好角色转换准备；有助于大学生认清自己的社会身份，积极努力地择业，投入到社会工作人员的队伍中，为国家建设奉献自己的力量。

（2）做好正确认识自我的心理准备。大学生还应该进行自我认知，充分了解自己的特点。根据自身的性格、喜好、特长、知识储备、技能储备，选择适合自身发展的职业，充分发挥自己的长处。对自我进行科学有效的认知，可以通过科学心理测试，此外，与教师、朋友、父母交谈，教师、朋友、父母给予个人的客观评价也是自我认知的渠道。正确、科学、有效的自我认知可以帮助应届毕业生更好地进行就业选择。

（3）做好认识和评价职业的心理准备。大学生在就业时应该正确认识和评价职业。人和职业之间具有双向选择性，人需要根据自己的特长选择擅长的职业；职业也要求述职人员具备相应的工作能力。应届毕业生需要对不同的职业有一定的了解，寻求与自身特征匹配的职业，需要根据自身的特点寻求适合发挥特长的职业。

（4）做好充分认知就业形势的心理准备。大学生在就业前应该充分认识就业形势。随着教育的普及，教育越来越大众化，就业形势日趋严峻，竞争激烈导致“相对过剩”现象，相对过剩反映的是大学生的需求不平衡，具体表现为在边远地区或者基层单位急需受过高等教育的人才，但是在大城市岗位竞争激烈，人才过剩。应届毕业生应该了解就业形势，并做好求职遇挫的心理准备，热爱祖国、乐于奉献、不计回报的大学生可以根据边远地区以及基层单位的需要，投身于基层工作或边远地区服务工作，实现人生的价值。

（5）做好自主择业的心理准备。应届毕业生应该做好自主择业的心理准备。在就业前大学生活平稳安定有规律，还有教师的指导以及父母的帮助，大学生并未真正独立。在面对就业选择时，大学生可能会出现迷茫缺乏自信的情况，这种不自立的行为会导致用人单位对其缺乏委任工作的信心，进而导致就业选择的失败。因此，大学生在就业时一定要做好自主择业的心理准备，要相信自己，并充分利用自己的特长，选择适合自己的职业。

（6）做好遭遇挫折的心理准备。应届毕业生应该做好遇挫的心理准备。现如今就业形势严峻、竞争激烈，在竞争的过程中，有成功者就会有失败者，所以在求职的过程中，大学生可能会产生三个方面的心理问题：一是产生迷茫。在就业选择时，自己的专业与职位需求吻合度低，大学生会对未来的职业发展产生迷茫心理。二是产生逃避想法。在就业求职过程中，大学生发现用人单位对职位的知识水平及技能储备要求较高，而其自身知识技能达不到所要求的水平，会产生对就业的逃避心理。三是产生消极想法。即对求职过程中遇到的不符合规定、不符合常理的现象无法理解，对就业产生消极的态度。以上问题的产生是由于大学生心理准备不足，因此，在就业之前应该做好遇挫折的心理准备，了解可能出现的情况，在遇到困难时勇敢面对，不怕失败，最终走向成功就业。

（7）做好就业期望值与现实有差距的心理准备。应届毕业生应该准备好应对职业期望与现实差距之间的落差。应届大学生的大学生活向来平稳有规律，过于平稳的成长环境给大学生造成了浪漫理想的感觉，让他们自然而然地认为社会也是一帆风顺的。他们怀着理想的愿景走向社会，希望在社会平台上奋发前进，实现自己的人生价值。理想本身没错，但是初入职场的大学生缺乏职业意识、缺乏工作经验，可能会在工作过程中受到领导或同事的指正甚至批评冷遇，进而造成心理期待与实际情况的落差，失去心理平衡。对于此种情况，沉着冷静的大学生可以主动分析原因，寻找自身不足，突破自己，不断进步，但是也有的学生认为自己受到了不公平待遇，愤然离职。

应届毕业生需要平衡就业期望与现实差距，做好心理准备。就业是一个崭新的开始，需要每位大学生重新努力积攒工作经验，以自己的实际行动获得职业成就感。在工作中遇到挫折时，要以积极的心态面对，不断努力向前辈学习突破自己、提高自己。在就业前，建立一定的就业意识，可以帮助大学生更好地发挥就业主观性。

①树立积极主动的求职意识。大学生在选择专业时，可能会出现自身情

况与专业选择存在偏差的问题。首先，有的学生为了进入好的学校可能选择了不喜欢的专业或接受专业调剂；其次，部分学生可能会受当时社会热门专业的影响盲目地跟从了当年的热门专业潮流；最后，有些学生的专业选择是根据家长、教师的建议进行的，受到了他人的影响，因此，这造成了大学生不了解将来就业需求以及专业适用职位，在毕业就业时会无所适从。专业选择已然无法更改，在大学的四年学习期间，大学生应该抓紧机会，了解自己的专业，掌握专业知识以及了解未来就业需求，积极主动学习专业技能，向社会需求主动靠拢，紧跟本专业的时代发展，有效提升自己将来就业时的竞争力。在就业求职时，积极主动展示自我能力，靠自己的实力争取到心仪的职位。

②树立自主创业的意识，国家积极鼓励大学生进行创新创造活动，引导大学生应用所学所用进行知识创新，并为大学生提供政策鼓励、资源支持。大学生可以在毕业后选择自主创业，这样既可以避免就业竞争激烈的问题，还可以根据自我想法开展创业，满足大学生的自我需要。

③树立“转业”意识，在就业过程中，除了就业竞争大、就业形势严峻外，还有很多毕业生很难就业是因为很难找到专业对口的职位。大学生在就业时，选择专业对口职位的观念影响着部分应届毕业生的就业选择。大学期间学习的知识，仅占人生所学知识的十分之一，现代社会终身学习的理念已经越来越普及，大学生在就业时，应该树立专业意识，先就业，再择业。

④树立角色转换意识。大学生从学生身份向社会职员身份的转变需要一段过渡期。大学生经历了四年平稳、有规律的大学生活，虽然也有相关的社会实践活动，但是他们对社会了解并不深入，导致长期与社会脱节，因此，在面对突如其来的社会生活时，很多习惯难以改变，很多思想也会受到影响。大学生应该树立角色转换意识，在过渡期积极调整自己的思想观念来适应社会发展和职位需求。①

4. 大学生就业心理调适

在人生的各个阶段中，职业选择阶段的影响是非常重要的，所以必须保证个人在进行职业选择时有良好的心理状态。因为职业决定了一个人能否在

---

① 王志贤，刘斌，李梦婷．基于积极心理学的大学生创业心理教育体系构建．黑龙江教育学院学报，2018（10）：92-95.

未来的人生中发挥自己的优点、能否彰显个人才华、能否取得事业成功、能否实现自我价值。在大学生就业的过程中，为了避免学生产生就业压力和就业心理问题，学校以及国家应积极采取措施帮助大学生进行心理调适。

（1）心理调适的基本内容。心理调适可以简称为调适，调适的过程是人们适应认知结构变化和扩大的过程，大学生的就业必然会面临一些挑战和困难，容易导致大学生出现心理问题，这会对大学生的个人健康以及积极就业造成负面影响。而心理调适能够帮助学生解决这些问题，并帮助他们建立客观、正确的思维方式，从而形成理性的自我认识，有效控制、调节自己的心理困扰和情绪，促进个体身体健康。

综上所述，自我心理调适需要个体按照自我心理的特征、自我心理的需要以及外在的环境展开自我调控，自我心理调适能够让学生保持心理平衡，解决心理困扰，在求职的过程中更好地发挥潜力。所以，应该帮助大学生掌握自我心理调适方法，提高自我心理调适的能力水平，使他们对这些挫折和困难形成客观、理性的认识，排除心理困扰，化解现实困境，选择适合自己的就业目标。同时，大学生也应该积极进行自我调适，并对自己的心理问题进行疏通和调解，提高自己化解矛盾的能力和承受挫折的能力，维护自己的身心健康。

①内心需要充满自信。每个人都有理想，而理想实现的前提是人们对自己要有比较客观、理性的认识，并能根据客观条件和自身特点，设立适合自己的发展目标，增强自己的自信心。随着社会的不断进步，社会人才竞争日益激烈，面对这种局面，大学生应树立自信心，加强培养自己的人格品质，从而形成开拓创新、宽容豁达、自强不息以及乐观自信的内在品质，充实自己的内心。

大学生在就业过程中，首先要对自己充满信心，相信自己的能力，对未来充满希望，积极应对所遇到的挫折，并对未来的道路始终保持坚定的信心，相信自己必定可以冲破阻碍，到达理想的彼岸。在求职过程中遭遇挫折的大学生更需要适时调整心态，保持理性、恰当的求职期望，并保持知足常乐、实事求是的心理状态，成为有抱负、有理想、有信念的大学生，为祖国的建设注入新鲜活力。

②正确认识社会现实。人的本质属性是社会属性，要想了解人就需要将

其放在现实社会中进行考虑。因此，在大学生求职过程中，首先需要正视社会现实，这样才能保持良好的心理健康状态。具体而言，良好的心态主要体现在正视社会、适应社会层面。随着科技的快速发展、社会的不断进步，知识经济逐步成为时代的主流，人才培养问题亟待解决。在这种背景下，社会应为青年大学生制定一系列就业制度，并且促进不断改革、深化，进而创造良好的求职择业环境，增加就业机会，促进大学生发展、成才。

由此可见，大学生应该保持实事求是的态度，具体事情具体分析，树立正确的求职择业观念，增强自信心，勇于斗争，在竞争日益激烈的市场中逐步获得社会的接受和认可。另外，大学生也应该根据不断变化的社会需求，更新自己的择业观念，选择适合自己的工作，使自己更容易被社会承认。人的本质属性是社会属性，是一切社会关系的总和，这也意味着人的一切社会性活动都要受到各种社会环境的制约，不能脱离社会去生存、发展。若是大学生一味追求个人名利，脱离社会需求，就很难被社会所接受、承认，无法实现个人价值。

③培养独立自主意识。虽然大学生的行为仍带有年少时期的冲动，但社会并不会特殊对待，大学生仍需对自己的行为负责。因此，在大学期间，大学生应该加强自身独立意识培养，降低对他人的依赖性。

第一，独立生活能力。独立生活能力是大学生在日常生活中最基本的能力，不管是琐碎繁复的小事，还是难以解决的困难，大学生都应该尽可能依靠自己的能力去解决，训练自己独立处理问题的能力，进而提高基本生活技能，学会自立。

第二，独立处理工作、生活以及学习方面的能力。大学生应尽自己最大可能培养创造创新能力，激发学习积极性和主动性，学会适应环境、改变环境。

第三，心理、思想层面的独立。在心理层面，大学生先要建立自信心，不管是逆境还是顺境，都应该保持正确、理性的心态，做到自信、自爱、自尊、自强，从而形成积极健康、乐观进取的心态；而在思想层面，大学生应该加强对独立自主意识的培养，对任何事物都应保持自己独到的见解，不断追求自己的理想目标，提高自己独立分析问题、解决问题的能力，完善自己的思想体系。

④正确对待挫折与挑战。对于大学生而言，健康的心理状态还需要保持稳定健康、积极乐观、奋斗进取的态度，勇于向挫折挑战，正确对待现实生活中遇到的挫折与挑战，百折不挠，不能消极退缩，要理性、客观分析挫折出现的原因并找到解决问题的方法，充分发挥自身的潜能和主观能动性。通往理想的道路是坎坷的，大学生在追梦的过程中要保持积极进取的心态，知难而进、坚强不屈、顽强拼搏，才有可能到达梦想的彼岸。

（2）心理调适的主要方法。大学生的心理状态并不成熟，因此在现实生活中，要自觉控制自己的心理状态，积极调节心中不平衡、不稳定的成分，保持积极乐观、拼搏进取的心态，增强自己的自信心和心理素质，促进全面健康发展。另外，在求职择业过程中，大学生应该根据客观条件和自身实际情况，选择适合自己的心理调适方法，具体包括：

①自我激励法。这一心理调适方法主要通过明智的思想观念、榜样的事迹以及生活中的哲理来激发自己学习的积极主动性，并且在内心坚信通向未来的道路是宽阔的，一切困难、挫折和失败终会过去，使自己可以更加勇敢地面对下一次出现的困境，提高实力，增强自信心。具体而言，当大学生遇到求职受挫等意外情况时，要不断进行自我鼓励，保持冷静、平稳的心态，积极寻求对策，理性解决问题。

②注意转移法。这种心理调适方法主要是促进消极情绪向积极情绪转变，当大学生遇到一些困难时，可以通过这种方式转移注意力，以缓解心理压力和紧张的气氛，重新激发对学习、生活的积极性，降低不好情绪对自身的不良影响。例如，大学生可以采用接受大自然的熏陶、参加体育运动及听音乐等调解方式促进心理平衡。

③适度宣泄法。这也是调适大学生心理的一种有效方法，当然，这种方式需要学生尽早调整，以宣泄自己的消极情绪，缓解、改善自己压抑的生活状态，如向师长、挚友倾诉等。在此过程中，学生能够获得一定的情感理解、支持，还可以得到一些处理、解决问题的新思路，形成积极进取、奋斗拼搏的品质，增强自信心。另外，学生也可以通过爬山、打球等运动方式冲淡甚至抵消压抑的心理，形成稳定、平衡的心理状态。

④自我安慰法。这种心理调适方法又可称为自我慰藉法，大学生若是在现实生活中遇到自己无法处理的难题，可以通过自我安慰的方式缓解自己压

抑的情绪。

⑤合理情绪疗法。这种方法能够帮助大学生形成正确的认知和理性信念，从而形成合理、客观的思维方式，有效解决消极情绪带来的影响。首先，大学生应该正确认识不好情绪的来源；其次，要对情绪困扰的原因有客观认识；最后，应积极改变自己的认知方式，尽最大可能减少情绪困扰。

除了以上描述的方法外，心理调适方式还包括幽默疗法、松弛练习法、广交朋友法、自我静思法以及环境调节法等方式，都能帮助大学生树立正确的价值观念和求职择业观，增强自信心，养成积极乐观、勤奋进取的人性品格。

由此可见，大学生在求职择业过程中应该增强自我调适能力，培养乐观豁达的态度，磨炼自己的意志，在提升自己各方面能力的同时为社会作出一定贡献。

（二）发展与规划大学生职业生涯

就业问题已经成为引发大学生心理困扰的重要因素。要改变这种状况，需要各方面的关注和努力。就大学生而言，尽早制定合理的职业生涯规划，并以此为依据积极地塑造自己和提升自己，是减少就业苦恼和提高求职成功率的重要途径，可以为自己的职业生涯发展奠定良好的基础。

1. 大学生职业生涯规划

职业生涯规划指的是个人根据主观因素和客观因素对自己未来职业发展作出的规划，包括职业发展目标、职业工作计划、职业培训，职业生涯规划是对未来职业发展的重要依照和参考。

职业生涯指的是个体开启职业劳动到个体结束职业劳动的全过程。人的一生大部分都和职业生活相关，职业生涯是否成功对一个人的人生有着至关重要的影响，在现代社会发展过程中，职业不仅仅是个体谋生的方式，也是个体实现人生追求的主要途径，因此，职业生涯规划是职业生涯发展的战略指导，所以必须做好职业生涯规划。

（1）职业生涯规划的意义。职业生涯规划可以有效指导个人职业未来的发展，为职业发展提供操作方法，因而职业生涯规划是非常重要的。

①根据自身情况找到适合自身发展的职业。每个人都是特殊的，人和人

之间存在一定的差异，差异决定了人会选择不同的职业发展方向，个人能力、爱好以及价值观念都会影响到个人的职业发展。职业发展最重要的是，要根据自己的能力找到相互匹配的职业，职业生涯规划为每个人认识自我、了解自我、考虑外部因素提供了科学有效的指导方法，能够引导个体找到适合自己发展的领域，实现自我发展价值。

②正确认识职业生涯的规律，遵循发展规律。职业生涯发展一般需要经历以下阶段：首先是探索期和适应期，然后是发展期和转型期，之后会进入职业突破期与职业反思和重振期，最后会经历职业的倒退期和退出期。只有了解了职业的发展规律，才能针对不同的发展时期做出不同的规划，如正确认识发展规律之后才能做到从容不迫地适应、不骄不躁地发展、不消极不气馁地反思以及坦然地退出。

③抵御职业生涯风险。职业生涯之旅并不总是一帆风顺的，可能会碰到许多的困难和挫折。例如，重大经营管理决策失误；与上级、下级关系紧张，上级不公正的待遇，身体状况不好等。良好的职业生涯规划有助于更好地应对职业生涯发展过程中出现的各种情况。

（2）职业生涯规划的原则。合理的职业生涯规划能使一个人走上成功之路。为了正确制定职业生涯规划，必须遵循的原则包括以下方面：

①长期性原则。职业生涯规划决定了个人未来的努力方向，对未来的就业有重要影响，因此必须从长远考虑，为自身制定长远规划，并为之不懈努力。

②明确性原则。在制定职业生涯规划时，内容必须清楚明确、易于理解，对各阶段的规划和预期目标必须表达得具体准确，便于采取实际行动，不断提高个人能力。

③现实性原则。在制定职业生涯规划时，必须以社会现实为依据，根据自身的特点、行业需求和社会需要来制定发展规划。

④挑战性原则。在制定职业生涯规划时，要在可实现的目标上增加挑战性目标，激发个人突破自我，最大限度地提高个人能力。

⑤时间性原则。职业生涯规划是对未来的工作内容、发展方向、实现目标的规划，是需要长时间付诸实践并达成目标的规划，因此要把践行工作内容的时间标注明确，确保在计划时间内可以完成。

⑥适应性原则。职业生涯规划是对未来长时间的规划，在规划实行期间，许多相关因素会随着社会发展发生变化，因此规划要具有适应性，确保可适应规划期间发生的变化。

⑦一致性原则。职业生涯规划关乎未来的职业发展以及人生，因此要与个人未来发展规划保持一致，在实现职业生涯规划时，还可以同时实现个人发展规划。

（3）职业生涯规划的分类。职业生涯规划有四种类型：其一，人生规划。顾名思义指的是对整个人生职业生涯的总体规划，时间跨度为 40 年左右。其二，长期规划。长期规划指的是个人对未来发展 5 年到 10 年之内进行的规划，规划的是相对长远的发展目标。其三，中期规划。中期规划指的是个人对未来发展 2 年到 5 年之内进行的规划。其四，短期规划。短期规划指的是个人对未来发展 2 年之内进行的规划目标，是近期的发展目标，如近期需要掌握的业务知识、业务技能等。

（4）职业生涯规划的内容。制定职业生涯规划时首先要充分考虑个人的特性和组织发展的需要，对影响职业生涯的各种主、客观因素进行分析和评估，然后确定职业生涯发展目标，选择实现这一目标的职业，并制订相应的工作、学习和培训计划。制定职业生涯规划的步骤包括：自我评估、外部环境分析、目标确立、实施策略、反馈评估等。

在职业生涯规划中，要明确职业方向、组织及社会环境、发展目标、成功的标准、自身条件及潜力、缩小差距的具体方法等问题。较完整的职业生涯规划一般包括以下几个方面：

①职业生涯规划题目。题目必须能反映出个人职业生涯的主要特征和时间维度，规划中，要包含个体个人信息、规划的生涯起止日期，题目必须能反映出职业生涯规划的主题，还要体现出职业生涯规划是阶段性还是终生性。

②职业生涯规划的方向。职业生涯规划方向指的是选择的具体职业，如教师、演员、医生等，职业生涯的具体方向代表的是个体的职业动机。

③社会环境分析。社会环境分析是分析所处环境的经济、政治等方面，从而了解目标职业在社会中的发展情况，以及目标职业在社会中的未来发展趋势。

④组织分析。在设立目标组织时，要分析组织，如果目标组织是企业，

那就要对企业进行分析，具体包括：企业的发展现状、未来的发展目标及规划，企业产品在市场上的行情，企业文化以及管理制度，企业领导层的管理能力，企业内部员工的能力提升和发展空间，以及他们担任更高职务或职务内涵变化的可能性；相关职务的待遇。如果打算在政府部门、事业单位或其他组织就业，也要进行类似的分析。

⑤重要角色及其建议。职业生涯规划中应记录家庭主要成员、直接上级、更高层次领导、职业生涯管理专家等重要角色的建议、要求、联系方式。不一定赞同他们的建议，但应客观记录。

⑥职业生涯规划的目标以及实现时间。目标包括时间目标、经济目标、职务发展目标等，不同维度的目标之间并不冲突。

⑦成功标准。成功标准因人而异，这是因为每个人对职业生涯的价值追求是不同的，有的人认为职业应该追求的是事业上的成功；有的人认为职业应该追求的是实现个人以及家庭的保障，换言之，如果通过工作能够保证个人以及家庭的基本生活，那么就是职业的成功；还有的人认为职业上的成功应该是个人、家庭以及职业的协调，只有做到三点的共同发展才算是职业的成功。每个人对职业的价值观念都是不同的，而且价值观念也在随时变化，只要追求价值观念的真实即可。

⑧自身条件及潜力测评结果。制订职业生涯规划时要对自己的体力、能力、人格进行评价，将自身条件、发展潜力、发展方向、环境给予的机遇和制约条件结合起来进行分析，最终明确自己的能力和方向所在。在此过程中，可以通过自我反思、心理测评、专家咨询等方法明确自己已经具备的条件，发现自身的潜力。

⑨差距。分析目前条件与实现目标所需知识、能力要求等方面的差距，如在思想观念、专业知识水平、具体操作能力、心理承受能力、讲演能力、身体适应能力等方面的具体差距，如缺乏全局观念和系统观念、英语口语水平欠佳、主动意识较差、人际交往能力较差、不知道如何倾听等。

⑩缩小个体和职业目标之间差距的方法。可以根据具体的差距内容选择制定具体、有针对性的缩小差距的方案，如选择教育培训，明确具体的培训内容、培训日期、培训方式；还可以选择交流合作，明确具体的交流对象、交流实践、交流方式、交流内容。

2. 大学生职业发展自我评估

对自我展开评估是为了更好地了解自己、认识自己，只有真实地了解自我才能做出符合实际的职业规划，才能为自己找到适合的职业发展道路。

（1）自我评估的基本内容。自我评估包含非常多的内容，如自我性格评估、自我兴趣评估、自我技能评估、自我道德水准评估等。对于大学生而言，自我评估的开展涉及以下方面：

①体力评估。体力评估就是对自身身体素质展开的评估，大学生需要根据自身体力情况选择适合自己的职业体力评估，主要包括力气方面、动作的敏捷与身体的平衡性方面、身体下肢以及身体腰背的协调性方面、手臂的灵活与协调性方面、身体语言以及视听方面、身体的协调性方面。每一个职业对体力都有不同的要求。例如，需要付出力气的工作会要求应聘者身强体壮；体育方面的职业会要求从业人员具有良好的协调性、敏捷性；艺术方面的职业会要求视听器官具备良好的灵敏性；还有的职业会对应聘者提出特殊的体力要求。所以，大学生在进行职业选择时，必须要结合自身体力情况具体分析。

②能力评估。能力直接决定了人们是否能够完成活动、完成任务以及活动完成的效率。能力主要有两种：一是一般能力，也就是基础能力，如注意力、记忆力、观察力、行动力等，这种能力的特点是通过认知即可获得，因此，一般也被叫作智力。二是特殊能力。特殊能力指的是完成特殊活动所需要的能力，这种能力和职业要求相关。个人能力既涉及一般能力也涉及特殊能力，因为人们所进行的职业活动都是具有职业特性的，所以对于个人能力而言，特殊能力是最为重要的，具备了特殊能力才能更好地开展职业活动。

③人格评估。具体而言，人格主要包括个人兴趣、个人动机、个人价值观念、个人性格等，人格会对人的行为产生巨大的影响，也必然会影响到人的职业行为。所以，为了更好地选择匹配的职业，应该先对自己的人格进行充分的了解，只有这样才能更好地匹配职业，实现人职匹配。

（2）自我评估的主要方式。认识自我需要个体对自我做出客观的评价，换言之，既不要过分高估自己，也不要过分看低自己，要正确看待自己的优点和缺点，正确认识自己的能力，要想做到客观的评价自我，一般可以通过以下方式进行：

①心理测验。心理测验是一种通过短时间的测验可总结出个人特点的测评手段，是将个人与群体进行比较得出的结果，结果较为客观准确。通过心理测验，个人可在短时间内更加了解自我，发掘个人特长，通过客观的自我评价能够让个体进行更加精准的职业规划，但是，与此同时也要注意，心理测验的结果只能提供参考性的建议，并不代表绝对的事实。

能力倾向测验验证的是个人和未来工作之间的匹配程度以及在未来工作中工作成功的概率，比较出名的能力测验有一般能力倾向成套测验和区分能力倾向测验。除此之外，还有兴趣测验，主要用于测验个人的兴趣类型，并将测验结果与各种职业从业人员的兴趣进行比较，指出个人的兴趣与哪一种职业从业人员的兴趣最相近。

②根据以往经历，总结经验，对自身进行评估，客观评价自身的特点、性格等。在对自身进行客观评估时，要合理利用以往经验，从以往经历中寻求答案。例如，可以根据自己过往工作经历发掘自己喜欢的工作，审思自己喜欢这些工作的原因，现在是不是仍然喜欢这些工作，也可以问问自己是喜欢处理人际关系还是喜欢处理具体问题，怎样才能激发自己的活力等。另外，要对过去成功经验和失败教训进行总结，分析自己成功或者失败的原因。需要注意的是，要尽量以客观评价为依据，避免因为个人认识或个人动机而出现较大的误差。

③他人对自我的评价或者是自我和他人之间的比较。一是根据他人的评价进行自我评估是将他人的评价作为自我评价的参考，在和他人的交往过程中，他人给出的评价能够帮助个体加深对自我的认知。二是通过与自己条件相似的人进行比较来评价自己。需要注意的是，要能够准确理解和分析他人对自己的态度和评价。

④向专家咨询。学校设有就业指导中心，为学生提供了就业专家咨询服务，这种方式能够帮助学生快速地获得就业知识、就业信息，而且专家能够帮助学生正确认识问题、重新认识问题。除此之外，还可以帮助学生提高职业决策能力。

3. 大学生职业生涯外部环境

外部环境分析是大学生职业生涯规划的一部分。大学生处在一定社会环境中，职业也会受到环境的影响，制定职业生涯规划必须要分析所处环境。

在分析外部环境时，要分析所处环境的现状、未来的发展变化情况、环境对自身带来的影响、适应环境的方法、环境对自身发展的有利与不利因素等。只有结合对外部环境的合理分析，才能对职业生涯进行更加准确可行的规划。

（1）行业环境的分析。行业环境分析指的是对想要从事的行业的环境展开的分析，主要包括行业发展现状分析、行业优势分析、行业缺点分析、行业发展前景分析、重大事件对行业发展的影响分析等。例如，应该分析出行业目前的发展是在扩张还是萎缩，国家政策对行业的发展持鼓励态度还是限制态度等。

（2）组织环境的分析。对于组织环境的分析主要针对的是组织未来的发展前景、目前组织在本领域的地位以及组织产品未来的发展前景。

①组织实力。当前市场竞争非常激烈，组织必须要适应市场环境才能持续发展，分析组织实力可以分析组织产品未来在市场中的发展前景，只有对人类影响巨大、改变人们生活方式的产品才能够持续向前更好地发展，才能让组织始终保持雄厚的实力。

②组织领导人。组织领导人决定了组织未来的发展，可以通过对组织领导人工作能力的考察展开对组织环境的分析。

③组织文化。组织文化指的是组织内部奉行的价值观念。组织文化是一个组织展开管理的核心，也是组织能够持续发展的重要影响因素，通过了解组织文化能够判断组织的用人制度、行为准则。

综上所述，组织环境分析主要包含对组织战略、组织发展、组织文化、组织制度、组织结构的具体分析，学生需要根据分析结果展开自己职业生涯目标和组织之间的契合度分析，预测职业生涯目标实现的可能性。

（3）学校与家庭环境的分析。家庭对于大学生的职业选择有着至关重要的影响，无论是家庭背景、结构、生活条件还是家庭的教养方式都会对大学生产生潜移默化的影响。除家庭之外，学校也会对大学生的职业生涯产生影响，学校的氛围、环境、学校的教师以及学校对大学生的管理模式都会影响大学生的职业生涯。对学校与家庭展开环境分析，实际上是对大学生的成长过往进行反思与回顾的过程，通过分析家庭和学校，了解学生目前优点和缺点的形成原因，并且克服缺点，发扬优点。

（4）职业环境的分析。对职业展开分析需要深入了解职业发展需要的知识、技能以及职业需求的人格特征，还要了解职业发展特点、职业发展前景、职业素质、职业社会地位以及社会发展对职业存在的影响，并且判断职业是否能够长久、可持续地发展下去。这些都会影响到个人职业生涯的长度，也会影响到个人职业目标的确立。

4. 大学生职业生涯目标确立

对于个人而言，职业生涯的成功有自己的标准，而且在不同的人生阶段，成功的含义也可能是变化的。成功这个概念包含了成功的含义、成功时发生的事件、成功时获得的物质、成功的发生时间、成功对健康的影响、成功对家庭的影响、成功时所获得的社会地位、成功时得到的别人的认可等。这些是具体的，然而对某些人而言，成功是不能具体描述的，它有可能是心情上的愉悦感，有可能是工作氛围的和谐，或者是完成工作的满足感。拥有不同的价值与观念的人对成功的定义是不同的，个体需要根据自己的情况制定成功标准。

（1）职业生涯目标的分解与组合。

①目标的分解。实现目标是一个需要长期艰苦奋斗的过程，将大目标分解为几个小目标更有利于大目标的实现，使实现方式及内容更加清晰，通过实现无数个小目标共同促成大目标的实现。目标分解有以下两种方式：

第一，按性质分解，可将职业生涯分为外职业生涯和内职业生涯。外职业生涯是职业的外在条件，包括职业的环境、薪资待遇、工作内容等；内职业生涯是职业所需的内在条件，包括个人的知识储备、专业水平、心理承受能力等。

外职业生涯主要由职业提供者决定，而内职业生涯所需的条件则需要个人去创造，外职业生涯随时会改变，内职业生涯则不会轻易发生改变。内职业生涯的发展推动外职业生涯发展，实现内职业生涯才能帮助外职业生涯取得成功。只有当个人的内职业生涯也就是工作所需具备的素养都具备了，才能找到满意的职业，即外职业生涯。

外职业生涯目标的特点是能够进行具体的描述，如工作地点、工作内容、工作职务、职务发展目标、经济发展目标，其中最重要的是经济发展目标以及职务发展目标。内职业生涯目标涉及工作能力方面、工作成果方面、心理素质方面以及价值观念方面的目标。

工作能力指的是处理工作问题、完成工作任务的能力，设定工作能力目标能够让人切实地感受到自己对职业生涯的发展规划；工作成果目标包含很多内容，如发明新的管理形式、提出新的管理意见、创造新的工作业绩等。这里需要注意的是，工作成果目标的内容不仅包含外职业生涯目标，还包含内职业生涯目标，虽然工作成果目标表面上是外职业生涯目标的一种，但是工作目标涉及的具体内容又符合内职业生涯目标的标准，如工作知识的获得、工作经验的积累等。

心理素质在实现个人职业生涯过程中起着至关重要的作用，能实现职业生涯规划目标的人往往是心理素质十分强大的人，这种人在遇到困难时总会努力克服，同时在克服困难的过程中不断反思自身存在的问题，积极寻求解决问题的方法，在过程中不断提升自我。缺乏这种心理素质的人往往在遇到困难时不去寻找问题所在，或是在发现问题后才去找解决方法。

观念目标是一个人对职业生涯规划所持有的态度和观点，观念的不断革新是职业生涯规划不断发展的重要条件，职业生涯的发展是由观念目标的革新开始的。

第二，按时间分解，可将职业生涯分为短期目标、中期目标、长期目标和最终目标。这些目标是根据实现时间划分的，通常一到两年内可实现短期目标，几年内可实现中期目标，实现长期目标需要十几年，而实现最终目标则需几十年。短期目标时限最短，因而应标明实现方式和计划时间。

一是短期目标的特征。短期目标不一定是由个人制定的，也可以是上级指定给个人的；短期目标不一定要根据个人的观念来制定，但要在个人可接受的范围内；短期目标需要明确实现的方式和计划实现时间，以便于实际操作，并要确保最终实现短期目标；短期目标要具有极强的适应性，能适应实现过程中发生的变化。

二是中期目标的特征。建立在个体自身意愿以及组织的要求之上，目标与个体的价值观念基本吻合，个体也有实现目标的信心，而且能够用语言文字对目标进行具体的定量说明，目标实现时间也比较明确，可以根据具体的工作进行合理的调整。

三是长期目标的特征。个体经过分析之后认真确定的、适合职业生涯发展需要的，是有可能实现的；与此同时，目标还要具有挑战性。除此之外，目标应该符合个体发展的价值观念，个体对于目标的实现充满斗志，也会为目标的实现而感到骄傲。长期目标只能用语言或者文字进行定性说明。

②目标的组合。对目标进行组合，可以利用目标之间的关系，使之更有利于实现最终目标。各目标之间并不是相互排斥的关系，而是存在着因果关系和互补关系，根据这些关系即可进行合理组合，具体有以下三种组合方式：

第一，根据时间进行组合，有并进和连续两种方式。并进是在实现一个目标的过程中同时去实现另一个目标的过程，这种情况又可分为两种，一种是同时进行工作内容的两个目标。例如，某些企业的行政总监会同时进行人力资源和行政管理的工作；另一种是在做好本职工作之外努力实现其他目标，例如，在做好本职工作之外培养某一技能，这种情况比较复杂，需要个人具有极强的时间管理能力，但是当目标同时实现时，对个人能力会有极大地提升作用。连续是指连接的两个目标，在实现一个目标后可以尽快投入到另一个目标中。短期目标其实是最终目标的一部分，实现短期目标后，中期目标就会成为下一个目标，以此类推，一步步实现各个阶段的目标，从而实现最终目标。

第二，根据功能进行组合，各个目标之间的因果关系和互补关系是根据功能划分的。因果关系是指一个目标的实现有助于另一目标的实现。例如，提升个人工作能力有利于实现升职的目标。互补关系是指两个目标的实现都对对方有辅助作用。例如，一位从事管理工作的人获得工商管理硕士证书，这两个目标互相辅助，管理工作有利于获取证书，而获取证书的学习过程又为管理工作提供了理论知识。

第三，根据个人、家庭与职业生涯的关系进行全方位组合。职业生涯与个人生活息息相关，在进行职业生涯规划时，必须结合个人对未来生活、家庭等方面进行规划，并协调好各方面之间的关系，全方位组合有利于制定出更加合理的职业生涯规划。

（2）职业生涯目标的确立原则。职业生涯目标的确立需要遵循六个方面的内容：一是目标明确性。职业生涯目标的确立需要明确具体的阶段要完成的具体任务。二是目标可衡量性，指的是职业生涯目标的确立应该是可衡量的。换言之，要有具体的数量、具体的时间、具体的数据。三是目标相关性，指的是目标的确立要和职业发展相关。四是目标时限性，指的是职业生涯目标需要在一定的时间之内完成。五是目标集中性，指的是目标应该集中，不可以太过松散。如果目标太多就容易忽略发展的重点。六是目标可实现性，指的是目标不可以过高，应该设定在个人能力范围之内，经过个人的努力可以实现。

职业生涯目标的确立需要注意七个方面的内容：一是目标要满足社会发展需求和组织发展需要；二是目标要建立在个体擅长的方面；三是目标必须要和自身现状有一定的距离，但又不可以好高骛远、脱离实际；四是目标跨度不宜过大，应该选择相对固定的方向，深入研究；五是短期目标和长期目标之间应该有一定的关联性，长期目标是短期目标发展方向的指引，短期目标是长期目标能够最终实现的基本保证，二者的关联能够促进最终职业生涯目标的实现；六是目标不可以空泛，要具体、精准，避免目标的过多、过杂，精准的目标才更容易实现，更容易促进个人发展；七是职业目标应该和家庭、个人以及身体健康相协调，身体和家庭是事业成功的基础与前提。

（3）职业生涯目标的路线选择。在确定职业生涯规划目标后，就要设计目标的实现方向和路线，方向的选择取决于目标，又是目标实现的关键，不同目标决定不同方向，不同方向对个人又提出不同要求，因此在选择路线时必须慎重，要以职业生涯规划的目标为依据。

选择职业生涯规划目标路线也影响着未来人生的发展方向，要想选择正确的路线，必须经过慎重的思考，才能最终找到最适合自己的成功之路。在选择路线时，要考虑三个方面的因素。首先，要考虑适合自身观念，包括价值观、喜好等；其次，要考虑适合自身条件的，如适合自身性格、知识水平、能力范围等；最后，要从社会环境出发，综合考虑政治、经济等各方面因素，寻找有发展前途的目标路线。

（4）职业生涯目标的规划实施。在规划和实施职业生涯目标时，主要遵照三个步骤：首先，明确目标。明确目标之后，设计目标实现的具体步骤。其次，如果有多种职业目标规划的方案，可以通过比较选择最合适的方案，然后按照计划具体实施，并且检查结果，如果结果和理想之间有偏差，那么应该进行方案的调整。最后，如果依然存在问题，则需要重新考虑目标的设定。在这里需要注意组织会对个人的职业生涯发展造成一定的约束，组织虽然不会阻止员工进行自我发展，但是也并不会为员工的发展主动、积极地创造条件。

5. 大学生综合职业能力培养

（1）大学生需具备的职业素质与能力。当今社会，人才竞争日趋激烈。对于大学毕业生，社会需要的不仅是专业特长突出、操作技能出色的人才，同时也必须是综合素质较高的学生。用人单位比较注重的实习生的素质和能力包括敬业精神、协作精神、创新能力、专业技术能力、解决问题的能力、善于学习的能力、沟通协调合作能力等。

除了具备过硬的素质和能力之外，用人单位还要求求职者拥有健康的身心、良好的思想道德，特别是职业道德，如强烈的事业心和责任感、踏实肯干和吃苦耐劳的创业精神等。因此，大学生需要着重培养以下能力和素质。

①工作态度积极。一个人的工作态度是决定其能否胜任今后工作的主要因素。因此，用人单位很注重大学毕业生是否具有爱岗、敬业、务实等积极的工作态度，具体表现为：在工作中认真、细致、负责、勤奋努力、虚心好学，积极主动地去面对工作中的挑战，对工作有激情、肯吃苦、愿意从基层踏实做起等。

②知识基础扎实。在现代生产中，企业对复合型技术人员的需求增加，要求他们既熟练掌握或精通专业技能、有扎实的专业知识基础，同时也要具备相关专业或其他专业方面的知识。因为这样的大学毕业生能很快地适应环境，发挥作用。同时，专业之间的结合往往就是创新的源泉，就是企业的竞争力。因此，大学生不仅要把自己的专业读精、读深，而且要跨领域、跨专业学习，考虑寻找本专业和其他专业结合的机会。对自己专业不喜欢的同学，也要思考不能改变的专业和喜欢的专业有没有结合的机会，这样做不仅可以增加学习的兴趣，还可能是一个非常好的契机。只有善于学习、不断学习，才能紧跟时代的脚步，适应企业不断发展的要求。

③学习能力强。无论大学生的知识基础有多扎实，走上新的工作岗位都要接受培训，接触新的知识和技巧，这是大学生快速成长和适应工作的最佳途径。只有具备较强的学习能力，才能在工作中触类旁通，遇到问题能及时看到症结所在，并能及时调动自己的知识和能力，制定出可操作的方案。因此，在大学期间养成良好的学习习惯，培养较强的学习能力，不仅是大学生

在学校教育阶段顺利完成学业的必要条件，也是大学生步入职场后能够快速适应工作环境和获得职业发展的主要条件。

④责任心强。所谓责任心，是指个人对自己、对他人、对家庭、对集体、对社会、对国家所负责任的认识、情感和信念，以及与之相应的遵守规范、承担责任和履行义务的自觉态度。而责任心强是企业和社会对大学毕业生最基本的素质要求。例如，在工作中，关于处理一件具体事情，责任心强可以体现在三个阶段：一是做事情之前要想到后果；二是做事情的过程中尽量控制事情向好的方向发展，防止坏的结果出现；三是事情完成后出现问题时要敢于承担责任，勇于担当。责任心强是影响一个人在职业生涯发展中能走多远的重要因素之一。大多数企业在提拔员工时，往往选择的也是那些有所担当、勇于承担责任与压力的员工，因为这是作为领导者应该具备的品质，大学生要具备这种品质，需要从个人的习惯和修养开始培养。

⑤团队合作能力良好。企业的发展依赖于团队和个人的发展，也需要团队成员给予支持和帮助，成员之间的凝聚力在一定程度上决定了企业发展的成败，所以企业在招聘人才时也会非常注重人才的合作能力，大学生必须要注重个人合作精神的培养，只有这样才能更快地实现个人发展目标。毕业生在校园时代可利用很多合作和实践的机会，培养团队意识和积累合作经验，必定受益匪浅。

⑥人际沟通能力强。现代社会，沟通无处不在。企业需要的是能够运用自身良好的沟通能力与企业内外有关人员接触的大学生，能够合作无间、同心同德、完成组织使命和目的的大学生。大学生进入公司，如果没有良好的沟通能力，就难以很好地与他人合作共事，影响工作开展。良好的沟通能力也是大学生在面试时展现优势的助力。

⑦创新意识与实践能力强。大学生是我国现代化经济建设的生力军，我国未来的发展前景，取决于当代大学生的创新意识和实践能力。社会对人才发展的要求在不断变化，如今企业发展注重人才的创新能力，只有善于观察和思考、能够不断向前发展、向前探索的年轻人才是企业需要和看重的，因为这样的年轻人有积极进取的动力，有更高的发展目标，能为企业创造更大的价值，为企业发展带来更多的生机。

⑧心理素质良好。在竞争激烈的环境中能否承受较大的工作压力，能否

在工作中经受批评、打击是大学生能否在企业立足和发展的重要因素之一。心理素质水平的高低对大学生有非常重要的影响，只有心理素质水平高的大学生，在面对困难时才能不断地调整自己的心态，积极进取。社会需要的是踏实、上进、有干劲的年轻人。毕业生步入职场之后必然会碰到困难和挑战，所以，大学生应该做好步入社会的心理准备，锻炼自己吃苦耐劳的精神，遇事不退缩，勇往直前，能够化压力为动力，只有这样才能在未来的社会中博得一番天地。

（2）大学生综合就业能力培养的途径。大学生的综合就业能力包括职业素质和职业能力。良好的职业素质和职业能力是决定职场成败的重要因素。大学生可以有意识地通过多种途径、方法来培养和提升自我职业素质和职业能力。

①在生活中培养。一个人的习惯、个性并非一朝一夕形成的，而是长期行为的结果。个性习惯就是个人素质的真实写照。所以，大学生培养自己的职业素质必须从日常的生活细节及点滴做起。如果在生活中注意培养良好的行为，进而形成良好的习惯，最终成为自身良好的个性，自然而然就能表现出良好的素质。

②在课堂内积淀。扎实的专业理论知识是发展专业技能的基础。大学生可以多向教师、学长、前辈请教，充分利用图书馆等校园资源，夯实专业知识，扩充专业知识面，丰富知识储备；学会自主学习，学习和掌握科学的学习方法和思维方式，培养系统观察、分析、质疑、反思的能力和习惯。同时，大学生应该注意专业互补课程的学习。毕业生如果拥有较高的人文素养也会为职业生涯增色很多，更容易在竞争中脱颖而出。

③在课堂外拓展。课外拓展是提高自身综合能力的良好途径。大学校园内经常会举办各种学术讲座、文化讲座、专题讲座，常会邀请海内外知名人士、某领域专家学者、社会各界精英到校与学生分享他们在各自领域的体验和人生感悟。大学生应抓住机会积极参加，虚心聆听优秀人物的观点、见解、创业史和人生经验等，了解学校以外的多彩世界，这不仅可以拓宽自己的视野、增长见识，还可以优化思维模式。同时，竞赛可以激发大学生的创新思维，是提高创新能力和解决具体实际问题等综合能力的有效途径。有条件的大学生可以争取机会多参与一些竞赛项目，不仅有利于所学知识融会贯通，

提高发现问题、解决问题的能力，拓展创新能力和实践技能；同时也是考验和锻炼学生直面困难与遭遇挫折的勇气、探索问题的毅力和团队协作能力的好机会。

④在社团中锻炼。大学是一个小社会，各种不同的学生社团就如同一个小企业。大学生可根据自己的兴趣和需要，有选择地参加几个学生社团。在参与组织的活动中，体验到组织是如何运作的，同时还能锻炼自己的各种能力，如人际交往能力、沟通能力、团队协作能力、组织能力、领导和决策能力等。

⑤在实践中成长。实践出真知，实践长才干。实训、实习、兼职、勤工助学等实践活动是培养职业能力的有效途径。实训、实习过程是运用理论、将理论和实践相结合的好机会，在实践中能更好地培养和提高动手操作能力。实习过程提供了真实的企业环境，让学生在一个真实的职业环境下真正领会到未来工作岗位对专业技能的要求，使之得到了实际的训练，有助于其综合素质和能力的提高，是积累工作经验、提升职业能力的好办法。兼职、勤工助学不但可以减轻学生的经济负担，还可以让他们了解社会。在社会实践中增强学生的独立自主的能力，培养吃苦耐劳、克服困难的精神，以及服务他人的意识和责任感，是学生融入社会，获得较快成长的途径。

⑥在培训中强化。通过参加校内外的职业培训，可以强化专业知识，学习并掌握职业岗位所需的职业技能，获得相关职业资格证书，有助于拓宽就业渠道，为职业生涯增添筹码。

对于大学生而言，良好的综合能力是入职的敲门砖。大学生的就业能力和职业发展关键就是在学习与实践中不断地完善自我，提升自我的综合能力。

二、 培育大学生创业心理与积极心理品质

如今，我国高等教育发展的大方向是培养和鼓励大学生创业。作为创业时代的弄潮儿，在时代飞速发展的大环境下，大学生应该从心理上转变对就业的看法，将被动转化为主动，结合自己所学知识进行自主创业，对创业心理也要有基本认知，只有具备了积极向上的创业心态，才能实现创业成功。

（一）创业心理的认知

创业心理指与创业相关的心理活动和内容，具体来说就是在创业活动中，创业者所开展的和创业相关的心理活动以及影响创业活动的各种人格特点和心理状态等。

1. 创业心理学理论

创业心理学的理论基础是心理学理论基础，该理论是对创业者的心理理论进行探讨和研究。概括起来有以下几个具有代表性的创业心理学理论。

（1）马斯洛需求层次理论。马斯洛把人类的需求划分为五个层次：生理需要、安全需要、爱和归属的需要、尊重的需要、自我实现的需要。

①生理需要。该需要是指人类对生活最基本的需要，包括水、食物、空气、睡眠等，生理需要是人类最基本、最原始的需要，如果这种需要没有得到满足，人类生存都存在问题，换言之，人类最强烈的需要就是生理需要，这也是推动人类活动的最强动力。

②安全需要。人类的安全需要比生理需要高一级，当生理需要得到满足之后，就会寻求安全需要，它的具体表现就是人们会追求稳定、安全、秩序，消除焦虑和恐惧，等等。只要是生活在现实中的人，都会产生自身的安全感、自由和防御能力。

③爱和归属的需要。当第一种需求和第二种需求得到满足后，人类就会产生对爱和归属的需要，相比于前两种需要，这种需要更加细微和难以捉摸，爱和归属的需要是指个体想要得到朋友、团队、家庭以及同事的理解和爱护，是需要友谊、信任、爱情和温暖。这种需要是一种非常复杂的需要，与个人的生活经历和性格等相关。

④尊重的需要。尊重的需要包含三种：自我评价、自我尊重和尊重别人，这种需要大多数情况下都能得到满足，也正是因为得到了最基本的满足才会产生强大的动力。

⑤自我实现的需要。在马斯洛需要层次理论中，最高级的需要就是自我实现的需要，这是一种具有创造性的需要，这种需要的满足是在完成与自己能力相当的工作时产生的，需要充分发挥自己的潜能，让自己成为期望中的人。有这种需要的人往往能尽最大努力去提升自己，成为更好的自己。

（2）斯皮尔曼的能力二因素说。斯皮尔曼是英国著名的统计学家和心理学家，通过研究人们完成智力测试作业的相关程度，其提出能力二因素由以下两种组成：

①G 因素（普通能力或者普通因素）。人类最基本的心理潜能是人的普通能力和普通因素，也是判断一个人能力高低的最主要因素。正因如此，当人们在完成不同程度的智力作业时所呈现的成绩也是正相关的。

②S 因素（特殊能力或者特殊因素）。保证人们完成某种特定作业或者活动的必需要素是特殊能力或者特殊因素，也正是在这些因素的作用下，人们的作业成绩才没有完全相关。

人类智力的组成是很多特殊因素和某种普通因素的结合。人们在作业完成时都会受到 S 因素和 G 因素的影响。在活动中，G 因素包含的越多，各项成绩的正相关性也就越高，反之，如果 S 因素更多，成绩正相关性也就越低。

（3）成就动机理论。著名的“三种需要理论”是由美国哈佛大学教授戴维·麦克利兰提出的，这个理论认为：当人的生理需要得到满足后，还有另外三种高层次的需要，即成就需要、权力需要、归属需要。成就需要是指想要达到更好的需要和欲望。权力需要是指控制或者影响他人并且不被他人控制的需要。归属需要是指良好人际关系建立的需要。

对个体而言，需要明确同时的存在，但是不同的时期，根据不同强度的形式和不同的优势需要，对于成就需要的程度有强烈需求的个体是高成就需要者。

2. 创业心理形成步骤

形成创业心理的具体步骤如下：

（1）知识潜移默化的过程。个体的大脑在受到知识、经验等相关信息的刺激后，若刺激较强，便有了一定意识；若较弱，那么相关的刺激会削弱，最终逐渐消失，在没有抵制的情况下，它会转换成一个信号，隐藏在大脑中的特定区域，从而可能改变原始的结构与形式，或与其他隐藏的信息发生交叉与融合。

（2）提出问题。在外部因素的驱使下，主体形成了一种达到相应目的的期盼，这样的期盼行为，使神经系统形成了兴奋、焦虑的状态，同时有一定的外部表现，但内部表现得更为强烈。此时，诱发出了潜伏或潜伏融合后形成的新信息，这可能激发了潜意识中的其他信息内容。信息积累、融合的过程，是有序的、有目的的。之所以可以实现这种融合的过程，主要是因为人类意识的第二种状态，有着较强的自我组织性，也就是自动处理的能力，只有完成了这一自动化处理过程，才可以进入整合信息的阶段。

（3）整合信息。各种定向信息在整合后，激活和唤醒了人类的第二意识，使不同阶段的潜在信息，形成系统、有目的、有意识的自组织状态，也就是个体的心理功能驱使创造要素的形成。

就形成创业心理的过程而言，成功的创业过程中，应重点研究与探索影响人类心理的要素，以此才可以提升成功创业的概率。

3. 创业者心理品质

综上所述，创业者成功需要具备以下心理素质：

（1）目标性。创业的过程需要长时间坚持斗争，因此，目标若是确立了，创业者便应一步一步向着这一目标前进。创业时，创业者会面临许多问题，如与客户的矛盾、管理员问题、资金链断裂、突发情况等，这些都会给创业者制造一定的压力，因此创业者应具备一定忍受力。面对困难时，可以自我调整心理问题，以全新姿态投入到工作中。因此，人生的道路，离不开挫折、失败，根据心理学家的相关研究，可以得出越是舒适的环境，人的能力越难以体现出来，甚至其水平还会越来越低。因此，当创业过程中遇到困难与挫折时，应该满怀信心，进一步认识、完善自己，最终超越自己，如此，才能以更好的状态前行。

（2）坚韧性。一个人的毅力与韧性是其可以长期坚持一个行动以实现目标的心理素质。有毅力的人，可以在创业过程中不懈坚持，以毅力拼搏，直至达到自己的目标。创业者必须能够经受不同的挫折，有一定坚韧性的创业者，通常是坚持到最后的人，也是最终得以成功的人。世界上找不到任何可以代替人的毅力与韧性的品质，毅力与韧性可以催人奋进、使人成功，拥有这一品格的人是不可战胜的，最终会成就一番事业。

（3）敢于付诸实践。创业的最终目的是创造独具特色的东西，而独具特色的东西，首先要有人敢去做、去创造，因此，创业者必须具备敢于作为的心理素质。敢于挑战是基于理性的决定之上，是基于自信的大胆超越，是对新目标的踊跃追求。

（4）坚定性。坚定性是指创业者应具备坚定的信念，而且此信念是来自创业者的自信心、责任感及在困难时期形成的心理准备。首先，就创业者而言，信心是自发动力。创业者应该对自己和未来有信心，要始终坚信，成功或失败不是注定的，而是取决于自己的努力。并且坚信自己有能力克服困难。其次，要有吃苦耐劳的精神，在逆境中也能够坚持不懈。如此，便可以开创成功的事业。

（5）合作性。创业活动往往离不开人与人之间的互相配合，特别是一个团队的合作，因此，创业者必须具备合作的心理特性。大多数成功的企业家都是优秀的社会活动者，他们注重与不同的人交往，积极与不同的人交流、联系、合作、相互帮助，在互动的过程中，获取信息，消除障碍，解决冲突，提升效率，加强互相间的信任，有利于创业的进一步发展。

（二）大学生常见创业心理问题

1. 创业动机存在偏差

一些大学生的创业动机有失偏颇，主要体现在以下两个方面：

（1）追求创业的乐趣。有些大学生把乐趣作为创业的原因，实质上，创业中充满了疲惫、压力、恐惧，这些均大于乐趣，因此，为了更好地创业，大学生必须有正确的动机，如此才可以获得成功。

（2）为了减轻就业压力。有的大学生选择创业是为了减轻就业的压力。他们认为创业这条路，可以减少一定就业压力。若为了就业而去创业，其价值就不会体现出来，成功的概率也不会太高。当前，我国引导大学生创业的一部分原因，是为了减轻当下的就业压力，但这并不是大学生实施创业的目的。

2. 创业认知存在偏差

一些大学生对创业的认识还不到位，一般而言，其认识存在的偏差有以下方面：

（1）自卑。自卑源于大学生对自己的不自信，不相信自己的能力，无法正确地面对自己。自尊心低的人往往会感到紧张不安的压力，常常注重各种原因，如资金缺口、无人帮助、经验不足、信息不畅等。自尊心低的人也会对未来没有信心，因此，自卑是创业过程中的重要阻碍。

（2）认为创业会导致自尊心的丧失。有一部分大学生崇拜一些成功的创业者，但又认为读大学的目的是获得一份好工作，担心如果毕业后没有一份好工作会被身边的人质疑自己能力不足，被认为是找不到工作才去创业。

（3）恐惧创业的风险。创业具有一定的风险，这便需要创业者在创业之初，对自己的产品质量、服务水平、相关市场等内容，做出调研与分析，以最大能力避免风险的发生，而不是惧怕风险来临。

3. 创业心理适应能力差

创业心理适应能力差是大学生创业中常见的一种心理障碍，主要表现在以下方面：

（1）害怕失去自我。对大学生来说，创业就是把所有的时间都放在自己的生意上，没有太多的私人生活，也没有聚会休闲的时间，没有多余的时间陪伴家人。如果开始创业，最初一定是非常忙的，如果能力不够就会失去自我。

（2）对于突发事件不善应对。在创业的初期，都会遇到各式各样的突发事件，所以就需要大学生具备应对突发事件的能力，但通常情况是，大学生缺乏社会经验，对突发事件的应对缺乏实践能力，一旦遇到问题就容易惊慌失措。

（3）容易产生急功近利的心理。一部分大学生创业初期拥有炽热的心，并且非常渴望成功，但也因为太过于激进而导致出现急功近利的现象，该心理状态的具体表现是：不一定要耗费很多的人力、物力、财力，总想以小博大、事半功倍。但事实是，创业的过程或多或少都会遇到各种各样的挫折和问题，当遇到逆境时，当事人比较容易失望、丧失斗志，而且大学生在创业时比较急于求成，工作也很拼命，不断给自己施压，不管是哪一方面都严格要求自己，但是总会出现心有余而力不足的情况，当失败时，也很容易失望，此时，抑郁症、自闭症等心理问题就很容易出现。但凡急功近利的人，都是凭借一时热情和愿望创业，对自己的期望也过高，一旦遇到问题就会手足无措。

（4）容易形成创业无能心理。这种心理实际是不自信的表现，具体的表现形式是：对自己评价过低、对自己的能力报以怀疑的态度，并觉得自己不适合、不能创业。具有种心理的人更加在意自己的条件不足，如技术不好、缺乏经验、能力欠缺、信息滞后、资金不足、无人协助等，总的来说就是觉得自己不适合创业，更适合就业。

（5）具有畏惧失败心理。畏惧失败，所以畏惧创业。有这种心理的人，不喜欢冒险，不喜欢竞争。部分大学生，也许曾经有过创业的想法和念头，甚至将创业计划都落到纸上了，但因为害怕失败，害怕自己承担不了失败的后果而放弃了。所以，畏惧失败是阻碍创业的一大心理障碍。

（三）大学生创业积极心理品质培育

1. 大学生创业积极心理品质的内容

大学生创业过程中，积极的心理品质往往体现在以下方面：

（1）自主的认知能力。认知不仅是人类的基本的心理，而且是感受、感知、记忆、联想、思维及语言共同参与的，认识外界事物的一个过程。与此同时，因为个体的不同，认知能力也各不相同，换言之，不同人遇到同样的外部刺激时，产生的认知也不同。大学生要想成功创业，拥有积极的认知素质是非常重要的。大学生在具备一定认知素质后，才可以自主地认识和接受自我，如此，他们不仅能意识到自己的优势与劣势，还能正确地面对自我的不足，进而积极地提高自我；只有在创业时，正确地看到积极的一面和消极的一面，才可以从积极的一面中得出解决问题的方法。

（2）坚强的意志。创业不但具有一定挑战性，同时也有一定难度，会遇到各种困难、挫折，也可能是失败。大学生要想在创业时科学解决问题、克服困难，通过毅力最终取得成功，就必须拥有坚强的意志。

（3）坚定的信仰。大多数大学生毕业后，直接步入社会进行工作。但目前，全社会的就业形势非常严峻，相关部门为了更好地处理就业困难，积极引导广大毕业生开展自主创业。在这种情况下，对大学生实施创业教育，使大学生构建创业意识并主动创业就显得尤为重要。与此同时，只有具备且坚定了创业的信念，大学生才可以产生积极的心理状态，进而发挥其创业的潜在能力。

（4）良好的能力和素质。创业是长期而复杂的过程，对创业者的能力有一定要求。这里提到的创业能力，是指一个人成功完成某一活动必须拥有的心理特质。一般而言，创业能力应涵盖专业的技能、沟通力、组织能力、经营能力、市场把控能力等方面。与此同时，大学生应进一步提升自我的创业能力，如此才可以在创业活动中取得实效。因此，大学生创业积极的心理品质应涵盖优秀的能力素质这一重要内容。

（5）积极的情感表达。积极的情绪，通常可以带来积极的影响，因此它是人的正能量之一。根据相关研究表明，可以巧妙处理情绪且察觉他人情绪的人，通常可以理性地掌控自己的情绪，进而在创业时与他人有效沟通，并得到他人的认同。

2. 大学生创业积极心理品质的意义

就大学生而言，拥有创业的积极心理素质非常重要，具体体现在以下方面：

（1）有利于大学生创业的顺利开展。大学生要想成功创业，必须在创业之初便具备全面、过硬的综合素质。培养大学生积极的创业心理，可以不断完善其素质层面。除此之外，培养大学生积极的创业心理，还可提高其社会适应能力，进而优化其自身的知识体系，积极寻求并抓住创业机会，理性地对待创业途中的困难与挑战，进而实现成功的目标。

（2）有利于大学生顺应社会发展的需求。现阶段是一个经济飞速发展的时代，人们对于知识的需求日益增强。当前，一些企业若想得以生存，就应不断地运用新的技术，创造出新的产品。为了实现这一点，需要训练一批具有新技术、新技能和创业能力的人才。在培养大学生创业心理的同时，也应秉承这一要求，使其具备积极的创业心理。如此，大学生才能确立科学的创业目标、端正其创业心态、坚定其创业信念、突显其创业人格，进而在创业的过程中取得成功。

3. 大学生创业积极心理品质的培育

（1）构建正确的人生观与价值观。一个人是如何看待世界、解决问题的，其最根本出发点便是他的价值观与人生观。价值观与人生观是否正确、是否可行、是否符合实际，在一定程度上决定了是否可以在人的发展历程中起到积极、正面的作用，从而决定一个人是否具备积极的品质。因此，大学生应该确立正确的价值观与人生观。

（2）形成胜利的信念。一个可以完全掌握自己内心的人，也将掌控他有机会掌握的一切事物。当树立起积极的态度，并将自己看作成功者时，便开始成功了。

（3）学会认可他人。生活、工作的过程中，鼓励他人，而不是批评他们，可以唤起人们的内在力量，使他们认识自己的缺点，弥补自身的不足，营造和谐的氛围，如此有助于在事业与生活方面的成功。因此，对他人多加赞美与认可，是创业者收获人气，积聚力量的重要方式。

（4）以自我积极的一面去引导他人。人们大多愿意与积极向上的人相处，一个人若满是负能量，就会给周围的人带来抑郁和不快，生活中无人愿与这种人在一起。对于一名创业者而言，若无积极向上的心态，便无法以正面的能量去影响他人，最终很难成功。因此，创业者应带着良好的愿景，与周围的人共同创业、实现梦想，这样成功的概率才会加大。

（5）维护好人际关系。例如，在人际关系中受欢迎的人通常积极向上、聪明智慧，且有一定个性、较为独立、诚实、幽默、乐于助人、精力充沛。在人际关系中不受欢迎的人，通常是比较自我、没有突出个性的人。因此，在社交过程中，最重要的是诚实，人作为一个独立的个体，不应失去自我。

（6）竞争意识的培养。培养竞争意识的关键性因素是强化自信，具体来讲可以分为三个方面：第一，对自己的优点要多关注，不断强化自己的积极心理，进而保持一定的自豪和自信，多接触自信心强、胸怀宽广的人，让自己保持正能量；充分认识自己的优点和特长，抓住时机好好展现自己，并且要不断弥补自己的缺点。第二，敢于直面竞争，如果有可以展现自己能力的活动，一定要积极参与。并且，在参加活动前一定要做好充分准备，展现自己的才能，不断增强自己的自信心。第三，制定目标，给自己设置一定难度的目标，但不管是哪种目标，都要全心全意地去完成挑战，不断提高自己的竞争意识和能力。

（7）开展大学生相关的创业教育。为了培养大学生积极的创业心理，可以对其开展创业心理辅导。因此，高校应根据自身特点，改革相关课程，注重创业教育在专业教育及教学中的渗透与实施，创建创业心理学课程体系，并着重培养创业者的心理素质养，从而在真正意义上帮助大学生提升心理素质，引导他们形成正确的创业认知与动机，端正创业态度。

（8）为大学生开展实践活动。让大学生积极地参与社会实践，也是提升其创业心理素质、完善创业意识与能力的重要途径。因此，高校需要进一步组织与创业相关的校内实践活动。例如，举行创业设计比赛、组织相关的实践活动等；同时也要进一步开展创业相关的校外活动，为大学生建立锻炼能力的平台，如带领学生到社区、工厂实践。

大学生在参加实践活动的过程中，可以体会到创业的艰辛，进而锻炼创业的意志，增强心理承受力，逐步形成积极的创业心理素质。

三、 培育大学生就业创业的健康心理品质

高等教育的重要环节是解决大学生的就业问题，因此，衡量各高校实力的重要指标是各高校就业率。现今的教育发展正从“精英教育”逐渐走向“大众化教育”，并且进入大学的门槛也越来越低，每年的应届毕业生数量也大于市场需求。处于国家推崇“大众创业，万众创新”的双创环境下，就业创业的竞争更加激烈。对于普通的大学生来说，他们的人脉资源、资金资源都大致相同，这时，想要在就业市场中脱颖而出，起到关键作用的因素是个人的心理素质。所以一定要培养好大学生的健康心理素质，也要引导大学生树立正确的价值观。

在当今就业创业的大环境下，帮助和引导大学生塑造健康的心理素质具有重要意义：第一，高校毕业生的就业目的和心理相对复杂，并且深受现实因素的影响，大学生的心理素质影响大学生的顺利择业。第二，近年来，高校毕业生的人数在不断增加，基数的增大也加大了就业压力。大学的生活是单纯的，当面对复杂的社会时，大学生的心理负担增大，消极情绪增加，所以高校，应建立健全大学生的心理辅导环节。第三，培养良好的心理品质对塑造和完善大学生人格具有重要意义，高校应培养大学生的正确择业就业观，帮助大学生积极面对各种困难和挫折，提升自我发展能力。

（一）大学生就业创业健康心理品质培育的内容

健康的心理是大学生就业创业心理品质培育的基础。大学生心理健康是指大学生应具备以下健康、优良的心理状态：一是身体健康，智力发展正常。大学生应具备较强的学习能力和浓厚的学习兴趣，以及较好的注意力、观察力、思维力和想象力。二是人格独立完整，意志坚定。树立正确的世界观、人生观、价值观，对自己的言行有一定控制能力，凡事能持之以恒。三是具有一定的人际交往能力。有正确与人沟通的技巧，能用尊重、信任、理解的

态度与人相处。在具备以上健康心理的同时，大学生就业创业健康心理品质培育还应做到以下方面：

1. 增强大学生正确的就业创业意识

目前，大学已经成为一种大众化教育，但仍有相当一部分大学生在就业观上具有较强的精英意识，对就业择业期望过高。一方面，自身就业准备和能力的不足，与企业对人才的需求不匹配，导致就业创业率低；另一方面从轻松的学校环境进入工作阶段，不能及时做好角色转换，有较大的心理落差和工作压力也是大学生逃避就业创业问题的重要因素。因此，加强培养大学生的就业创业意识，以及对社会工作需求和自身素质的更多了解，树立更全面的就业创业观，是指引大学生做好就业创业规划的重要环节。

2. 提高大学生的就业创业能力和综合素质

大学生在就业时，应提高自身专业技能和综合素质，才能在职场上具有真正竞争优势。同时，面对巨大的就业压力，很多学生选择自主创业，解决了部分就业问题，但目前阶段，大学生自主创业成功率较低，主要问题体现在：

（1）大学生社会经验不足，过于理想化，不能很好地面对创业风险和挫折。

（2）自主创业要求创业者具有较高的综合素质，除专业知识外，还要有强烈的事业心，领导力、创造力、管理能力等，大学生很难一下胜任企业负责人的角色。

（3）缺乏资金，没有相关人脉积累和政策支持，大学生往往很难度过创业的低谷。因此大学生在校期间就应做好就业创业能力的培养和综合能力的提升。

3. 培养大学生坚定的就业创业意志

创业是一个艰难而漫长的过程，创业过程充满不确定性，困难、挫折和失败都在所难免。这要求自主创业的大学生具有顽强的意志和勇于承担风险，具有开拓进取的精神，是大学生创业成功不可缺少的心理品质。

4. 鼓励大学生大胆创新，支持创业

大学生是最具活力的群体，他们的创造欲望和动力，是其个人和国家前进发展的动力。为此国家也提倡和鼓励大学生创新创业，并出台了一系列创业政策支持，这是解决大学生就业创业的重要途径，也将引导更多大学生创新创业发展。

（二）大学生就业创业健康心理品质培育的机制

1. 为大学生搭建更完善的就业创业平台

大学生创业往往处在项目研发阶段，缺少资金和经验，因此，为大学生搭建完善的就业创业平台，提供基本的平台资源和设施设备就显得尤为重要。一方面，用更低的风险和成本，帮助大学生创业创新研究项目的成果转化，以便更好地在项目实施的过程中修正和完善研究成果；另一方面，有助于大学生了解和积累自身的就业创业经验，提高自身就业创业综合素质和经验，在实践中学习，在实践中成长。

2. 完善大学生就业创业心理健康品质教育课程体系

大学生就业创业心理健康品质的培育，必须要有完善的就业创业心理教育课程体系，在结合本校特色教育的前提下，因材施教。首先，应创设合理的心理教育课程，安排心理课程教育时间，让学生在学习过程中学有所获。其次，组织开展心理健康线上线下知识竞赛、辩论，或举办大学生就业创业心理健康讲座，让学生在沟通和交流中树立正确的就业创业意识。最后，教师在教授和传播的过程中，可将专业的知识与个性化的教育方式相结合，成为学生的知识传授者和思想上的引路人。系统构建一套大学生就业创业心理健康教育课程体系，是大学生就业创业健康心理培育的重要途径。

3. 开设专门的就业创业心理指导课

大学生在就业创业过程中，容易因项目压力、课程压力等出现心理困扰，心理课程虽然可以对部分心理问题做好预防，但当真正的心理问题产生时，由专业的心理医生介入是最有效、最快的解决方式，也是预防心理健康问题、提高心理健康品质的重要途径。

4. 加强大学生抗压能力锻炼和挫折教育

每个人的就业创业过程中都充满了挑战与挫折，但拥有调控自己情绪的能力，在遇到困难和挫折时，能够用积极乐观的态度面对和解决，是大学生就业创业必备的心理素质。高校可通过创造适当的挫折情境，以及组织户外活动等实践方式，磨炼大学生意志，锻炼其应对挫折的能力，避免大学生因一时的挑战和失败产生不自信甚至放弃自我的心理。

（三）大学生就业创业健康心理品质培育的路径

将社会主义核心价值观融入大学生就业创业心理教育，是引领大学生树立正确的就业创业观的重要举措。在现代多元背景下，大学生的就业创业观念呈多样化发展，其中不免存在不诚信、功利性过强等价值观的偏差。从目前来看，通过一定方式将社会主义核心价值观教育融入大学生就业创业心理健康培育，引导大学生树立符合核心价值观要求的正确就业创业观，对提高大学生就业创业能力及综合素质，具有真正的引领和教育意义。

将社会主义核心价值观融入大学生就业创业心理健康培育的方式，离不开国家宣传和学校的积极配合。在国家宣传方面，应加大社会主义核心价值观的宣传普及工作，利用更多网络拼图、传统宣传渠道、宣传标语等方式，加大社会主义核心价值观的宣导。在学校方面，需要紧密配合国家的宣传教育工作，将社会主义核心价值观的教育当成全体教师的职责，做到全员育人，探索更多把社会主义核心价值观与就业创业心理健康相结合的教学方式，全面提高学生心理健康水平。

总而言之，大学生就业创业健康心理品质培育，既是解决大学生就业创业问题的重要途径，也是提升大学生综合素质的重要方面。大学生就业创业健康心理培育的内容包括：增强大学生健康的就业创业意识，提高大学生的就业创业能力和综合素质，培养大学生坚定的就业创业意志，培养大学生大胆创新，支持创业。为大学生搭建更完善的就业创业平台、完善大学生就业创业心理健康品质教育课程体系、开设专门的就业创业心理指导课、加强大学生抗压能力锻炼和挫折教育是大学生就业创业健康心理培育的有效机制，将社会主义核心价值观融入大学生就业创业心理教育是大学生就业创业健康心理品质培育的实施路径。高校应根据就业创业的心理健康特点，不断探索和改进大学生就业创业心理健康培育工作。

第三节

大学生生命教育辅导策略

一、 大学生生命教育辅导目标、 内容及其原则

高校开展生命教育辅导不仅是促进大学生全面发展的需要，也是帮助大学生健康成长的迫切要求。教育的目的在于帮助生命力的正常发展，教育就是助长生命力发展的一切作为。

（一）大学生生命教育辅导目标与内容

1. 大学生生命教育辅导的目标

大学生生命教育辅导的目标体现在以下三个层面：

（1）培养大学生珍爱生命意识。让学生在整个教育过程中能够体会到身为人类的意义与价值，重视生死大事，珍爱自己，保护生命，了解生命来之不易，也体验生命成长的艰辛与苦难，认真生活，发扬生命的光与热，获得尊严。

（2）促进大学生规划发展生涯。学生在整个教育过程中，能够体会人性。在获得尊严之后，进一步构建生命的前景，从自我、休闲、人际等层面设定明确的努力方向，创造精彩人生。

（3）促进大学生自我实现。学生在整个教育过程中，能学会适时构建自己的理想，并努力使理想与现实吻合，完成自我实现。在生命成长与发展的过程中，能够累积无数的“理想与现实相吻合”的自我实现。

2. 大学生生命教育辅导的内容

大学生生命教育辅导的内容涉及四个方面：

（1）指导大学生认识生命的意义，进而尊重生命、热爱生命。

(2) 促进大学生对人的关怀，丰富生命的内涵，提高生命价值。

(3) 协助大学生检视自己的生命历程和价值。

(4) 教育学生尊重自己和他人，关怀社会。

(二) 大学生生命教育辅导的重要原则

大学生生命教育辅导原则是指在对大学生进行生命教育辅导时需要遵守的准则，适用于所有生命教育，目的是达成生命教育目标。该准则的形成与教育实践过程应贯穿于教育全过程。生命教育原则彰显的是生命教育的理念、本质、目标、宗旨以及规律。

1. 大学生生命教育辅导的体验性原则

体验是大学生生命教育辅导必须坚持的原则，在教育中应重视体验的意义与价值。

(1) 指导带领大学生体验生命的存在。开展大学生生命教育需要主动指引、领导大学生体验生命存在，通过真实的体验，找到生命存在的真正意义。大学生生命存在体验有两种方式：一是被动体验，自发、经常、直接地让人们感受，其特点是体验的获取不需要主体努力，也不需要主体进行思维转化，体验会自发、直接地进入人们的内心。二是主动体验，需要主体主动努力，将外界环境与事物通过内心感受转化为主体内心意识、内心体验。主动体验的结果是产生新的感悟、新的理解、新的历史乃至新的精神世界。

(2) 加强体验模式的设计工作。体验模式设计作为大学生生命教育的重要组成部分，可以提高大学生的体验能力，促进大学生正确发展。为了加强大学生对生命教育的体验感，建立了体验模式设计，通过体验模式设计，帮助大学生全面整体增加体验感受。体验模式设计的特点是富有情境性、主体性以及设计性，能够有效地挖掘和提升生命价值。

(3) 在生活中进行生命体验。大学的生命教育要带领和指导大学生从相对封闭的大学校园中走出去，感受生活的丰富多彩，在美丽的大自然中体会大自然的鬼斧神工，在真实的社会中感受人的真善美，不断增加生命的体验，提高生命的价值。

2. 大学生生命教育辅导的生成性原则

大学生生命教育辅导需要遵循生成性原则，从后天生成的角度来引导、指引大学生生命发展，促进大学生更好地发展。

（1）重视生命教育中的生命成长过程。生命教育应该让大学生明白生命的意义在于对思想形成过程的思考、对自身发展的思考；生命的意义在于成长和实现自我，生命教育注重通过过程生成、养成自我意识、精神。

（2）加强大学生和谐生命关系的建设能力。融洽和谐的社交关系，可以帮助大学生更快更好地成长，尤其大学阶段正是大学生从青涩走向成熟的关键时期，社交关系的处理极为重要。生命教育有责任也有义务帮助大学生拓展生命关系，帮助大学生建立交流的桥梁，包括与自然、社会、家庭、教师、其他学生甚至自我交流；除此之外，生命教育还应该帮助大学生在人际关系中找准自己的位置，让自己处于积极、向上、进取、有无限发展潜力的友好和谐生命关系中，不断地滋养生命，帮助生命成长，实现生命的升华与发展。

（3）尊重生命个体的差异性和独特性。在大学生生命教育的过程中，教育者应该以开放的、多元的、变化的教育态度，从整体上、宏观上来思考大学生的生命教育培养，尊重大学生的独特性与差异性，并且尊重他们的个性发展、情感发展以及个性追求。生命教育的生成性决定着生命教育的结果必然是培养出个性鲜明的大学生群体。

（4）注重大学生内心的自我塑造与自我培养。大学生生命教育的培养应该遵循生成性原则，在不断变化的外界环境和自身经历的影响下，形成崭新的精神面貌，通过形成新鲜力量，激发个体内心对以往自我的不满足，促使个体形成自我塑造与创造力，向更好更高水准的自我发展。在生命教育的过程中，要通过不断的实践与思维转化，将外在能力逐渐转化为自我内心的塑造力与创造力，不断地激发内心对过去自己的不满足与对未来自己的展望，促使大学生不断向更好更高的目标发展。

3. 大学生生命教育辅导的幸福性原则

生命教育的核心原则是幸福原则，引导大学生正确理解、认识幸福，从而能够追求并体验幸福，大学生生命教育辅导的幸福性原则，体现在以下方面：

（1）引导大学生秉持以幸福为基础的生命理念。幸福是人们行动的出发点，人生的目的就是追求幸福。大学生处于不确定的青年期和社会的转型期，生命教育要引导大学生秉持以幸福为基础的生命理念，让他们意识到人生的基本价值是追寻和获得幸福，使整个人生都充满了对幸福的追求和享受，最理想的生活就是拥有幸福的生活。

（2）引导大学生追求高层次、崇高的幸福，提升幸福感，维持幸福的持久性。生命教育能够帮助大学生平衡自身生理愿望与实际生活的关系，有利于大学生实现生理上的愿望并获得满足感，从而追求更高层次的幸福。追求幸福的过程是快乐、充实、有意义的，提升幸福感的同时，也能够获得价值感。

（3）培养大学生丰富多彩、快乐纯真和真诚恳切的幸福感。幸福是人们感受生活的一种积极体验。培养大学生幸福情感不是简单的教化，而是需要生活情感潜移默化地感染，如父母亲情的感化、友情的感染等。所以，在大学生生命教育的过程中，根据不同学生的情况设立合适的环境、因地制宜地选择恰当高效的方法，引导大学生创建幸福美满的感情生活。

（4）通过实践感受生活，使大学生感受幸福，从而培育幸福感。生命的本质就是幸福，生命中充满了幸福。幸福是主观感受和客观条件共同作用产生的情绪，通过实践感受生活，有利于实现主观感受和客观条件的统一。大学生可以通过实践来获得幸福感。教育者在从事生命教育课程时，不能直接向大学生提供幸福感，要通过教育和引导使大学生通过实践获得并提升幸福感。

（5）培育大学生直面挫折的勇气，培养淡泊名利的幸福感。通过生命教育辅导课程培育大学生淡泊名利的品质，能够丰富大学生的精神世界，培养、提升大学生的人文价值，使大学生能够坦然面对浮躁的社会氛围，直面自己的缺点和问题以及经历的困难和挫折。在实践中要站在更高的位置，把问题和事物看得更长远，思考得更加细致和全面。

4. 大学生生命教育辅导的超越性原则

在大学生生命教育辅导的过程中，要激发大学生内心中的超越性，引导大学生将更多的精力放在学习上，将更多的热情注入学习中，并制定人生目标、树立远大理想，敢于面对问题、困难和挫折，培养大学生勇于拼搏、积极向上的精神，帮助他们实现自己的人生理想和生命价值。

（1）培养并唤醒大学生的超越意识。大学生具有长时间和丰富的知识积累，具有较强的超越意识，但是很多大学生并没有表现出来。这就需要教育者在生命教育的过程中唤醒大学生的超越意识，让他们认知到，只有努力拼搏和不断挑战自我才能实现自身的目标和人生价值，这样的人生才算完整并有意义。此外，唤醒超越意识有利于激发大学生的创新能力和创造能力，使他们继续突破自己，实现人生价值。

（2）引导大学生实现从实然到应然再到更高层次应然的螺旋式提升和超越。人生就是实现自我和超越自我的过程。生命教育要根据大学生的自身情况，利用外界环境，因地制宜地激发大学生内在的超越意识，这有利于其人生发展。要引导大学生清楚地认识到自身的状况，设立可实现的目标，激发大学生提高自己、改变自己和超越自己的热情，通过“制定目标—努力实践—实现目标”这一发展模式，将应然转变为实然，再产生新的应然，实现这一周而往复的过程，最终使大学生实现螺旋式提升和超越。

（3）引导大学生感悟生命的价值，培育他们淡泊名利和超越自我的情怀。生命教育的意义就是要引导大学生在生活中善于发现正面、积极的事物，善于自我反省和总结，敢于面对困难、挫折和挑战，培养大学生吃苦耐劳和勇于攀登的精神品质，让他们真正感悟生命的意义和价值，帮助他们提升、超越自己，塑造大学生的精神乐园。

（4）培育大学生反省能力和质疑批判的能力。人们能够通过反省以及质疑批判来提升和超越自我价值。在生命教育中，要帮助大学生打破这种束缚，使大学生具备反省、质疑和批判的能力，大学生在今后的学习中就会加强自我反思，也会对知识提出质疑，表明自己的不同观点，不会迷信权威，并将批判精神融入学习中，实现自我超越。

二、 大学生生命教育辅导的策略分析

（一）加强心理辅导是大学生生命教育辅导之基

大学生生命教育辅导的前提和基础是不断加强大学生的心理辅导，心理辅导的加强是在帮助大学生解决目前存在的各种障碍和心理问题，也是保证大学生顺利完成学业和全面发展的前提，还是保护其生命发展的重要措施。高校应该通过培训、讲座、游戏互动等活动给大学生普及心理健康知识，通过主流媒体将心理健康知识渗透到学生的生活、学习和交往中，在潜移默化

中使学生增强对心理健康教育的了解和认知，不断提高学生的受挫能力和面对挑战的能力。除此之外，各大院校应该全方位地关注学生，选择一些心理素质良好的教师或者学生开展心理观察和心理辅导工作，及时发现问题，解决问题。

（二）丰富课程内容是大学生生命教育辅导之源

加强大学生生命教育的重要依托和载体是制定内容丰富、有科学逻辑体系的课程。课本教材是教学最主要的载体，它连接教和学。在设置课程内容时，应该把情感、人际交往、安全知识、突发情况应对等各种各样的教育内容设置其中，将这些内容渗透到“思政教学原理”“大学生体育与健康”等相关课程中去。并且，一定要教导学生珍爱自己的生命；具体的实践活动也不能少，应该组织一些突发事件的演习活动等，不断加强对大学生的生命教育。总而言之，一定要及时完善课程体系和活动体系，为开展生命教育奠定坚实的基础。

（三）优化文化环境是大学生生命教育辅导之魂

当代加强大学生生命教育的根本是营造和谐文明、积极向上的文化环境。文化环境必须得到优化才能丰富和提升生命的内涵，才能充分体现生命的价值和实现人生的意义。文化产生于特定的历史、社会发展时期，不同的国家、不同时期所倡导的文化理念不同，文化差异对大学生生命教育的影响不同。作为当代大学生，应该在高校的引导下学习社会主流文化，实现对文化的认同，加强文化自信。高校还应该加强建设校园文化，营造良好的校园文化氛围和环境。

结束语

本书立足于大学生心理健康教育的基本理论，从多个维度对大学生心理健康教育与辅导工作进行了深入分析，包括大学生的自我意识、健全人格、积极情绪、适应与学习心理、人际交往、恋爱心理、网络心理等。目的是使大学生有检验自身心理健康的标尺，可以明确心理健康维护的努力方向，同时为大学生处理各种心理问题提供指导，帮助大学生的心理健康发展，正确认识自身，以积极、健康的状态去面对生活，具有较强的现实意义和实践价值。

高校教育工作者应充分认识大学生心理健康的重要性，加强高校心理健康教育，尤其是对大学生的非智力因素培养、人际关系建设、情绪调节与控制、环境适应能力等方面的教育应成为心理健康教育工作的重点。应根据学生心理行为表现，有针对性地对学生进行心理训练、开展心理辅导，建立心理教育与咨询中心等专门机构，让有心理困扰或障碍的大学生能及时寻求到心理支持与帮助。应引导或创建更多的活动实践机会，让学生在实践中增长见识，磨炼心志、适应社会、调适状态，融入群体中，增进沟通，培养协作意识，从而树立健康、向上、积极的心态。

参考文献

[1] 郦倩．班级心理辅导在大学生心理健康教育中的应用．教育与职业，2013（35）.

[2] 蔡亚敏．大学生心理健康教育创新路径浅议．学校党建与思想教育，2016（2）.

[3] 曹瑜，郭立萍，贾月亮，等．大学生人格影响因素的分析及完善其人格培养的对策．思想政治教育研究，2017（1）.

[4] 邓海龙，张慧玲．加强当代大学生生命教育的策略分析．山西高等学校社会科学学报，2013（10）.

[5] 段华庆，江茜．浅析团体心理辅导对大学生心理健康教育的重要性．青年与社会，2014（10）.

[6] 龚勋．大学生职业生涯辅导体系中纳入心理健康教育的研究进展．中国健康教育，2019（5）.

[7] 关金艳．大学生就业心理辅导的研究．教育探索，2013（8）.

[8] 韩振峰．当前大学生心理健康问题及应对策略．人民论坛，2020（23）.

[9] 蔺桂瑞．大学生心理素质教育研究．北京交通大学出版社，2016.

[10] 刘苍劲．新时期大学生心理健康教育实效性研究．北京师范大学出版社，2017.

[11] 刘晨，李素梅，杨静．大学生的潜能开发训练研究——综合多学科研究的视角．教育现代化，2017（39）.

[12] 刘鹏飞．团体心理辅导在大学生心理健康教育中的重要性．广西政法管理干部学院学报，2012（2）.

[13] 马媛媛．茶文化与大学生心理健康教育的融合研究．福建茶叶，2021（6）.

［14］苗祥波．融入思政课程的大学生心理健康教育路径分析．继续教育研究，2021（10）．

［15］邱小艳，唐君．团体辅导在大学生心理健康教育课程中运用的实证研究．湖南师范大学教育科学学报，2011（1）．

［16］沈晓梅．大学生网络心理健康教育路径探析．江苏高教，2013（6）．

［17］宋宝萍．大学生积极心理健康教育：理论与实践．西安电子科技大学出版社，2015．

［18］孙爱花．“三全育人”理念下的大学生心理健康教育研究．继续教育研究，2021（6）．

［19］孙国胜，薛春艳．生命教育视野下的大学生心理健康教育．学校党建与思想教育，2020（21）．

［20］谭华玉，马利君．大学生心理健康教育：基于积极心理学角度．人民邮电出版社，2016．

［21］王美琐，李兴余．大学生心理健康情绪管理论析．教育与职业，2011（3）．

［22］王振宏，王永，王克静，等．积极情绪对大学生心理健康的促进作用．中国心理卫生杂志，2010（9）．

［23］王志贤，刘斌，李梦婷．基于积极心理学的大学生创业心理教育体系构建．黑龙江教育学院学报，2018（10）．

［24］王珠．我国大学生心理健康教育演变与展望．黑龙江高教研究，2020（12）．

［25］吴彩虹．大学生心理健康教育课程参与式教学方式探索．怀化学院学报，2015（8）．

［26］熊楚国．大学生心理健康教育．华中科技大学出版社，2018．

［27］薛春艳．大学生心理健康教育课程体验式实践教学探赜．学校党建与思想教育，2020（9）．

［28］杨正英．刍议大学生心理健康辅导．大学教育科学，2010（2）．

［29］尹婷婷．互联网视域下的大学生人格培养探究．江苏高教，2018（10）．

［30］于风笛．积极心理学视域下大学生心理健康教育对策研究．沈阳航空航天大学硕士学位论文，2015．

[31] 于志英，李迪．基于心理健康课程培育大学生积极心理品质的途径．九江职业技术学院学报，2018（4）.

[32] 俞亚萍，邵丽珍．大学生核心就业力现状及提升路径．黑龙江高教研究，2014（7）.

[33] 张斌，李爽．有效开展大学生挫折教育的方法探究．学校党建与思想教育，2021（18）.

[34] 张超．辅导员工作视角下开展大学生生命教育研究．学校党建与思想教育，2017（24）.

[35] 张冬梅，谷丹．大学生心理健康教育．北京邮电大学出版社，2018.

[36] 赵金萍，戴晓晖，刘云章，等．积极心理学策略对心理异常大学生心理健康水平、压力知觉和应对方式的影响．中国健康教育，2021（7）.

[37] 赵菊，李燕．大学生心理健康教育．武汉大学出版社，2017.

[38] 郑华．当代大学生人际关系优化研究．信阳师范学院硕士学位论文，2014.

[39] 周旖．积极心理学视角下高校大学生心理健康教育研究．湖南师范大学硕士学位论文，2013.

表或绘制成评价图。中天恒3C框架信息系统内部控制评分结果汇总表见20－8。

表20－8　　中天恒3C框架信息系统内部控制评分结果汇总表

被评价单位名称		被评价单位编码			索引编号		D－1	页次			
业务流程名称		信息系统	业务流程编号		3C018	评价人		评价时间			
关键控制名称			关键控制编号			复核人		复核时间			
影响会计科目			评价期间					截止日期			
流程编号	一级流程	二级流程	评价要点	控制设计评分（50%）			控制执行评分（50%）			综合评分	
				标准分值	实际得分	评价结果	标注分值	实际得分	评价结果	实际得分	评价结果
3C018	信息系统										
3C018.01		信息系统的开发									
3C018.02		信息系统的运行与维护									